人民币走向国际化

霍颖励　◎　主编

RENMINBI
ZOUXIANG GUOJIHUA

中国金融出版社

责任编辑：童祎薇
责任校对：刘　明
责任印制：裴　刚

图书在版编目（CIP）数据

人民币走向国际化（Renminbi Zouxiang Guojihua）/霍颖励主编． —北京：中国金融出版社，2018.1
（新世纪中国金融改革与发展丛书）
ISBN 978 – 7 – 5049 – 9268 – 0

Ⅰ.①人… Ⅱ.①霍… Ⅲ.①人民币—金融国际化—研究　Ⅳ.①F822

中国版本图书馆 CIP 数据核字（2017）第 261576 号

出版　中国金融出版社
发行
社址　北京市丰台区益泽路 2 号
市场开发部　（010）63266347，63805472，63439533（传真）
网上书店　http://www.chinafph.com
　　　　　（010）63286832，63365686（传真）
读者服务部　（010）66070833，62568380
邮编　100071
经销　新华书店
印刷　保利达印务有限公司
尺寸　169 毫米 × 239 毫米
印张　20.5
字数　270 千
版次　2018 年 1 月第 1 版
印次　2018 年 1 月第 1 次印刷
定价　69.00 元
ISBN 978 – 7 – 5049 – 9268 – 0
如出现印装错误本社负责调换　联系电话（010）63263947

新世纪中国金融改革与发展丛书
编 委 会

丛书编委会：

易 纲　陈雨露　潘功胜　范一飞　张晓慧
万存知　朱 隽　阮健弘　纪志宏　孙天琦
李 波　陆 磊　邵伏军　苟文均　钟 平
徐 忠　谢 众　霍颖励　穆长春

丛书编写工作组：

邵伏军　魏革军　苟文均　穆长春　钟 平
傅 勇　袁 鹰　黄海清　叶 蓁　匡 桦
孙国良

《人民币走向国际化》
编 委 会

主　编：霍颖励
副主编：温信祥　张雪春　潘宏胜
统　稿：潘宏胜　谭海鸣

执　笔：第一章　席　钰　王　炳　吴立雪
　　　　第二章　曹红钢　欧阳瑞青　王伟国
　　　　第三章　吕　威　王　娜　王伟国
　　　　第四章　李肖钰　温军伟　王伟国
　　　　第五章　曾园园　康　倩
　　　　第六章　施海松　李灿江
　　　　第七章　吕婷婷　卜凡玫
　　　　第八章　曹红钢　欧阳瑞青　代　瑞
　　　　第九章　赵　文　吕鹏健　代　瑞
　　　　第十章　席　钰　李　淼
　　　　大事记　沈　略　许晓杰

中国金融改革发展：
内在逻辑与若干经验

一、新世纪中国金融改革发展的背景和起点

自1978年党的十一届三中全会作出改革开放的决定以来，中国金融业开始了从计划经济体制向市场经济体制的深刻转轨。在传统的计划经济背景下，金融活动更多从属于财政活动，服从于经济计划，金融发展处于被抑制状态。随着人们对社会主义市场经济认识的逐步深化，以及改革开放进程的不断推进，需要尊重金融自身发展规律，对金融体系进行重大改革，减少干预，不断增强市场配置金融资源的作用。

（一）建立双层银行体系，引进市场经济金融体系基本结构

20世纪70年代末80年代初，我国尚处于向市场经济转轨的早期，当时的经济体制改革主要强调改变政府直接干预市场的做法，即通过政府调控影响市场，由市场引导企业，而不是由国家直接调控企业。1979年，国家决定在固定资产投资领域进行将财政拨款改为银行贷款的"拨改贷"试点，这要求银行改变其国家计划执行者和国家财政出

纳员的角色。

在这个背景下,按照邓小平同志"要把银行真正办成银行"的指导思想,当时金融领域改革的主要任务是引进市场经济金融体系的基本结构,厘清政府在金融领域的职能边界,重点是通过政企分开,将中央银行和商业性金融体系分开,构建一个双层银行体系。在这个体系中,中央银行专注于宏观调控、金融监管和为银行提供支付清算等金融服务;专业性金融机构则从人民银行独立出来,向企业和居民提供专业金融服务。按照该思路,自1979年开始,中国农业银行、中国银行、中国建设银行、中国工商银行等金融机构先后建立或恢复建立。建立双层金融体制是我国金融改革的第一步,具有非常重要的意义,否则后面对金融机构、市场、监管、调控的一系列改革都无从谈起。

(二) 完善公司治理结构,推动国有专业银行向商业化转型

20世纪90年代早中期,工、农、中、建四大银行还是国有专业银行,分别服务于工商业、农业、国际业务和项目建设等领域,相互之间缺乏充分竞争。同时,这些银行还承担着各自领域的一些政策性业务,一旦国家有要求,银行必须予以支持,当时甚至出现"包饺子"贷款。这显然不符合竞争性市场的基本要求,也不利于金融健康发展。

1992年,党的十四大正式提出"我国经济体制改革的目标是建立社会主义市场经济体制",第一次把"社会主义基本制度和市场经济结合起来"。1993年,党的十四届三中全会通过了《关于建立社会主义市场经济体制若干问题的决定》,初步形成了社会主义市场经济基本框架。建立社会主义市场经济必然要求推动专业银行向商业银行转型,建立市场化的金融机构。而且,按照党的十四届三中全会关于建立现代企业制度的要求,银行作为商业性机构也应像国有企业一样进行公司治理改革,剥离政策性业务,转变为市场竞争主体。

基于上述考虑,1993年12月,国务院发布《关于金融体制改革的

决定》，决定成立国家开发银行、中国进出口银行、中国农业发展银行三家政策性银行，专门承担政策性金融服务。同时，要求专业银行逐步改革转变为国有独资商业银行，只承担商业性业务，不再按专业领域划分业务，相互之间可以交叉、竞争，以便改进服务。1995年，《商业银行法》出台，从法律上将工、农、中、建四家专业银行正式定位为国有商业银行。

（三）启动汇率改革，配合实体经济对外开放

1979年，为吸引外资，实施对外开放战略，我国颁布了《中外合资经营企业法》。搞中外合资，必然涉及外国资本到国内兑换人民币，必然要有合理的汇率机制，否则外资不愿意进来。这些背景都要求必须对汇率以及外汇管理体制进行改革。

1981年，我国启动汇率改革，人民币兑美元汇率从过去的1美元兑1.53元人民币改为双轨制，即贸易汇率1美元兑2.8元人民币，非贸易汇率不变。这是金融领域改革比较早的一项工作，在当时是相当大的变化。后期，企业要求取消外汇管制的呼声越来越高，但当时思想还不够解放，各方面顾忌较多，采取了过渡性措施，即开始实行外汇留成制度。实际上，外汇留成的本质仍是双轨汇率制度，容易造成价格体系扭曲，甚至寻租、腐败。

1993年筹备党的十四届三中全会过程中，党中央、国务院开始酝酿设计新一轮外汇体制改革。1994年1月1日，正式宣布"改革外汇管理体制，建立以市场为基础的有管理的浮动汇率制度和统一规范的外汇市场"，取消外汇留成制度和外汇兑换券的流通使用，人民币官方汇率和外汇调剂市场汇率并轨，将人民币兑美元汇率统一为1美元兑8.7元人民币。同时，决定实施银行结售汇制度，建立分层次、统一的外汇市场。这标志着人民币汇率形成机制改革迈出了重大步伐，开始转向以市场供求为基础，人民币汇率在外汇资源配置中开始发挥重要作用。

（四）加强整顿，应对亚洲金融风波冲击

到 1997 年亚洲金融风波前，金融改革发展取得不少重要进展，但由于金融标准规制不规范、公司治理结构不完善、资本金不充足等原因，金融体系出现一定程度的混乱，不仅案件频发，还普遍存在不良贷款率高、市场恶性竞争等一系列问题。在亚洲金融风波冲击下，银行业积累了大量不良贷款，相当一部分金融机构经营困难，甚至关闭破产。当时国内外一些学者和媒体认为，中国大型国有商业银行已经到了"技术性破产"的边缘，银行体系迟早会出大问题。

这一阶段金融领域的主要任务是进行整顿并支持国有企业脱困。一是调整金融体系的结构。当时，整个经济体制改革需要在适当分权的基础上，建立合理的中央与地方关系。但在金融方面，需实行垂直管理，减少地方对金融的干预，治理金融"三乱"。因此，1997 年第一次全国金融工作会议对金融体系的组织结构作了一系列调整，明确人民银行和国有商业银行分支机构党组和人事不再由地方领导。二是补充国有独资商业银行资本金。1997 年，将国有独资商业银行所得税税率从 55%（外加 7% 的调节税）下调至 33%，提升商业银行利用内源性融资增加资本金的能力。1998 年，由财政部发行 2 700 亿元特别国债筹集资金补充四家银行资本金。三是配合国家应对亚洲金融风波造成的重大冲击进行恢复。一方面，决定通过债转股减轻国企债务负担。另一方面，1999 年成立了信达、长城、东方、华融四家资产管理公司剥离大型银行不良资产，帮助国企休养生息，摆脱大量职工下岗和效益下滑的困境。

总的来看，经过二十多年的改革探索，到 20 世纪末我国初步建立了与社会主义市场经济相适应的现代金融组织体系、金融市场体系、金融调控和监管体系，市场在资金配置中的作用明显增强，也使我国成功抵御了亚洲金融风波的冲击。但同时，金融领域的转轨特征和传统计划经济色彩仍较明显,一些重大体制机制问题还有待解决。尤其是,为配合服务国企改革攻坚和应对亚洲金融风波的影响,金融体系的健康性遭受一定冲击,国有商业银行和农村金融体系形成了巨大规模的坏账,资本账户可兑换、利率汇率市场化等改革未能按计划推进。如果不妥善解决健康性问题,金融机构和金融市场就很难继续为实体经济改革发展提供支撑,如果处理不及时、不妥当,甚至可能爆发金融危机,拖累实体经济发展。而且新世纪初中国加入世界贸易组织后,扩大开放有了更高要求,金融改革开放也面临更多新的任务和挑战。

二、新世纪以来金融改革发展主要进展

新世纪以来,尤其是党的十八大以来,在党中央、国务院的正确领导下,我国金融改革开放发展取得重大进展,大型国有商业银行成功股改上市,银行业金融机构资产质量、经营效益不断提升,多家机构入选全球系统重要性金融机构,金融体系健康性明显提升;坚持市场化方向,遵循渐进可控原则,不断深化利率汇率市场化改革,基本完成利率市场化改革,人民币汇率弹性显著增强,市场配置金融资源的能力不断提高;宏观审慎政策框架不断完善,成功应对了百年一遇的国际金融危机的冲击,守住了不发生系统性金融风险的底线;以场外市场和机构投资者为主的债券市场快速发展,市场深度和广度显著提升,有效促进直接融资比重提高;金融业双向开放不断扩大,人民币国际化扬帆起航并成功加入国际货币基金组织特别提款权货币篮子,我国金融国际竞争力和影响力显著提高,整个金融业发展迈入新时代。

(一)深化银行业改革

由于长期的政企不分、产权模糊、管理低效等历史原因,我国的金融机构积累了严重的系统性风险。20世纪90年代末,按照当时较低的

会计标准，我国银行业不良率在30%左右，虽然1999年剥离了1.4万亿元不良资产，但大型国有商业银行历史包袱仍然很重，不良率依然过高，资本充足率依然很低，甚至为负。因此，迫切需要采取强有力措施，下大的决心，对银行业进行全面深刻的改革，清理财务不健康问题，对金融机构特别是有影响的大型金融机构进行财务重组，使其恢复到健康状态。

要真正实现我国金融机构的健康化，首要任务是引入国际上更高的标准，提高金融规制的规范化程度。过去，我国很多金融领域的法律法规、制度规则是滞后的，很多标准是在实践的摸索中建立的，有些规则一开始甚至是缺失的。当时银行的贷款分类很不合理，主要采用期限法（"一逾两呆"），结果导致大量不良资产被掩盖。基于此，2001年颁布了《金融企业会计制度》，对会计准则进行了改进，同时开始实行贷款五级分类制度。这都是非常实质性的、基础性的工作，有助于弄清楚银行不良资产的真实情况，摸清家底，为后续金融机构健康化发展奠定基础。

大型国有商业银行股改上市

建立规范化的金融规则标准后，金融机构财务状况基本合格，但要跟上国民经济迅速发展的步伐，还需要不断增强资本实力。2002年2月，朱镕基总理在第二次全国金融工作会议上指出，要对国有独资商业银行进行股份制改造，条件成熟的可以上市。对银行等金融机构而言，上市除了可以筹集资本外，更重要的是可以按照现代企业制度建立公司治理结构，提升透明度。只有受到来自广大投资者特别是股票市场投资者和战略投资者的压力和监督约束，金融机构才有足够动力加强财务和风险管理。

由于当时的财政资源十分紧张，党中央、国务院在通盘考虑国家可用于金融改革的资源以及运用这些资源对宏观经济的影响后，明确提出了"抓两头、带中间"改革总体战略，即集中有限资源重点推动政策性历史包袱较重的大型商业银行和农村信用社改革，带动政策性历史负担较轻的股份制和城市商业银行等其他金融机构立足自身进行改革发展。

2003年5月19日，人民银行行长周小川向国务院作了关于《改革试点——国有商业银行的财务重组》的汇报。这份报告在认真总结我国经济与金融体制改革经验的基础上，研究论证各种可能的注资资源选择，创造性地提出运用国家外汇储备注资大型商业银行，并详细设计了核销已实际损失掉的资本金、剥离处置不良资产、外汇储备注资、境内外发行上市的"四步曲"方案。2003年9月，党中央、国务院原则通过了关于国有独资商业银行股份制改革的总体方案。为推进该项工作，国务院成立了国有独资商业银行股份制改革试点工作领导小组，办公室设在人民银行。

推进国有商业银行股改上市的过程也是形成共识的过程。在税收方面，财政部门给予了较大支持，同意按照新的会计准则核销损失，解决国有商业银行养老退休、医疗、住房货币化等历史包袱，并暂缓银行业营改增，同时将营业税税率从8%降到5%。在注资方式方面，当时也有一些争议。有观点认为，通过再贷款进行注资即可，不需要其他改革方案。最后经过反复征求意见，使用外汇储备注资这个新方案得到国内和国际社会的广泛支持。在机构选择方面，最初因担心改革花费资金太多，只定了一家进行改革。实际上如果只选择一家，其容易与中央讨价还价；选择两家改革，可以形成相互竞争的局面。最后事实证明选择两家进行改革达到了很好的效果。在战略投资者方面，当时有观点认为引进的战略投资者应是商业银行，这样可以借鉴其经营管理经验、引进新产品和客户等，但另一种观点是引进投资者应主要考虑资本，只要投资者关心资本回报率，就会通过多种方式促进银行发展。后来，大型国有商业银行也引入了高盛、淡马锡等非银行的战略投资者，事实表明它们的投资持续期反而比国外商业银行更长。

2003年以来，交行、建行、中行、工行、农行陆续进行股份制改革，并成功上市，初步建立了相对规范的公司治理结构，内部管理和风险控制能力、市场约束机制明显增强，资产规模和盈利水平均位居全球前列。2016年末，商业银行业资本充足率13.3%、拨备覆盖率176.4%，均显著提高。2011年以来，中行、工行、农行和建行先后入选全球系统重要性银行（G-SIBs）。改革的实践充分证明，党中央、国务院关于大型商业银行改革的重大决策部署是完全正确的，正是通过改革，大型金融机构的健康性实现了质的飞跃，我国才能成功抵御2008年国际金融危机的严重冲击。

农村信用社改革深入推进

新世纪之初，农村信用社资产占到金融系统总量的10%左右，不良资产在50%左右。2002年末，全国共有农村信用社2 535个，其中97.8%资不抵债。为克服农村金融服务不断萎缩和农村金融机构可持续发展能力薄弱等问题，2003年6月，国务院决定在浙江等8个省份实施农村信用社改革试点。

考虑到农村信用社比较分散，情况参差不齐，当时改革设计了正向激励机制，把中央银行专项贷款和专项票据的兑付与农村信用社实际改革成效相挂钩，充分调动地方政府和农村信用社的积极性，引导农村信用社逐步"上台阶"。第一个台阶，参加改革的农村信用社，必须对改革计划作出承诺，然后才能获得资金支持和相关鼓励政策。第二个台阶，农村信用社必须使资本充足率上升到0的水平后，人民银行方可用专项票据置换其不良资产，同时向农村信用社支付专项票据利息。第三个台阶，专项票据两年到期后，农村信用社资本充足率提高到2%，公司治理和不良资产消化也达到相应指标，经过验收确认，人民银行可以将票据兑现成现金。

在正向激励约束机制作用下，农村信用社资产质量、盈利能力、支农资金实力、可持续性经营能力均得到明显提高，"花钱买机制"的政策效应不断显现。2016年末，全国农村信用社资本充足率12.13%，与2002年末相比提高了20.63个百分点。农村信用社自2004年实现首次轧差盈利后，利润总额快速增长，截至2016年末，累计实现盈利13 437亿元。

（二）稳步推进利率汇率市场化改革

在金融机构和金融市场逐步健康化、规范化之后，金融改革发展的基础不断巩固，特别是2013年党的十八届三中全会更加鲜明地提出"使市场在资源配置中起决定性作用"，在认识和要求上较以往迈上了一个新的大台阶，作为资金主要价格的利率、汇率市场化改革得以再次提速。

利率市场化改革实现重大突破

利率市场化改革的要点是体现金融机构在竞争性市场中的自主定价权，通过差异化定价优化资源配置。从调控的角度看，特别是从以直接调控转向以间接调控为主的过程中，需要有一个顺畅、有效的利率传导机制，并对市场价格形成产生必要的影响。这都要求必须进行改革，形成市场化的利率定价和传导机制。

实现利率市场化是一个长期过程。1993年12月，国务院发布《关于金融体制改革的决定》，提出了利率市场化改革的基本设想。1996年6月1日，人民银行取消同业拆借利率上限管理，由拆借双方根据市场资金供求自主确定，这标志着利率市场化迈出了具有开创意义的一步。进入新世纪后，人民银行按照"放得开，形得成，可调控"的原则，"先贷款后存款、先大额后小额、先外币后本币"的总体思路，继续稳步推进利率市场化，着力完善市场化的利率调控传导机制，给予金融机构更大利率定价自主权，充分发挥市场在资源配置中的决定性作用。2006年，人民银行组织构建了上海银行间同业拆放利率（Shibor），为各类金融产品交易定价发挥了基准作用。同时，分步有序扩大存贷款利率浮动范围，抓住成功应对2008年国际金融危机的有利时机，加快推进利率市场化改革，分别于2013年7月20日、2015年10月24日放开贷款利率下限和存款利率上限管制。

一般而言，存款利率关系到全社会的资金成本，其市场化对国民经济的影响更加广泛而深刻，完全放开的条件也相对较高。从国际经验看，放开存款利率管制是利率市场化进程中最为关键、风险最大的阶段，一般应置于相对靠后的阶段推进。存款利率市场化这个利率市场化的最后一步，是分若干小步迈出来的。在过去的几年中，存款利率浮动上限经过多次调整直到最后放开，走了五步。2015年10月存款利率上限的最终放开，标志着我国持续20多年的利率市场化基本完成，这在利率市场化改革以及整个金融改革历史上，都具有重要的里程碑意义。

在推动利率市场化的同时，货币政策调控框架也在逐步从数量型为主向价格型为主转型。在利率市场化逐步推进的背景下，人民银行在探索构建利率走廊机制方面取得了很好的效果。例如，为稳定短期利率，持续在7天回购利率上进行操作，通过开展常备借贷便利（SLF）操作，按需足额提供短期流动性支持，探索发挥其利率作为利率走廊上限的作用。

汇率市场化改革稳步推进

我国汇率市场化改革也走过了较长阶段。新世纪之初，大型商业银行改革刚刚提上议程，很多金融机构的公司治理和抗风险能力尚不足以有效抵御汇改可能带来的风险，因此一方面采取内部磋商开展金融对外交流与合作，化解外部压力；另一方面果断决定先行改革国有商业银行和农村信用社，待这两项改革取得重要进展，宏观调控走上正轨，诸多基础条件成熟之后再正式启动汇改。实践证明，这样的金融改革顺序决策和战术安排是合理的，尽可能地降低了汇改的风险。

2005年，经过两年多的精心准备和周密部署，人民银行按照"完善人民币汇率形成机制，保持人民币汇率在合理、均衡水平上的基本稳定"的要求，遵循"主动性、可控性、渐进性"原则，再次启动人民币汇率改革。2005年7月21日，我国宣布开始实行以市场供求为基础、参考一篮子货币进行调节、有管理的浮动汇率制度，人民币汇率不再盯住单一美元。这要求人民币汇率更多反映经济基本面尤其是国际经常项目收支平衡情况，汇率形成主要由外汇市场的供求关系决定。沿此改革思路，经过2007年、2012年和2014年连续三次调整，人民币兑美元交易价日浮动幅度从3‰扩大至2%，同时央行基本退出常态外汇干预，人民币汇率弹性显著增强。随着外汇市场对外开放水平的不断提高，金融机构自主定价和风险管理能力不断增强，2015年8月11日，人民银行宣布完善人民币兑美元汇率中间价报价机制，强调中间价报价要参考上日收盘汇率，以反映市场供求变化。2017年5月，在中间价报价模型中新增"逆周期因子"，以适度对冲市场顺周期因素，使中间价更加充分地反映宏观经济等基本面因素。

1997年到2017年8月，人民币兑美元汇率在6.09～8.30区间波动，波动幅度远小于其他主要经济体和新兴市场经济体货币，在合理均衡水平上保持了基本稳定。同时，汇率市场化改革对我国经济转型发展和走向均衡产生了积极影响，为宏观调控创造了有利条件，在应对国内外形势变化中发挥了重要作用。

（三）实施逆周期调控并成功应对国际金融危机

新世纪以来，在经济发展的不同阶段，货币政策根据经济金融形势和物价水平的变化情况，适时适度进行调整，始终坚持金融服务实体经济的本质要求，为经济平稳健康发展和经济体制改革营造了适宜的金融环境。

货币政策调整灵活适度

中国经济自2003年进入新一轮上升周期，经济增长速度加快，物价水平有所上升。人民银行及时调整货币政策操作，综合运用中央银行票据、存款准备金等多种货币政策工具，加强流动性管理和货币信贷调控，适当回收流动性，抑制了货币信贷增长偏快的势头。2003—2007

年，先后15次上调存款准备金率，对冲了外汇占款所投放流动性的大约80%。其中，2007年是调控力度最大的一年，10次上调存款准备金率，6次上调存贷款基准利率。2008年美国次贷危机蔓延加深，国内外经济金融形势发生重大转变，一些金融改革发展任务被迫暂停，首要工作是配合国家应对金融危机冲击。人民银行坚决贯彻落实党中央、国务院应对危机的一揽子计划，及时调整了货币政策的方向、重点和力度，将全年新增贷款预期目标提高至4万亿元左右，指导金融机构扩大信贷总量，并与结构优化相结合，向"三农"、中小企业和灾后重建等倾斜；综合运用多种工具，采取一系列灵活、有力的措施，及时释放确保经济增长和稳定市场信心的信号，5次下调存贷款基准利率，4次下调存款准备金率，保持银行体系流动性充分供应，促进货币信贷合理平稳增长，帮助中国经济在2009年率先实现企稳回升。

对于应对危机的临时性刺激措施，出拳要猛、收拳也要及时。考虑到中国易热不易冷的体制特征，宽松货币条件可能产生一定的副作用，随着形势好转必须果断决策，适时调整政策取向和力度，及时退出相关刺激措施。2010年10月，人民银行周小川行长在北京大学光华管理学院的演讲指出，"根据我的观察，在2009年第二季度，基本上已经看到中国经济强劲复苏，但这种复苏带来了一些问题。因此，在2010年初期，我们很快发现了超调问题，并开始反方向调整，先后三次上调准备金率，以收缩经济中的流动性"，并且强调"如果刺激措施的剂量过大，就可能产生超调问题，如果力度不足，就可能导致经济复苏缓慢"。

探索逆周期的宏观审慎政策框架

国际社会普遍认为宏观不审慎是2008年国际金融危机发生的重要原因。这次危机的破坏性如此之大，其中一个原因是危机传染的渠道发生了很大变化，例如金融衍生品市场缺乏清算机制，风险的跨市场传染发散非常快。另外，这次危机暴露出金融体系存在非常明显的顺周期性。当经济好的时候，各方面信心都很足，金融机构和客户的评级都比较高，资产价格特别是房价不断上涨，此时大多数金融机构是健康的，交易对手一般不会出问题。泡沫一旦破裂，就会出现连锁反应，市场的非理性行为和"羊群效应"会加剧波动。为此，需要引进一些逆周期的因素，增强系统稳定性，如逆周期资本缓冲、系统重要性附加资本以及更高的流动性要求，同时也要加强金融基础设施管理，建立中央对手方等。这些措施在概念上被命名为宏观审慎政策框架。宏观审慎政策框架的提法在国际上被写入了G20文件，在国内被写进了党的十八大、十八届三中全会的文件，也连续几年被写进了政府工作报告。

人民银行较早在逆周期宏观审慎管理方面进行了创新性探索。2009年下半年中国经济出现复苏迹象，在扩大内需等一揽子经济刺激政策的带动下，人民币贷款快速增长。人民银行对此高度关注和警惕，提出应按照宏观审慎政策框架的原理设计新的逆周期措施。2010年，人民银行通过引入差别准备金动态调整措施，将信贷投放与宏观审慎要求的资本充足水平相联系，探索开展宏观审慎管理。当时大家的认识还不一致，有些事还有争论，2010年底的中央经济工作会议明确提出要使用宏观审慎工具。此后，人民银行不断完善宏观审慎政策，将差别准备金动态调整机制"升级"为宏观审慎评估（MPA），逐步将更多金融活动和资产扩张行为纳入宏观审慎管理，并将全口径跨境融资纳入宏观审慎管理。从实践来看，宏观审慎政策框架在促进金融机构稳健审慎经营、维护系统性金融稳定等方面发挥了重要作用，向全球输出了中国经验。党的十九大报告明确提出要健全货币政策和宏观审慎政策双支柱调控框架。

（四）构建层次丰富的现代化金融体系

2003年党的十六届三中全会《关于完善社会主义市场经济体制若干问题的决定》，明确提出要"建立多层次资本市场体系，完善资本市场结构，丰富资本市场产品"。最初建设多层次资本市场的想法相对比较简单，定义的层次少一些，当时主要考虑建设主板市场和创业板市场，后来逐步认识到，需要建立一个更丰富的多层次资本市场乃至多元化的金融体系。金融体系的多元化涉及很多方面，如金融机构多元化、金融产品创新、多层次金融市场等。新世纪以来，按照多元化的方向，全面推动由债券市场、货币市场、外汇市场、黄金市场、股票市场等构成的、分层有序、互为补充的金融市场体系规范创新发展。同时，积极探索发展开发性金融，推动设立民营银行，积极稳妥地发展互联网金融，这些都反映了当前我国金融改革发展所处阶段的多元化特点。随着金融市场体系的复杂化、多元化，金融监管也逐步迈向专业化。

债券市场实现跨越式发展

上个世纪，债券市场在支持国民经济运行发展中的作用相当有限。而且，由于市场化改革不到位、市场定位不准确、市场约束不健全、市场制度不完善，出现了1992年"327国债期货风波"、银行资金违规进入股市、企业债大量违约等风险事件，使整个金融体系隐含了相当大的风险。这些挫折有其时代背景，也与经济处在转轨早期，计划经济色彩比较浓厚，市场经济的思维、环境尚未建立有关。

新世纪之初的金融改革任务非常重，党中央、国务院决定将债券市场改革任务交由人民银行牵头负责。人民银行周小川行长在2005年中国债券市场发展高峰会上明确提出，发展债券市场要以市场经济为思维主线，以合格机构投资者和场外市场为逻辑主线，以完善法规、会计、信息披露和破产制度为环境主线，使有较强分析能力和风险承担能力的机构能够在市场中唱主角。在认真总结经验教训的基础上，银行间债券市场明确了场外市场和定位于机构投资者的发展方向；不断加大市场化改革力度，减少不必要的行政审批，将发行审批制逐步改革为核准制、备案制和注册制；借鉴国际经验，探索行业自律组织和基础设施建设，促进发挥信息披露、信用评级等市场激励与约束机制的作用。

目前，我国债券市场初步形成了以场外市场为主体、场内市场为补充，互联互通的市场体系，2016年末，债券市场托管余额为63.7万亿元，规模位居世界前列。债券市场的发展，大大拓宽了企业和实体经济直接融资渠道，优化了社会融资结构，直接融资比重从2003年的3.9%提升到2016年的27.2%，有效分散了原来高度集中于银行体系的金融风险，增强了整个金融体系的稳定性。

开发性金融散发新活力

金融多元化的另一个重要实践就是开发性金融运用。关于是否有必要发展开发性金融，有过一些争论。最初全球思潮不太倾向于开发性金融。不过，2008年国际金融危机后，全球范围内长期公共融资难觅投资者，加之商业性金融体系"惜贷"，国际社会开始重新认识到开发性金融的重要性。新世纪以来，中国初步探索出了一条富有中国特色的开发性金融道路，即服务国家战略、依托信用支持、不靠政府补贴、市场运作、自主经营、注重长期投资、保本微利、财务上有可持续性的金融模式。一方面，这种模式能够自我权衡经济与政策目标，投向周期长、资金需求大、商业机构难以提供的项目，更有利于满足符合国家长期战略和利益以及大额项目建设资金的需求。另一方面，其在服务国家战略的同时，能坚持市场化运作，能够确保机构的长期可持续发展。近年来，以国开行为代表的开发性金融，在没有财政补贴的情况下，实现了一定回报和财务的可持续性，为"一带一路"建设等国家长期战略和利益作出了贡献，形成了开发性金融的有益实践。

金融监管专业水平和协调性不断提升

金融体系从"不健康"到"健康"的过程中，最开始往往倾向于将监管独立出来，寄希望于专门的监管机构能更好地履行监管职责，同时推动本行业更好发展。当时普遍的观点是，学西方发达国家的早期经验，实行分业经营，分业监管。

证券业监管职责是最早从人民银行分离出去的。1992年10月，国务院决定成立国务院证券委员会和中国证券监督管理委员会，后来证券委员会的发行审核功能合并纳入了证监会。一般而言，资本市场与传统的银行业务相差甚远，而且涉及上市公司监管等专业工作，多数国家的证券业监管大多是独立的，不属于中央银行职责范围，这是比较容易理解的。随后，1998年设立了保监会，加强了对保险业的统一监管。2003年，分设银监会，进一步完善了金融监管体系，明确了银监会、证监会、保监会三家专业性监管机构的目标责任，理清了金融监管和宏观调控之间的责任关系。总体看，分业经营和分业监管模式在提高监管专业性、培养监管人才、防范和化解金融风险、促进金融业改革发展等方面发挥了积极作用。

近年来，随着金融业的改革发展，金融创新活动增多，理财或资产管理类交叉性金融产品加速发展，金融综合经营发展步伐加快。"铁路警察，各管一段"的传统分业监管模式较难适应金融发展新趋势，监管缝隙较大，加大了防范和化解跨市场、跨行业的金融风险的难度。按照国务院的要求，2013年8月人民银行牵头成立了金融监管协调部际联席会议制度。2017年7月召开的第五次全国金融工作会议决定成立国务院金融稳定发展委员会，强化监管协调和监管问责，指定人民银行承担委员会办公室工作，牵头防范化解系统性金融风险。

（五）推动人民币国际化和资本项目可兑换实现新突破

在持续多年的市场化改革基础上，金融改革发展开始加大国际化的步伐，以前是不具备这个条件的。最近几年，尤其是2008年国际金融危机以后，我国抓住有利时机，顺应市场需求，稳步有序推进人民币国际化和资本项目可兑换。

人民币国际化迈上新台阶

人民币国际化起步比设想得要早，主要是因为2008年国际金融危机期间西方国家金融市场一度非常疲弱，加之由于金融危机导致的货币不稳定，市场上缺乏美元，且对美元信心不足，欧元、日元也比较不稳定，国际社会要求改革现有国际货币体系的呼声越来越大，对人民币的欢迎程度超过预期。最早是韩国出于稳定需要，主动要求和我国开展人民币互换。随后陆续有20多个发展中国家提出货币互换，一些发达国家也加入进来。

在国际社会需要，同时于我有利的情况下，人民银行按照党中央、国务院部署，顺势而为，沿着"逐步使人民币成为可兑换的货币"的长期目标，进一步减少不必要的行政管制和政策限制。2009年7月，在上海和广东四市率先启动跨境贸易人民币结算试点，随后逐步扩大至全国。陆续推出人民币合格境外机构投资者（RQFII）、人民币合格境内机构投资者（RQDII）、沪港通、深港通、基金互认、债券通等创新制度安排，完善人民币国际化基础设施体系。经过不懈的努力，人民币国际化取得一系列积极成效。据环球银行金融电信协会（SWIFT）统计，2017年8月，人民币为第五大国际支付货币，市场份额为1.94%。

随着中国经济和人民币国际地位的不断提升，国际上建议将人民币纳入SDR的声音日益增强。人民银行周小川行长在2009年发表文章《关于改革国际货币体系的思考》，激发了国际社会对改革国际货币体系的热烈讨论，以及对增强SDR作用的关注。2015年适逢IMF五年一次的SDR审查，人民币加入SDR面临难得的历史性机遇。党中央、国务院高瞻远瞩、审时度势，及时作出了推动人民币加入SDR的重要战略部署。2015年11月30日，IMF执董会认定人民币为可自由使用货币，决定将人民币纳入SDR货币篮子，并于2016年10月1日正式生效。这是人民币国际化的重要里程碑，代表了国际社会对中国改革开放成就的高度认可，对中国和世界是双赢的结果。

资本项目可兑换改革持续推进

1996年实现经常项目可兑换以后，正当我国研究如何进一步推进资本项目可兑换时，亚洲金融风波爆发了，一些受到较大冲击的国家和地区开始采取资本项目管制抵御风波。我国自身遭受金融风波的冲击也比较严重,国内金融稳定形势比较严峻,资本项目可兑换进程不得不暂停。从2002年下半年开始,我国经济和外贸形势明显改善,国际收支交易规模急剧增加,有经常项目和资本项目双重属性的跨境交易日益增多。在这种背景下,资本项目可兑换进程再次被提上日程。2003年10月,党的十六届三中全会正式重新提出"在有效防范风险前提下,有选择、分步骤地放宽对跨境资本交易活动的限制,逐步实现资本项目可兑换"。但当时我国的银行体系不良资产率非常高,亏损严重。如果微观基础不牢固,推进资本项目可兑换的风险就会非常大,因此没有给出具体的改革时间表。由于涉及资本项目可兑换的各方面条件不太成熟以及2008年国际金融危机爆发的影响,我国的资本项目可兑换改革进程一直比较缓慢。国际金融危机后,随着我国经济逐步稳定复苏,党中央、国务院关于资本账户可兑换的提法开始出现积极变化,多次强调要"逐步实现人民币资本项目可兑换"。2013年11月,党的十八届三中全会进一步提出,要"建立健全宏观审慎管理框架下的外债和跨境资本流动管理体系,加快实现人民币资本项目可兑换"。

从实际效果看,这些年人民币资本项目兑换的方便性取得了很大的进展,并已经体现在我国对外贸易、投资和其他国际经济往来的各个方面。从IMF资本项目交易分类标准下的40个子项来看,目前可兑换和部分可兑换的项目37项,占92.5%,仅剩3项尚未放开。应该说,人民币资本项目可兑换仍是我国经济金融改革开放的一个重要方向,是下一步要重点研究和积极推进的工作。经过这么多年努力,资本项目可兑换已经迈出了相当大的步子,具备了进一步推进的条件。

三、中国金融业改革发展的内在逻辑及经验总结

作为整个经济体制改革的重要组成部分,中国的金融改革发展始终伴随着社会主义市场经济体制改革尤其是实体经济改革开放而持续

推进，与整体经济体制改革进程相衔接、与之配套并为之服务，呈现出一个内部连贯、逻辑一致的过程。新世纪以来的中国金融改革发展的巨大成就来之不易，其间虽有过反复、搁置，但总体进程是不断向前发展的，有很多值得总结的经验。

（一）坚持市场化取向，稳步推进金融改革发展

自1992年党的十四大正式提出"建立社会主义市场经济体制"目标以来，中国金融始终坚持市场化取向，按照界定产权、政企分开、依法治国、激励相容、社会监督五个市场经济特征，稳步推进各项改革。

市场经济要求等价交换，前提是界定产权。过去只有人民银行一家银行，现在成立了几百家银行和几千家相对独立的农村信用社，而且很多银行都完成股改上市，产权不断清晰，经营效率大幅提升。在市场经济中，经济决策是分散的，主要由企业和家庭选择和决策，因此必须将政府和企业分开，过去银行是政府和财政的出纳，一切听从于政府，现在自主经营，是发挥资源配置作用的市场主体。产权清晰了，决策分散了，如果没有规矩，就乱了，还得要依法治国。在金融领域，陆续颁布了《中国人民银行法》《银行业监督管理法》《商业银行法》《证券法》《保险法》等法律法规，为宏观调控、监管和金融机构经营提供了重要依据。

在法治框架下，市场经济主体的努力和创造力与其物质利益挂钩，能最大限度调动市场主体的积极性，这也是市场经济效率的源泉。过去银行领导干好干坏只体现在政治升迁上，现在银行业已经有了相当的经济激励。但仅有激励是不够的，缺乏现代公司治理和内在约束机制的情况下，单纯的经济激励改革最终不会成功。为此，我国进一步完善了会计准则和披露制度，现在银行每年要披露年报，尤其是上市银行必须接受来自内部和外部的更加严格的监督。

同时，很多市场化改革在推进过程中，难免会面临一些争议。例如，在进行利率市场化改革时，初期可能出现利率中枢上移，对中小微

企业的融资有一定影响。再例如，在进行汇率市场化改革时，汇率弹性增强可能放大外贸出口类企业的风险敞口，对一些缺乏经验的企业可能会造成一定冲击。尽管改革或多或少都存在一些成本代价，但与整体经济通过市场机制获得效率改进相比，推进改革是利大于弊的。在推进改革时需要综合权衡利弊，总体大的方向是要坚持有利于优化资源配置和效率改进，不能因"小弊"而失"大利"。

（二）坚持问题导向，一切从实际需要出发

从实践来看，我国的金融改革一直立足国情实际，坚持问题导向，缺什么、补什么、建什么。从计划经济向市场经济转轨，首先是缺资本，资本不足将严重影响金融机构的健康性，因此需要针对金融机构资本不足、治理不完善问题，对国有专业银行进行商业化和股份制改造，推进农村信用社改革。其次是缺竞争，对于市场经济而言，其本质是在建立激励约束机制的基础上，通过竞争发现价格，进而通过价格引导资源优化配置，促进经济走向均衡，进而提升经济整体效率，这就需要推进利率、汇率市场化改革，发展多元化、多层次金融机构体系，通过竞争提升效率。再次是缺开放，市场经济本质是打破封闭，走向开放型经济，通过扩大开放可以促进竞争，也会倒逼国内改革，因此需要推动贸易与投资自由化和便利化、汇率市场化、放宽外汇管制三大政策改革，降低市场准入门槛，逐渐使竞争和市场成为普遍使用的机制。最后是缺金融市场，现代化的金融体系必然要求高效、富有深度和广度的金融市场，否则金融的价格发现功能就缺乏基础，因此我国加大建设力度，发展了债券市场、衍生品市场、交易所市场、黄金市场、外汇市场、货币市场等。

另外，有些改革过去曾经打算做，却由于遇到危机等各种各样的原因，被耽搁了下来，需要及时补齐改革短板。比如存款保险制度。2015年5月1日，出台了《存款保险条例》。存款保险制度是市场经济条件下银行体系健康发展的一个重要要素，按道理存款保险制度早就应该建立，但因为各种原因没有做。既然允许大家办银行，现在又提出允许民营资本发起设立中小型银行，改善对社区、农村等薄弱环节的金融服务，就需要建立存款保险制度，按照市场化原则处置银行倒闭问题。

（三）坚持以稳促进，通过有力有效调控营造良好金融环境

每一项金融改革的成功推进都离不开良好的经济金融环境。没有良好的环境，金融改革就会遇到较大阻力；当环境比较好时，改革就会事半功倍。为经济稳定发展、金融改革营造稳定良好的经济金融环境，宏观调控尤其是货币政策调控必须有力，必须根据经济形势变化灵活适度调整，加强逆周期调控。在经济过热或资产价格出现泡沫时，必须采用适当工具"慢撒气""软着陆"，实现平稳调整；在经济衰退或遭遇外部冲击时，必须及时出手，稳定形势，增强信心。例如，在1997年亚洲金融风波期间，很多国家货币竞相贬值，有些货币贬值在30%、40%甚至50%以上，但党中央、国务院审时度势，认为人民币贬值虽然有利出口，但会加剧东南亚以及全球金融动荡局面，也不利于国内经济金融稳定，所以坚持人民币不贬值，为国内金融改革稳定发展奠定了坚实基础。2008年国际金融危机期间，我国"出手快、出拳重、措施准"，成功应对了金融危机冲击，当经济在全球率先复苏并初显过热苗头时，又及时启动货币政策正常化，防止政策过冲，同时探索建立完善宏观审慎政策框架。这些措施为经济社会稳定发展营造了良好的货币金融环境，也守住了不发生系统性金融风险的底线。可以说，正是我国成功应对了1997年亚洲金融风波，才能启动国有大型商业银行股改，也正是基本完成了国有大型商业银行股改和农村金融改革，才又成功抵御了2008年国际金融危机冲击，才有可能进一步推进利率汇率市场化等改革，推动现代金融体系健康发展。

(四)坚持立足国情实际,走渐进式改革道路

转轨经济的"休克疗法"和渐进式改革的目标一样,都希望市场起主导作用,把企业搞活,但不同模式效果截然不同。"休克疗法"倾向于全面否定过去的体制,在此过程中,新的机制尚未建立,涉及金融业的法律法规都直接从西方国家照搬引入。在国内缺乏相应的经济背景、实践经验以及人才储备的背景下,这么做可能导致业界和公众一般都很难理解,往往是部分先理解的人占到很大便宜,从中牟利,最终可能导致贫富差距过大,偏离改革初衷。另外,"休克疗法"不太倾向救助濒临倒闭的金融机构,苏联的金融机构在"休克疗法"后基本全垮了,之后国内先后成立了1 000多家私有制的商业银行,几乎没有一家是国有的,都是小银行,这种市场结构不利于抵御金融危机冲击。同时,像中国这么大的国家全世界也没有几个,在如何处理中央与地方关系等问题方面,可借鉴的国际经验比较少,诸多改革很难参照标准模式一步到位,只能坚持走渐进式改革道路。

相比而言,我国的渐进式改革更符合人的一般认识规律。从过去的计划经济转向市场经济体制并谋划下一步发展时,总有个逐步转变、逐步适应的过程,很多传统思想理念很难在短期消除。有的时候,往前走两步甚至会往后退一步,但总体仍是向前的。从金融和实体经济关系的角度看,通常实体经济的改革开放步子走得快一些,或者说实体经济改革开放发展到一定程度,金融业就要加快推进自身的改革开放,跟上实体经济改革开放的步伐,更好地提供金融服务。反之,如果在实体经济的企业改革还没有充分展开,企业还没有获得充分自主权、公司治理还没有充分建立的情况下,金融企业要实现自主经营、建立现代企业制度、形成规范的公司治理等,也是不现实的,有的时候甚至会因为实体经济遭受重创,一些金融改革不得不暂停。另外,从我国实践来看,"摸着石头过河"还体现在对自下而上式改革的重视,因为很多改革造

成的影响可能很大，"试错"成本很高，采取小范围试点，可以减少这种成本，一旦发现有问题，也可以很好地控制风险、吸取经验教训。

坚持渐进式改革，还体现在协调配合，把握改革发展的节奏和机会窗口方面。从过去经验看，一般会先提出一个单子，列出需要推进的重大的改革开放任务，同时研究其横向配合关系和优先顺序。例如，有些工作需要财税部门配合，有些则需要商务部门配合，还有些需要外交部门或者国际组织配合等。实际上，经济转轨过程中推进金融改革，各项政策的选择、设计和配套的形成过程也是各方面达成共识的过程。

新世纪以来，尤其是党的十八大以来，在党中央、国务院的正确领导下，我国金融改革发展蹄疾步稳，重要领域和关键环节改革取得突破性进展。金融体系市场化、双向开放水平明显提高，现代化金融体系更加完善，对经济社会平稳健康发展形成了有力支撑。展望未来，中国特色社会主义进入新时代，我国社会主要矛盾已经转化为人民日益增长的美好生活需要和不平衡不充分的发展之间的矛盾，金融体系改革发展开放面临诸多新的挑战和任务。我们坚信在党中央、国务院的坚强领导下，中国金融事业的巨轮将继续扬帆远航，行稳致远，再创金融改革发展新辉煌！

《新世纪中国金融改革与发展丛书》编委会
2017 年 11 月

人民币国际化的四大支柱

易 纲

人民币国际化是不断向前推进的,这一过程中有些影响其进程的最本质的方面,可以归纳为四大支柱:一是市场驱动。二是政策和基础设施的顶层设计。三是对离岸人民币市场的引导。四是适应中国特色社会主义市场经济的监督、管理和服务。

支柱一:市场驱动

中国改革开放近40年,经济发展成就举世公认,尤其是近十几年中国已成为全球增长第一引擎,对全球经济增长的贡献最大。在货物贸易、对外投资、外商直接投资的持续增长中,市场主体对使用人民币产生了越来越大的需求,这是因为人民币是我国市场主体的会计货币,核

---

① 本文为易纲副行长2017年4月8日在2017·金融四十人年会暨专题研讨会"金融改革发展的稳与进"上所作的主题演讲,由中国金融四十人论坛秘书处整理。本书编委会谨以此文为本书导读。

算较为便捷,而且使用人民币实际上有套期保值的作用,可以降低货币错配的风险,进而降低交易成本。一个典型案例是2008年国际金融危机爆发后,全球许多央行希望与我国进行本币互换合作,通过提供流动性来促进双边贸易投资的发展。我国适应需求,与许多国家和地区央行或货币当局签订了本币互换协议,协议数量在全球是最多的。美联储与其他国家央行签订的协议数量仅为五、六家,欧央行和日本央行等签订的货币互换协议也较少。截至2016年底,人民银行已与36个国家或地区央行或货币当局签署了总额3.3万亿元人民币的双边本币互换协议,其中已有十几个协议动用,这无疑促进了贸易投资,便利了使用者,稳定了预期。

所谓市场驱动,就是市场需求,来自危机产生的货币互换要求,以及不断增加的企业间贸易结算以及FDI、ODI等投资需求。由此,人民币国际地位得到了提升。人民币加入SDR后,越来越多的国家希望将人民币作为本国外汇储备,市场主体对人民币的需求也随之上升,这一过程也是市场驱动。这个过程中并没有采取特殊或优惠政策,而是鼓励公平竞争,也就是把人民币放在和美元、欧元、日元及其他发展中国家货币同等地位上平等竞争。目前所签订的36个货币互换协议的具体条款基本上都是对称的。具体到市场选择方面,市场主体可以选择对手方的货币,也可以选择人民币,这都体现了市场驱动的思维。

因此,中国经济稳定发展,市场驱动力不断加强,奠定了人民币国际化的基础。展望未来,中国经济发展进入新常态后仍将保持稳定发展,贸易投资和"一带一路"建设都将不断创造新需求,人民币国际化的基础没有改变。

支柱二:顶层设计

第二个支柱是指金融管理部门要形成共识,共识包括货币政策、金融监管、金融稳定和风险防范，还要考虑如何便利贸易投资、支付清算，以及人民币如何逐渐变成储备货币、可兑换货币。要逐步形成这个认识，并在顶层设计上加以考虑。

1996年，我国实现了经常项目可兑换。虽然现阶段贸易真实性背景审核有所加强，但是总体上将始终坚持经常项目可兑换的基本原则不变。同时，将继续稳步推进资本项目可兑换，有序开放国内金融市场，让持有人民币的境外机构、企业、个人和国际组织能够方便地到中国投资。美元是最大的储备货币，如果各国不能把美元投资在美国金融市场或世界其他市场上，那美元就谈不上储备货币。欧元、日元都做到了这一点。要使人民币成为主要储备货币，必须有雄心、雅量和包容度，允许境外投资者依法合规地到中国金融市场投资，做好相关服务，便利投资资金跨境流动。从2008年开始，央行之间产生流动性的需求，民间产生贸易和投资的需求，需要逐步开放市场。2010年8月，允许境外央行等三类机构投资国内的银行间市场，2011年之后，逐步扩大境外机构投资国内债券市场和有序投资。比如用QFII、RQFII来管理并逐步开放国内股票市场投资。这之中既有管理，又有额度限制，目的就是逐步开放、有序开放。中国的开放逻辑是渐进的开放，这是出于防范风险的考虑。所以每一步都走得比较坚实，这是为了有利于市场，也是为了能和监管能力、数据收集能力匹配。

但是任何事物都具有两面性。人民币的国际化和资本项目逐步可兑换，在带来好处的同时也会带来相应的责任，以及一些不可避免的影响，对此都要考虑清楚。例如，过去全球资产管理者只能通过香港间接投资人民币资产，而现在正在考虑通过追踪固定收益指数、全球股票指数来配置人民币资产，投资内地债券和股票市场。为此，必须有序渐进地开放国内债券和股票市场，考虑加入这些指数，为全球资产管理者更好地配置人民币资产提供参考。

有人说人民币国际化节约了外汇储备，也有人说造成了外汇储备的减少，其实两方面影响都可能有。一方面，人民币国际化肯定能够节约外汇储备，如果人民币是可兑换和可自由使用的货币，那么贸易投资的很大比例就可以用人民币支付，这无疑将节约外汇储备、减少风险，并且使人民币成为被广泛接受的国际货币。另一方面，如果资本项目等领域不断开放，再加上经济周期和市场预期的作用，那么人民币跨境使用在一段时间内也可能对外汇储备带来一些负面影响，这有时是无法避免的。因此，必须把握好这两个方面，充分利用和发挥优势，尽量将负面影响控制到最小。

国内基础设施的建设也非常重要。为坚实地走好每一步改革，使每一步改革都有利于市场发展，同时又能够与监管能力和数据收集能力相适应，需要稳步推进人民币国际化相关基础设施建设。在清算机制方面，人民银行已经在23个国家和地区建立人民币清算行安排，同时还建立了境内代理行及非居民机构人民币账户（NRA）两个清算渠道。在信息系统方面，已经建立了人民币跨境收付信息管理系统（RCP-MIS）和跨境人民币支付系统（CIPS），国际收支系统也能够对人民币跨境流动进行监测。这些基础设施让人民币国际化的过程更加透明、可靠、安全。此外，有关法律文本、交易制度和监管要求也是重要的基础设施。没有这些基础设施，境外投资者投资中国金融市场甚至无法通过内部审核程序。因此，在政策上要有顶层设计，注重基础设施建设，同时加大宣传力度，提高政策法规透明度，让境外投资者真正感受到便利。

支柱三：离岸市场发展

人民币离岸市场很重要。为什么要"引导好"？因为离岸人民币市场交易的是人民币，主要靠市场因素驱动，遵循本地化的法律法规和监管框架。当前离岸人民币市场以中国香港为主，东南亚、欧洲、北美洲、中东和其他地区多个国家也都在积极参与离岸人民币市场发展。这个市场包括存款市场、货币市场、债券市场、衍生品市场等。

怎样发展好离岸人民币市场？借鉴美元国际化的经验，应该使离岸市场和在岸市场良性互动且有所整合，但这不全是国内能说了算的，必须要通过完善相关基础设施，推动相关产品发展，让境外主体感觉到人民币好用，让人民币产品交易在商业上可持续。不能只图虚名，或者"搞一锤子买卖"。人民币作为全球储备货币要提供套期保值服务，需要发展衍生品。衍生品在中国传统思维里代表着高风险和高杠杆，需要小心，但人民币要真正成为储备货币，还是必须发展衍生品。

发展离岸人民币市场总体上是有利的，但也有其弊端。离岸市场发展或离岸价格的形成有时会对国内市场带来一定影响，比如有人认为离岸市场的存在给人民币贬值造成了新的压力，离岸市场的人民币汇率总是贬值方向，这不是引导贬值吗？但是倒过来想这个问题，这实际上释放了市场信号，测试了市场压力和流动性，使得人民币市场更广阔、更深入、更有流动性，而且发展出很多衍生品，不全是坏事。因此，既要看到不方便之处，也要看到促进的方面，趋利避害、因势利导，把离岸市场引导好，这是一个重要课题。

离岸市场和在岸市场应实现良性互动，并且深度整合。这方面可以借鉴欧洲美元市场在全世界发展的经验。目前"沪港通"、"深港通"已经开通，内地与香港的基金已经互认，这都是为了有序连接境内市场和离岸市场，从而提高市场效率，增加市场透明度。希望市场是一个公平、透明、法治化，并且有效监管的市场。政策制定者对此要有正确认识，合理制定政策。

支柱四：监督管理

没有监督管理手段，一旦发生重大异常波动，可能情况不明、束手无策，不但业务发展不好，还可能引发金融风险。首先，信息收集非常重要，是监督和管理的基础，央行有RCPMIS系统，外汇局有国际收支系统，基本可以做到逐笔统计和监测。

在监督、管理、信息分析、监测的基础上，还要考虑货币政策或者金融政策的工具箱。比如流动性的安排，境内和境外的流动性如何互动？比如利率，离岸人民币（CNH）利率和在岸人民币（CNY）利率是什么关系？再比如汇率，怎样处理CNH汇率和CNY汇率的关系？如何让市场发挥资源配置过程中的决定性作用，同时央行又能有效地引导利率，保持人民币汇率在合理均衡水平上的基本稳定？如何从宏观审慎角度引导和监督管理金融机构行为，促使其提高内控水平、风险可控？商业银行既要做好尽职调查，又要做好"三反"工作。政策上既要方便人民币国际使用，又要管理有效。如何处理好这些矛盾？除了道德劝说、窗口指导、宏观审慎评估（MPA）外，对于手中的工具要心中有数。如果政策设计合理、监管和服务到位，又有较完备的工具箱，就能为人民币国际化打下坚实基础。

近年来，中国经济持续发展、"一带一路"倡议、人民币国际化等议题备受关注。中国对于人民币国际化并没有明确的时间表，也没有设置具体的目标。加入SDR货币篮子对于人民币国际化来说是质的变化，意味着人民币已经进入国际货币第一阵营。与此同时，我国在政策法规、透明度、监管、公司治理结构和市场基础设施等方面还有不小差距，人民币仅占各国外汇储备的1%，在债券、股票、衍生品、支付等市场的份额还比较低。这些都说明人民币还有很大的发展空间，需要付出更大努力，在政策制定和执行方面保持平常心，不断稳步推进。

总之，人民币国际化是一个客观、长期发展的过程，大家都希望人民币能更加市场化，更加便利、透明、公平，但是也要注重防范可能发生的风险。

目 录

第一篇 人民币国际化的背景

第一章 货币国际化的条件和国际经验 ……………… 3

第一节 货币国际化的含义、层次和主要条件……………… 3
第二节 货币国际化的主要经验……………………………… 7

第二章 人民币国际化的现实背景 …………………… 18

第一节 国际国内的现实需要 ……………………………… 18
第二节 人民币周边使用已有基础 ………………………… 23
第三节 人民币国际化的国内基础 ………………………… 28

第二篇 人民币国际化的进程与创新实践

第三章 人民币国际化的历程 ………………………… 33

第一节 起步阶段 …………………………………………… 34

1

第二节　人民币国际化的推进 ································ 35
第三节　人民币的国际使用现状 ···························· 65

第四章　人民币国际化的制度框架 ···························· 76

第一节　人民币国际化的管理原则 ·························· 76
第二节　人民币跨境业务管理的基本框架 ················ 80
第三节　人民币现钞跨境调运管理 ·························· 93
第四节　双边本币互换 ·· 95

第五章　人民币国际化的基础设施 ···························· 96

第一节　人民币跨境清算渠道 ································ 97
第二节　人民币账户管理体系 ································ 101
第三节　跨境人民币信息管理系统 ·························· 104

第六章　离岸人民币市场 ·· 109

第一节　主要离岸人民币市场的发展 ······················ 109
第二节　离岸人民币利率与汇率 ···························· 120
第三节　人民币国际化与离岸市场 ························ 124

第七章　人民币加入特别提款权 ································ 127

第一节　人民币加入特别提款权的进程 ·················· 128
第二节　人民币加入特别提款权的影响 ·················· 132

第三篇　人民币国际化的宏观演进

第八章　人民币国际化与中国经济 ···························· 139

第一节　人民币国际化的意义 ································ 139

第二节　人民币国际化风险可控 …………………………… 142
　　第三节　人民币国际化与"一带一路"建设 ……………… 145
　　第四节　人民币国际化与国际货币体系 …………………… 149

第九章　人民币可自由使用的发展 ………………………………… 153
　　第一节　人民币国际化与资本项目可兑换、人民币汇率……… 154
　　第二节　有序推进人民币资本项目可兑换 ………………… 157
　　第三节　稳步推动汇率形成机制改革 ……………………… 163

第十章　人民币国际化的前景 ……………………………………… 173
　　第一节　人民币国际化面临的新机遇 ……………………… 174
　　第二节　人民币国际化面临新的挑战 ……………………… 179
　　第三节　人民币国际化的新举措 …………………………… 181

附录一　大事记 ……………………………………………………… 185

附录二　相关重要文献选编 ………………………………………… 208
　　关于改革国际货币体系的思考 ……………………………… 208
　　国际货币体系改革：背景、关联与建议 …………………… 213
　　关于人民币跨境使用和走出去的若干问题 ………………… 233
　　人民币资本项目可兑换的前景和路径 ……………………… 253

参考文献 ……………………………………………………………… 284

后记 …………………………………………………………………… 286

专栏

专栏 1	跨境人民币结算试点前港澳人民币业务的发展 ……	25
专栏 2	全国首笔跨境贸易人民币结算 ……	36
专栏 3	跨境人民币业务助力华为"走出去" ……	39
专栏 4	人民币作为国际贸易融资货币 ……	42
专栏 5	熊猫债发行服务"一带一路"建设 ……	46
专栏 6	世界银行首次在华发行 SDR 债券 ……	48
专栏 7	中国人民银行在伦敦成功发行人民币央行票据 ……	50
专栏 8	海关总署首次以人民币为主公布部分进出口统计数据 ……	70
专栏 9	中国银行编制和发布人民币国际化系列指数 ……	73
专栏 10	全口径跨境融资宏观审慎管理政策 ……	86
专栏 11	上海自贸区关于跨境人民币基础设施的探索 ……	102
专栏 12	纽约清算所银行同业支付系统（CHIPS） ……	107
专栏 13	利用本币资金带动本国企业"走出去"和提升本币地位的国际经验 ……	146
专栏 14	对国际货币体系改革的几点提议 ……	151
专栏 15	加快实现人民币资本项目可兑换 ……	157
专栏 16	实行灵活汇率制度的国际经验 ……	166
专栏 17	开发性、政策性银行用市场化方式支持"一带一路"共赢发展 ……	178

第一篇
人民币国际化的背景

　　导论：本篇共两章，深入分析了货币国际化的概念和理论基础，着重介绍了世界主要货币的国际化经验，并阐述了人民币走向国际化的现实背景。第一章从货币国际化的含义出发，将货币国际化分成结算货币、计价货币和价值储藏货币三个层次，简述了三个层次各自所需的条件，并总结了英镑、美元、欧元和日元四种货币国际化的经验。第二章着重阐述人民币国际化的现实背景。首先，人民币国际化源自市场需求，既有应对2008年国际金融危机、推动国际货币合作和促进国际货币体系多元化等宏观层面的需求，也有国际国内微观主体的市场需求。其次，人民币在周边国家和地区的使用已经具备了良好的基础。最后，中国经济持续健康发展、金融市场体系逐步建立、利率和汇率等价格形成机制不断完善，以及金融业稳步双向开放等有利因素共同构成了人民币国际化的坚实基础。

第一章
货币国际化的条件和国际经验

货币国际化是一项复杂的长期工程,需要一系列内外部配套条件,步步为营,管好风险,把握时机,顺势而为。从其他国家货币国际化的经历看,成功的货币国际化有利于提升国家经济实力和影响力,而失败的货币国际化则会带来不必要的经济波动,我们需要研究其他国家货币国际化的成功经验和失败教训,以史为鉴,尊重规律,做好功课,补齐短板,保持定力,扬长避短,总结出适合自身国情的货币国际化之路。

第一节 货币国际化的含义、层次和主要条件

货币国际化是货币的部分或全部职能,从一国的适用区域或原使用区域扩张到周边国家、区域乃至全球范围,最终演化为区域货币乃至全球通用货币的动态过程。按照不同的划分标准,可以对货币国际化进行分类。按照货币使用区域,货币国际化包括货币周边化、货币区域化及货币全球化。按国际货币提供主体,货币国际化包括单一国家货币国

际化以及区域货币一体化。根据货币职能划分，国际货币有执行部分职能和全部职能的差异，当一种货币国际化后，便在国际上流通，跨越国界执行计价标准、支付手段以及储藏手段职能。但并不是每种国际货币都必须承担以上三种职能，由于每种货币自身的特性及不同的历史机遇，所执行的国际货币职能会有所差异。

Hartmann（1998）将货币国际化分为结算货币、计价货币和价值储藏货币三个层次。他认为，作为结算货币，国际货币在国际贸易和资本交易中被私人用于直接的货币交换以及两个其他货币之间间接交换的媒介货币，也被官方部门用于外汇市场干预和平衡国际收支的工具。作为计价货币，国际货币被用于商品贸易和金融交易的计价，并被官方部门用于确定汇率平价（作为汇率盯住的"驻锚"）。作为价值储藏货币，国际货币被私人部门选择金融资产时运用，如表示非居民持有的债券、存款、贷款价值；官方部门拥有国际货币和以它计价的金融资产作为储备资产。不同层次所要具备的条件各不相同，研究货币国际化的学者发现，各国对外贸易中选择货币时往往存在三个规律：一是所谓的"格拉斯曼（Grassman）规律"，即在两个发达国家的制成品贸易中，常使用出口国货币；二是发达国家占优，即一个发达国家和一个发展中国家的制成品贸易中，常用发达国家的货币，也经常使用美元这种主要国际货币；三是高科技产品占优，即一国如果主要出口像机械产品这样的差异化产品，则常使用本国货币，而出口像原油等原材料和初级产品一般用美元。

一、成为结算货币的条件

（一）货币发行国的综合经济实力

经济规模是国家经济实力的一个重要标志，也是该国货币的信用基础，经济实力越强，代表该国政府可为本币提供的隐性信用担保能力就越强，使用该货币的经济主体面临的主权货币信用风险就越小，这种货币的吸引力越强。经济实力强的国家不易受外部冲击的影响，币值稳定的基础就越牢固。因此，在跨境交易中，经济规模大的国家的货币通常被选作结算货币。

（二）币值的稳定性

币值稳定的货币更有可能被选作结算货币。贸易商在国外市场上获取信息的成本和难度要远大于国内市场，面临的不确定性更多，其风险厌恶倾向也更强。通胀率低的国家能清楚地向国外贸易商传递该国货币对内价值稳定的信号，能减少贸易商的信息搜寻成本，令该国货币更受欢迎。货币政策的透明度和可预见性高且货币供给波动小的国家，贸易商对该国的通胀水平往往易于作出与实际更相符的预期，该国货币也更适于充当结算货币。

（三）货币使用规模

在货币选择上，市场更偏好交易规模大的货币。这是因为货币交易成本与货币的交易规模成反比，交易量越大的货币，其货币转换带来的交易成本就越低。使用大多数人使用的货币，利用已有的成熟交易网络规模，能够与交易对象更顺利地完成交易；使用规模大的币种的金融市场也更完善，方便为国际交易提供金融服务。

二、成为计价货币的条件

（一）国际贸易竞争力的大小

在国际市场上，本国贸易商所占的市场份额越大，其议价能力就越强，也越可能选择以本币计价。因为贸易商在进出口市场上形成垄断或寡头地位后，他们往往会成为贸易商品价格的制定者而非市场价格的接受者，这时以利润最大化为目标的贸易商会通过选择以本币计价减少汇率波动对利润的冲击。

（二）产品差异化程度

贸易商在选择计价货币时体现出明显的聚集效应。使用同一种货币计价可以增加价格透明度、减少进口方的信息成本，提高价格信息传递的效率，同质性商品的贸易更可能以币值稳定、交易成本低的货币计价。同质性强的贸易商品的需求价格弹性和替代弹性都很大，出口商选择使用与其竞争对手相同的货币计价，能降低国外市场对本国商品的需求波动。产品的差异化程度越大，其需求的价格弹性和替代弹性就越小，在出口市场上这类产品的竞争力就越强。出口商选择以本币计价，既可以规避汇率风险，又不会导致需求的波动，更有利于利润最大化目标的实现。

（三）长期形成的交易历史惯性

在国际货币竞争过程中，国际货币的发展往往存在路径依赖，由于习惯等原因，市场参与者不会频繁改变用于记账的货币。某种国际货币的使用者越多，则该种国际货币的交易成本就会越低，其金融市场的流动性就会越强，这反过来又会吸引更多的使用者，由此形成良性循环。

一旦一种货币在国际贸易中占据主导计价货币地位，贸易商就没有动力去使用其他货币计价。因为使用其他货币一方面会增加信息搜寻成本从而提高交易成本，另一方面，对于同质性商品，出口商选择以其他货币计价会偏离竞争对手的价格，从而影响其商品需求，这样即使其他低交易成本的货币出现，占主导地位的货币也会在长时间内保持其市场优势。

三、成为价值储藏货币的条件

（一）资本项目可兑换的程度

如果一种货币还没有成为可自由兑换的货币，而且还无法通过银行等金融系统在国际贸易、国际投资等经济活动中方便地结算与支付，那么投资者的持有风险与成本就比较高，必然会削弱投资者持有这种货币的意愿。这种货币在与其他可自由兑换货币的竞争当中也会处于劣势地位。

（二）金融市场广度与深度

投资者更愿意选择外汇市场上那些兑换成本最低且能被其他投资者普遍接受的货币。这就要求该货币的发行国必须有发达的货币市场、债券市场和外汇市场，有完善的货币市场工具和外汇市场工具，并且这种货币在货币市场和外汇市场上的交易额也要足够大，以保证能将其平均交易成本维持在较低水平上。此外，一国货币远期市场等相关外汇衍生品市场的发展可以降低投资者的风险管理成本，也会鼓励投资者选择使用本币。

第二节　货币国际化的主要经验

一、英镑

英镑实现国际化主要基于四个方面：一是经济综合实力。19 世纪，英国率先完成工业革命并成为全球工业生产领导者。1850年，英国在世界工业生产和国际贸易中居于各国首位，所占比重分别为39%和21%。同时，英国以其发达的海上交通运输、强大的军事实力和工业技术，垄断了世界上大部分的能源和金属等原材料贸易，控制了煤炭、石油等重要资源，英镑也成为这些大宗商品的计价结算货币。世界上各个国家和地区之间大部分贸易都使用英镑标价，即使是没有英国参加的贸易，全球60%以上的交易均以英镑计价和结算，在需求层面为英镑成为国际储备货币奠定了基础。二是货币制度。英国放弃了实行于17～18世纪的金银复本位制，于1844年颁布《比尔条例》，实行金本位制，其主要内容是，英格兰银行的银行券能够兑换金条、金币，从而成为世界上第一个实行金本位制的国家。英国实施金本位制后，德国、美国、日本等国纷纷效仿，到19世纪末期，各主要国家普遍实行了金本位制，因此形成了国际金本位体系，该体系实际上是一个以英镑为中心、黄金为基础的制度，英镑处于国际关键货币的地位。三是金融市场。英国作为资本大国，以伦敦为中心而发生的国际借贷自然是以英镑计价。成立于1876年的伦敦金属交易所是世界最大的有色金属交易所，直到现在，全球铜生产量的70%仍按照伦敦金属交易所公布的牌价为基准进行贸易。1877年，伦敦金属交易所推出了以英镑计价的铜期货，推动英国的工业化优势逐步转变成金融优势和货币优势。四是制度保障。英镑能够成为全球货币，离不开英格兰银行的贡献。英格兰银行作为第一家真正意义上的中央银行，在其成立之初便开始选择保持一定数量的黄金储备以维持自由黄金市场的有效运行，并凭借自身的优越地位，运用再贴现率等政策影响资金流动和国际收支，实现英镑的可自由兑换，为以英镑为核心的国际金本位体系的稳定运行提供了保障，也为世界各国在国际贸易中使用英镑计价和结算提供了支撑。

第一次世界大战后，英国在全球的经济贸易地位迅速下滑，国际金本位体系难以维持，导致英镑逐渐丧失了国际本位货币的地位。1931

年，英格兰银行已无法承诺英镑与黄金的兑换，宣布放弃金本位。为了继续维护英镑的国际地位，英国联合英联邦成员国以及当时在经济上同英国有密切联系的国家和地区组建了"英镑集团"。然而，英国工业生产与国际贸易地位的下滑，限制了英镑在大宗商品定价中的作用。伦敦金属交易所自20世纪70年代以来推出的铝、铅、锌、镍和铝合金等交易品种都采用美元计价结算。1993年，该交易所的旗舰铜合约也纷纷转为以美元计价结算。早在20世纪初，英国就不断在石油领域拓展版图，并且推动英镑成为当时石油交易的计价结算货币，第二次世界大战期间，英国为遏制美元的崛起，维护英镑在国际货币体系中的地位，采取了在石油贸易结算中控制美元结算比例、维持石油以英镑计价等措施，然而，竞争的结果是美元通过布雷顿森林体系确立了在国际货币体系中的霸权地位，石油等大宗商品贸易转而以美元计价、结算为主。

随着布雷顿森林体系的建立，英镑的流通范围进一步缩小，国际化程度进一步降低，但凭借发达的金融市场和长期以来形成的交易习惯，英镑在金融市场中仍占据一席之地。布雷顿森林体系崩溃后，多元化的国际货币体系形成，英镑重新进入国际货币体系。20世纪末欧元诞生后，英国未加入欧元区，因而保持了本国货币的独立性，英镑作为一种国际货币继续发挥着重要作用。

二、美元

20世纪前期爆发的两次世界大战彻底改变了世界政治经济格局，美国在政治、军事、经济等领域确立了自己的霸主地位。1945年，美国的工业生产总值占据了全球的半壁江山，对外贸易占世界贸易总额的32.5%，居全球首位。布雷顿森林体系的建立标志着美元替代英镑，成为国际货币体系的核心。美元在这个双挂钩①体制中的特殊地位，使美元获得极大的利益，布雷顿森林体系下超过50%的全球进出口贸易以美元计价。

（一）实力变化是美元国际化的内在动力

美国经济霸权和美元成为国际货币的发展趋势基本一致，表明美国经济实力对美元国际化起着决定性作用。第一次世界大战后美国在黄金储备及确保货币稳定性方面已具有绝对优势，美国决定恢复金本位制，与黄金保持稳定的兑换关系，美元因此受到许多国家的青睐。20世纪30年代，一批国家聚集在美元周围，形成美元区。第二次世界大战彻底改变了世界政治经济格局，主要国家力量发生了根本性变化。到第二次世界大战结束时，美国工业制成品占世界的一半，对外贸易占世界的1/3，黄金储备约占资本主义国家的59%，从1938年的1 451亿美元增至1945年的2 008亿美元，并成为世界最大的债权国，从而为美元霸权的建立奠定了坚实的基础。第二次世界大战后，美国继续借助美元在世界范围内寻求更大的利益。其中，建立《关税及贸易总协定》是重要的一步。多边性的《关税及贸易总协定》主张大幅度削减关税及消除其他贸易障碍，取消国际贸易中的歧视待遇，有利于大量输出美国商品，抢占国际市场。《关税及贸易总协定》为战后美国对外经济扩张提供了便利。20世纪70年代中期，石油输出国组织决定在石油贸易中用美元取代英镑作为计价结算货币。同时，美元在国际贸易和银行同业市场中被广泛使用，并被广泛用作储备资产。

20世纪90年代，美国出现历史上最长的经济扩张期。1991—2001年年均经济增长率为3.4%，高于日本的1.1%和欧盟的2.0%；失业率从扩张期开始时的7%以上降至3.9%，通胀率降至3%以下，均为30

---

① 即美元与黄金挂钩，各国货币与美元挂钩，偏离区域为1%。

年来最低水平,实现了低通胀下的稳定增长。同时,竞争对手实力的削弱衬托了美国的经济地位。欧洲经济受制于结构性问题,长期处于低增长与高失业率并存的困境。两德统一的负担,一定程度上延缓了德国经济发展。20世纪90年代是日本经济发展"失去的10年"。亚洲金融危机对包括日本在内的东亚大部分国家以沉重打击,提高了美国市场经济模式的影响力,增强了美国在全球经济中的主导地位,提升了美元的国际地位。据IMF统计,截至2002年,美元现钞流通总量约为7 000亿美元,其中有50%~70%在美国境外流通。每年为美国提供110亿~150亿美元的国际铸币税,占美国GDP的0.2%。总体来看,在今后一个时期,美国依然拥有领先的经济实力和综合国力,而美元作为国际货币的主导地位短期内不会明显改变。

(二) 贷款和援助推进美元国际化

第二次世界大战后,美国通过对西欧资本主义国家实施"马歇尔计划",向外输出美元贷款和援助,提高美元在境外的流通量,在帮助西欧国家恢复和发展经济的同时,通过贷款和援助,竭力对它们进行经济渗透和控制。再通过推动国际贸易自由化,夯实了美元发挥国际计价结算职能的基础。1947—1949年,仅接受"马歇尔计划"和参与"欧洲经济合作组织"的十几个西欧国家对美国的贸易赤字就高达116亿美元。这些国家需要大量的美元来填补赤字,而又得不到足够的美元,从而造成了普遍的"美元荒"。"美元荒"一直持续到1958年西欧国家经济基本复苏。在"美元荒"阶段,美元是唯一可自由兑换的货币,国际货币体系名副其实地成为美元本位体系,"美元荒"是美元完全确立世界货币霸主地位的标志。

(三) 国际货币体系维护美元的霸主地位

1944年7月,《布雷顿森林协定》确立了第二次世界大战后以美元为中心的国际货币体系的原则和运行机制。"双挂钩"机制构成了布雷顿森林体系的核心内容。《布雷顿森林协定》的达成，标志着美元初步获得了世界货币的霸主地位。此后，布雷顿森林体系内在的矛盾使得它逐步走向瓦解。1978年4月1日正式生效的《牙买加协定》宣告了布雷顿森林体系解体。

布雷顿森林体系瓦解后，美元不再像过去那样具有稳定的价值。1974年，美国政府与沙特阿拉伯等国签订以美元作为石油出口的唯一定价货币的协议，通过垄断像石油这样的大宗商品的交易计价权，来控制国际大宗商品市场的交易及国际货币市场的货币供求体系，确保美元与黄金脱钩后的价值锚定，巩固了美元在国际货币体系中的霸权地位。目前，国际原油期货主要集中在纽约商品交易所、洲际交易所和新加坡交易所，这三个交易所推出的原油交易品种也都用美元计价。所以，尽管在牙买加体系初期，美元在各国官方外汇储备中的比重有所下降，并在1990年降至历史最低点，但进入20世纪90年代以后，美元在国际外汇储备中的比重又呈回升之势，逐渐恢复到国际外汇储备的2/3左右。

（四）发达的金融市场确保美元的国际地位

第一次世界大战后，欧洲贸易信贷供应被切断，英国银行对其客户开立的贸易票据被迫转向美国请求承兑，这些票据也不得不以美国的银行熟悉的美元计价。美元票据市场、金融市场的发展推动了其市场效率的提高，纽约的融资成本通常比伦敦低1个百分点，吸引了世界各地商人到纽约进行交易。20世纪20年代前半期，美国进出口一半以上的资金融通是以美元计价的银行票据进行的，以美元计价的对外票据也超过了英镑。第二次世界大战后至今，美国金融市场的开放度、深度和流动性确保了美元成为当今在国际贸易和金融交易中最主要的计价、结算货币。

三、欧元

欧元是区域货币合作的产物，自诞生之日起就具备了较高的国际化水平，有很强的经济贸易实力为支撑，成为欧元区内各国最主要的计价和流通手段，并在区外贸易中发挥着重要的计价作用。从欧元区的经济贸易实力来看，1999年欧元推出时，欧元区的GDP占全球的22%，比美国低7.8个百分点；货物出口占全球的32.7%，比美国高20个百分点，成为世界上唯一可以与美国相提并论的经济体。从欧元的国际地位来看，欧元区的核心货币——德国马克和法国法郎具有较高国际影响力。20世纪80年代末，以德国马克计价的贸易量在国际贸易中所占份额达到近13%，仅次于美元，成为第二大国际贸易计价单位货币。1983年，法兰西银行优先考虑法郎与马克汇率平价，确立了德国马克在欧洲货币体系中"锚"货币的作用，成为体系内其他货币的定值标准。1992年，以德国马克计价的贸易在国际贸易中的比例进一步提升至15.3%，为欧元国际影响力奠定了基础。2002年，欧元完全取代欧元区12国原有的货币，成为欧元区唯一法定流通货币，在区内承担贸易结算和计价职能。在区外贸易中，欧元也发挥着重要的国际计价作用。2002年，除希腊外，欧元区国家的进出口大约有一半采用欧元计价。其中，德国、法国、意大利和西班牙等欧元区核心国家的进口中，采用欧元计价的比例分别达48%、47%、44%和56%；上述四国的出口中，采用欧元计价的比例分别达49%、51%、54%和58%。

为维持欧元的稳定发展，欧元区建立了独立性极高的中央银行，专司维护物价稳定职能，有力地维持了德国马克和欧元币值的稳定，使得德国马克和欧元在国际计价中被大量采用。欧元本身就是国际区域货币合作的产物，从"蛇形"浮动集团到欧洲货币体系，再到欧元的出现，欧洲国家通过货币合作在国际货币体系中争得一席之地，欧元也成为目前除美元外最主要的国际计价结算货币。欧元区的出现使得区内各国资源要素流动更加便利，加之法兰克福等金融市场的支撑，提升了欧元在金融交易中的作用。

2009年以来，受欧元区内部贸易失衡和国家竞争力差异等固有矛盾，以及希腊、西班牙等国家主权债务风险愈演愈烈的影响，市场对欧元区解体的担忧上升，欧元国际化进程趋缓。为维持欧元区统一和欧元的币值稳定，欧洲中央银行（ECB）通过各类非常规货币政策工具对相关国家实施了流动性救助，帮助其渡过危机复苏经济，欧元国际地位仍较为稳固。2016年末，以欧元计价的未偿付债券余额为96 446亿美元，占全球未偿付债券总额的45%；全球银行间市场以欧元计价的未偿付货币市场工具余额为3 179亿美元，占全球未偿付货币市场工具总额的36%，居全球第二位。欧元的日均外汇交易量占全球外汇交易额的33.4%，同样居全球第二位。

四、日元

日元国际化是从援助贷款起步的。20世纪70年代，日本作为当时全球最大的贸易顺差国，在日元国际化中面临一个重大困难，即如何将日元推出国门。为了破解这一难题，日本利用资金雄厚的优势，开始向包括中国在内的亚洲国家大量提供日元贷款。1972—1982年，日本对东盟五国的直接投资总计折合101.66亿美元。1960—1978年，日本向东南亚提供政府开发援助总额折合35亿美元，中国的北京地铁一号线、北京首都机场、武汉长江二桥等项目建设都使用了日元贷款。靠着这些贷款和援助，日元在亚洲国家实现了一定程度的国际化。20世纪90年代以后，日本借助东盟，进一步夯实日元国际化。以日本与新加坡经济伙伴关系协定（EPA）为样板，日本全面启动与东盟核心国的双边自贸协定谈判，规定日元结算条款。积极落实双边投资协定，实现以投资方式扩大日元国际流动性供给。2005年后，日本财务省与亚行合作专门设立中小企业出口债权担保基金，通过对当地进口企业提供日元贸易信贷，促进当地货币与日元兑换，保证中小企业出口以日元结算。

日元国际化的另一个方式是借助金融市场积极发行日元债券。到20世纪80年代中期，日本的债券市场已发展到能与美国的扬基债券市场、瑞士和联邦德国的外国债券市场、英国的证券市场相提并论的规模。此外，石油输出国组织国家对日元债券的兴趣也开始增加，海外投资者投资额稳步上升。受到股票市场景气和日元相对坚挺的吸引，日本的股票市场成为国际投资者资产多元化的一个重要的市场，国外投资者交易量占股票市场交易量的23%。

日本政府为推动日元国际化制定了一个全面的发展规划。1999年4月，日本大藏省外汇和其他交易委员会发表题为"面向21世纪的日元国际化"的报告，专门成立"日元国际化促进委员会"，致力于在亚洲地区推广日元，明确提出了日元国际化的目标：提高国际交易中的日元使用比例；确立日元的东亚核心地位；跻身三极货币体系。三者互为条件，彼此结合，构成日元国际化战略的核心内涵。

然而，日元国际化进程并不顺利，主要有三个原因：一是日元过度升值和本土经济泡沫破裂。20世纪90年代以后，由于泡沫经济崩溃及长期经济停滞的影响，日本经济国际化和金融国际化遭受挫折，日本经济在1990年以后长期处于低利率甚至零利率的状态，导致日元吸引力大幅减弱，日元国际化因此出现了停滞和倒退的局面。二是未能成功实现产业结构升级和经济转型，80年代随着国内劳动力成本上升，日本企业加快了海外投资的步伐。承接日本产业转移并奉行出口导向型发展战略的国家不断挤占日本的国际市场份额。日本本应在先进制造业和服务业领域寻找新的国际分工位置，但是日本主银行制度和终身雇佣制度无法为新兴产业的崛起提供金融、技术和用工方面的支持，导致出现经济空心化问题，日本经济不能成为日元国际化的强力后盾。三是金融市场发展不足。日元国际化过程中，日本实行金融市场的内外分离，内部市场、产品和机构创新不足，特别是货币市场工具的创新和流动性不足，限制了日元作为国际结算货币的运用。市场流动性是提高金融市场国际竞争力的基本要素，但是日本忽视交易市场的建设，国债等金融产品的市场流动性非常差。日本国债约有一半由政府公共部门持有，不仅市场流动性低，而且国债市场的价格机制存在扭曲。

综上所述，各国的货币国际化均有其个性化发展模式。英镑成为国际货币首先因为有强大经济综合实力作支撑，建立起以英镑为中心的国际金本位制度，维持币值长期稳定。两次世界大战后英国经济实力大幅下降，直接导致英镑国际化走向衰落，但凭借其发达的金融市场和长期形成的交易习惯，英镑仍是重要的国际计价结算货币。美元成为国际货币有其特殊的历史背景，依赖全球性汇率安排成为唯一的国际计价单位和与黄金地位相同的国际储备货币，与黄金脱钩后，依赖先入为主的存量优势，继续充当国际货币。欧元的国际化是通过让渡货币主权，放弃独立自主的货币政策，采取趋同的财政政策，形成区域共同体，在区域货币形成过程中，核心货币（德国马克）起主导作用。日元国际化起步于援助贷款，借助金融市场积极发行日元债券，制定日元国际化的全面设计，但受制于国内经济衰退、产业结构升级转型不成功以及金融市场发展不足等因素，日元国际化进程出现倒退。

各主要经济体货币国际化进程也体现出许多共性要素。一是货币国际化需要有相称的强大经济实力支撑。英镑和美元走出国门走向世界，正是英国和美国独霸世界之时，其占全球经济总额比重之高、经济实力之强令其他所有经济体都无法企及。第二次世界大战后日本经济迅猛发展，快速积累的经济实力使其得以跻身世界前列，日元的国际地位也不断上升，成为主要国际货币。欧元是国际经贸合作的新产物，欧元区各国强强联合让它迅速在国际货币体系中拥有了重要的一席之地。

二是快速发展的对外贸易是推动货币国际化的重要条件。纵观历史，一国货币国际化快速推进往往也是其对外贸易快速发展的阶段。英国在19世纪80年代至第一次世界大战前夕占全球贸易总额的比重持续高于22%；第二次世界大战期间美国在全球贸易中的份额快速上升，所占的比重由1938年的14.1%上升到1945年的32.5%，并持续保持第一大贸易国家地位；日本在全球贸易中的比重则由1949年的1%上升到1980年的7%；欧元区国家对外贸易占GDP的比重长期高于国际平均水平，特别是自1974年以来一直在50%以上。

三是货币国际化需要发达金融市场的配合，并保持离岸和在岸金融市场协同发展。发达的金融市场可以为中央银行、投资者、交易商提供成本低、安全性高和流动性强的以本币计价的金融工具，有利于降低金融交易成本，丰富企业外汇风险对冲手段。美国、欧洲和日本都具有规模巨大、流动性高的资本市场，纽约、伦敦、法兰克福和东京等也都是全球性的金融中心，对实现本国货币国际化起到了积极作用。但在日元国际化过程中，由于日本金融自由化起步较晚，国内金融市场发展相对滞后，造成国内外金融市场分割，严重制约了日元国际化水平的进一步提高。

四是货币国际化需要准确把握机遇，适时推进。英国在18世纪早期用武力打开多国国门后，就鼓励甚至强迫其殖民地和附属国使用英镑，快速推广了英镑在全球范围的使用，甚至在当前英国经济实力衰退的情况下这些地区对英镑仍具有较强的货币黏性；美国趁第二次世界大战后其他主要国家经济实力大幅削弱之机，迅速推动建立布雷顿森林体系，使美元成为黄金的"等价物"，确定了美元在战后国际货币体系中的核心地位；布雷顿森林体系崩溃后，美元一家独大的地位受到挑战，日本、德国等国纷纷于20世纪80年代开始积极推进本币国际化。

第二章
人民币国际化的现实背景

人民币国际化是时代的要求，也是国内外经济金融发展的必然趋势，是水到渠成的过程。一方面，随着经济的不断发展，世界各国联系更加紧密，经济全球化、金融一体化不断深入，而伴随着世界经济格局的转变和国际经济关系的发展，现有维系各国经济金融互通的国际货币体系的弊端也在逐步显现，急需新的货币、新的规则来进一步充实和完善现有体系；另一方面，中国经过改革开放以来的长期快速发展，综合国力不断增强，国内软硬件基础设施和市场体系建设逐步完善，人民币的国际使用增加，国际地位也得到明显提升。在党中央、国务院正确部署下，中国人民银行作为具体执行部门，在周小川行长带领下，审时度势，抓住难得机遇，利用国际金融危机后的有利时间窗口，会同有关部门积极推动人民币跨境业务试点和中央银行间货币互换，有力地提升了人民币的国际地位，人民币国际化发展进入了"快车道"。

第一节 国际国内的现实需要

以美元为中心的国际货币体系存在内在矛盾，虽然经历了诸多修补，从布雷顿森林体系升级为牙买加体系，但矛盾始终未能从根本上解决。在这个意义上，国际货币体系具有改革完善的内在需求。改革开放以来，随着经济快速增长，我国日益融入全球市场，对外经贸往来日益密切，国际市场上客观存在要求人民币参与全球支付结算和投资交易的需求。2009年7月，跨境贸易人民币结算试点正式启动，并逐步覆盖所有经常项目结算业务，跨境投融资及证券市场相关业务的人民币结算也逐步推动，人民币国际使用程度进一步提高。

一、应对2008年国际金融危机及国际货币合作的需求

（一）应对全球流动性短缺的需求

金融危机往往伴随着前期的高杠杆和过度的信贷投放，以及由此导致的资产价格泡沫和金融市场泡沫。危机爆发一定意义上是对前期过于乐观行为的纠偏，表现为短期内泡沫破灭、快速降杠杆和信贷资产质量的急剧下降。在此过程中，伴随着金融机构惜贷行为的加剧，金融市场"现金为王"氛围愈加严重，全球流动性陷入正反馈的自我强化型短缺，而单一主权货币主导的国际货币体系则放大了这种短缺，突出表现为危机期间，投资者哄抢美元资产，全球美元回流美国，美元利率不降反升。以此次国际金融危机为例，虽然美联储实行了三轮量化宽松政策，但危机期间，全球美元流动性仍极其短缺，即使美联储及时与多国中央银行开展货币互换提供美元流动性，也未能缓解这一局面。这种反常情形凸显了全球货币体系多元化的需求，而人民币作为世界第二大经济体的货币被寄予了更多的期望。如本轮金融危机之初，韩国资本外流问题比较突出，希望和中国进行货币互换以增加流动性和信心。中国作为G20的重要成员，有义务落实G20共同携手抵御危机的共识，对周边国家提供一定支持，加快了与其他国家或地区中央银行或货币

管理当局签署双边本币互换协议的步伐，从2008年末到2009年夏天之前，中国人民银行在较短时间内签订了超过6 000亿元人民币的货币互换协议。

（二）深入开展国际货币合作的需求

中央银行间货币互换是现代中央银行管理流动性和稳定币值的手段之一，在突发事件或金融危机对金融市场造成显著影响，可能导致汇率大幅波动和市场流动性紧张的情况下常被使用，目前已经成为各国间货币合作的主要形式。早在布雷顿森林体系时期，为了阻止黄金储备的流失，美联储便在1962年同法国中央银行签订首个双边货币互换协议，至1967年已与14家中央银行和国际清算银行签订货币互换协议。2008年国际金融危机爆发后，全球经济受到冲击，各国金融市场均出现一定程度的流动性不足，在国际市场流动性整体趋紧的情况下，中央银行间货币互换成了各国暂时解决流动性不足的重要手段，全球货币互换迅速发展，并且逐步成为各国中央银行间日常合作的方式。如美联储在金融危机后便先后与欧盟、瑞士、日本、英国、加拿大、澳大利亚、瑞典、挪威、丹麦、新西兰、巴西、墨西哥、韩国和新加坡等国家和地区的中央银行或货币当局签订了货币互换协议，并多次展期。东亚地区内的部分国家也开始超越区域金融合作框架，转而采取由各自中央银行签署双边协议，以本币换本币的形式相互提供流动性。

（三）人民币参与国际合作的需求

1997年东南亚金融危机让亚洲各国深刻认识到维护区域金融稳定的重要性，2000年东盟十国与中国、日本和韩国在泰国清迈财政部长会议上通过了《建立双边货币互换机制》的倡议（以下简称"清迈倡议"），号召东盟各国与中日韩三国在自愿的基础上，根据共同达成的基本原则建立双边货币互换协议；2003年温家宝总理提出"清迈倡议"

多边化（CMIM），2007年"10+3"财长会上各方一致同意通过建立自我管理的外汇储备库来实现"清迈倡议"多边化。在"清迈倡议"的货币互换机制下我国开始了第一次货币互换，2001年，中国人民银行与泰国中央银行签署了金额为20亿美元的货币互换协议，随后又分别同日本、韩国、印度尼西亚、马来西亚、菲律宾等国中央银行签署了总金额为145亿美元的货币互换协议。

二、国际货币体系多元化的内在要求

（一）当前国际货币体系的内在缺陷和系统性风险

2008年国际金融危机的爆发与蔓延使各国再次面对一个长期以来悬而未决的问题，即什么样的国际货币体系才能保持全球金融稳定、促进世界经济发展。历史上的银本位、金本位、金汇兑本位、布雷顿森林体系都是解决该问题的不同制度安排，但此次金融危机表明，这一问题远未解决，反而由于现行国际货币体系的内在缺陷而愈演愈烈。理论上讲，国际储备货币的币值首先应有一个稳定的基准和明确的发行规则以保证供给的有序；其次，其供给总量还可及时、灵活地根据需求的变化进行增减调节；最后，这种调节必须超脱于任何一国的经济状况和利益。当前以主权信用货币作为主要国际储备货币是历史上少有的特例。此次危机再次警示我们，必须创造性地改革和完善现行国际货币体系，推动国际储备货币向着币值稳定、供应有序、总量可调的方向完善，才能从根本上维护全球经济金融稳定。

（二）超主权储备货币的构想

2008年国际金融危机爆发以来，美国、欧洲、日本等主要发达经济体先后推出多轮量化宽松政策，其主权货币作为世界货币的公信力大大降低，现有国际货币体系被广为诟病。因此，超主权货币、恢复黄金货币属性等构想被提出。

2009年，中国人民银行行长周小川在G20伦敦峰会提出，创造一种与主权国家脱钩并能保持币值长期稳定的国际储备货币，从而避免主权信用货币作为储备货币的内在缺陷，是国际货币体系改革的理想目标。超主权储备货币不仅克服了主权信用货币的内在风险，也为调节全球流动性提供了可能。由一个全球性机构管理的国际储备货币将使全球流动性的创造和调控成为可能，当一国主权货币不再作为全球贸易的尺度和参照基准时，该国汇率政策对失衡的调节效果会大大增强。这些能极大地降低未来危机发生的风险、增强危机处理的能力。

2010年11月，世界银行行长佐利克在《金融时报》发表文章表示，针对全球货币体系的无序化加剧以及各国汇率战的升级，应考虑实行经过改良的全球金本位制，为汇率变动提供指引，以建立一个"可能需要包括美元、欧元、日元、英镑，以及走向国际化、继而开放资本账户的人民币"的新的国际货币体系，"考虑把黄金作为通胀、通缩和未来货币价值之市场预期的全球参考点"。

三、国内国际微观主体的市场需求

推动人民币国际化并非政策上的主观愿望，而是顺应国内外微观主体的需求，尊重市场选择，对过去不合理状况的一种纠正。长期以来，我国的政策是把人民币同美元、欧元、日元等硬通货区别开来，存在着变相"歧视"人民币的政策。从相关贸易投资协定到各种文件，从宏观政策到公司内部经营规章，实际上是把美元、欧元、日元等视为可用于国际贸易与投资的硬通货，而把人民币的使用范围仅限于国内交易，实际上把人民币"歧视"为比较次等的货币。这种歧视性政策限制了微观主体的需求。

（一）企业规避汇率波动风险的需求

危机以后,市场对美元的信心受到较大冲击,各国尤其是新兴市场货币出现较大贬值压力,中国主动维持人民币汇率基本稳定。企业在贸易和投资领域使用人民币,可以减少对美元的依赖,有助于规避其他货币波动带来的各种影响,规避对贸易、投资活动造成的不必要的汇率风险。正是企业规避风险、降低成本的迫切需要激发出了使用人民币进行跨境贸易投资结算的强烈需求。2009年7月,跨境贸易人民币结算试点正式启动,后来又逐渐扩展到投融资领域,为贸易和投资提供了便利,支持了实体经济部门应对危机。

（二）全球投资者基于分散投资原则对中国金融市场进行投资的需求

随着我国经济的快速增长、国内金融市场化机制的不断完善、对外开放的持续推进以及人民币资本项目可兑换程度的不断提高,全球投资者基于分散投资原则对中国金融市场进行投资的需求不断增长。为顺应这一需求,2002年底中国启动合格境外机构投资者（QFII）制度,允许合格的境外机构投资者进入我国证券市场。2011年中国又启动人民币合格境外机构投资者（RQFII）制度,允许合格的境外机构投资者使用境外筹集的人民币资金进入我国证券市场。

第二节 人民币周边使用已有基础

一、边境贸易本币结算起步较早

20世纪50年代初我国先后与苏联、越南、朝鲜、印度等周边国家签署了有关边境贸易协定,边境贸易逐步发展,但仅持续十多年便因国内、国际政治因素的影响而中断,货币跨境流通、结算被严格管制。

改革开放后,我国逐步恢复与周边国家和地区的贸易往来,边境贸易快速增长。1982年、1985年分别恢复与苏联、蒙古国的边境贸易。据统计,1982—1987年我国边境贸易累计达1.5亿美元,这一时期主要是以货易货或者用瑞士法郎和美元现汇进行结算。1988年4月,我国开始支持黑龙江省对苏联的边境贸易和经济合作,我国的边境贸易发展再次提速。1992年,我国进一步积极发展与独联体各国经贸关系,对与周边国家开展的包括边境贸易在内的货物贸易给予特殊的优惠政策,并原则上放开除了粮食、钨砂、原油以及成品油外所有商品的进出口。随着国家对边境贸易的大力支持和鼓励,我国与周边国家的边境贸易急速增长,结算方式也逐渐多元化,人民币开始少量用于贸易结算。1996年,我国与越南开始鼓励双方边境地区商品和服务贸易使用本币结算,人民币开始通过边境贸易方式向毗邻国家或地区流动和跨境使用。

随着我国和周边国家或地区经贸往来的迅速发展,人民币逐渐被作为主要货币大量用于边境贸易结算,从最初的自发行为扩展到国家有意推动,人民币在边境贸易中的流动范围和使用规模不断扩大,推动人民币成为区域性货币。

二、港澳人民币使用有序发展

随着内地与香港、澳门间的经贸联系日益紧密,港澳地区对于人民币的使用需求逐渐增加。为便利两地居民互访和旅游消费、建立人民币有序回流的渠道,经国务院批准,中国人民银行自2003年开始为港澳人民币业务提供清算安排,促进了港澳人民币业务的快速发展。

经过多年的发展,香港、澳门人民币业务取得了明显成效。一是参加行和清算行成功地成为中国人民银行跨行支付系统的参与者,实现了支付系统连通香港和澳门,建立了香港、澳门人民币资金回流渠道,实现了港澳人民币资金的有序回流。二是建立了人民币现钞的跨境调运机制,设立了中国人民银行深圳市中心支行人民币发行基金中银香港代保管库,使之成为香港、澳门与内地资金清算渠道的重要组成部分。三是三地金融管理当局逐步建立并不断完善对香港、澳门人民币业务的合作监管机制,确保资金清算渠道安全畅通。四是便利内地居民与香港、澳门居民的互访和旅游消费,促进三地经济金融的共同发展。各项香港、澳门人民币业务的推出,进一步方便了三地居民的消费支付。从银行卡业务、汇款业务的快速发展来看,香港、澳门人民币业务对于促进三地居民往来、进一步加强三地的紧密联系、推进《内地与香港关于建立更紧密经贸关系的安排》等的落实具有重要作用。

随着各项业务稳步有序发展以及资金清算渠道的不断通畅,香港居民对人民币的信心逐步增强。香港人民币存款余额由 2004 年末的 121 亿元增加至 2016 年末的 5 467 亿元。

▼ 专栏1

跨境人民币结算试点前港澳人民币业务的发展

2003 年 11 月,中国人民银行开始为香港银行办理的一些存款、兑换、银行卡和汇款等个人人民币业务提供清算安排。自 2004 年 1 月起,内地"银联"标识人民币卡可在香港用于旅游消费及支付和提取港元现钞。同年 2 月,香港银行正式办理个人人民币存款、兑换和汇款业务。同年 4 月起,香港居民持香港银行发行的"银联"标识人民币卡可在内地进行消费支付和提取人民币现钞。

2004 年 8 月,中国人民银行宣布为澳门银行办理个人人民币业务提供清算安排。同年 9 月起,内地"银联"标识人民币卡可在澳门用于旅游消费及支付和提取澳门元现钞。11月，澳门银行正式办理个人人民币存款、兑换和汇款业务。12月，澳门居民持澳门银行发行的"银联"标识人民币卡可在内地进行消费支付和提取人民币现钞。

2005年10月，中国人民银行宣布扩大为香港银行办理的人民币业务提供平盘及清算安排的范围，完善了原有的香港人民币业务，并将香港人民币业务进一步扩展。2007年6月，中国人民银行与国家发展改革委允许内地机构在香港发行人民币债券。同年7月，国家开发银行在香港离岸人民币市场发行首笔50亿元人民币债券，随后中国进出口银行、中国银行、中国建设银行、交通银行等内地金融机构相继在香港发行人民币债券。2009年9月，财政部首次在香港发行60亿元人民币国债。12月，中国人民银行扩大为澳门银行办理的人民币业务提供平盘及清算安排的范围。

2009年7月，香港人民币业务清算行进入全国银行间拆借市场，从事人民币同业拆借业务；香港参加银行也可在境内代理银行开立人民币同业往来账户，开展跨境贸易人民币结算的相关业务。

三、人民币区域化为人民币国际化打下基础

改革开放后，我国重新参与全球贸易市场，放开与各国的贸易往来，其中，与周边国家的边境贸易尤其发展迅速。在贸易不断深化的进程中，具有强大经济实力支持、币值较为稳定的人民币逐渐被各国接受。从20世纪90年代开始，中国与有关邻国便开始在边境贸易中使用人民币进行结算。随着边境贸易的不断发展和贸易范围的不断扩大，人民币在贸易中所占份额越来越大，并逐渐成为部分区域的主要结算货币。同时，一些国家和地区将人民币结算从边境贸易扩大到一般贸易，

并扩大地域范围,甚至可以全境使用。如在越南边境地区人民币受到当地居民广泛欢迎,泰国中央银行鼓励国内商业银行提供人民币服务,在蒙古国,人民币已经和美元一道成为最主要的结算货币,人民币在现金流通中占了相当大的比例。

随着我国综合国力的不断提升及与各国经贸联系的日益紧密,人民币在周边国家的自由流通度大幅提升,各国对其接受度提高,一些当地居民甚至将人民币作为"第二美元"对待,持有人民币的意愿增强,除了作为交易媒介,也作为储藏手段。如在老挝、柬埔寨、蒙古国和缅甸北部,币值相对稳定的人民币日益替代疲弱的当地货币,成为主要贸易货币。同时,我国也通过与周边国家中央银行签订货币互换协议进一步推广人民币的区域化使用和储藏。目前,我国已与蒙古国、泰国、俄罗斯、吉尔吉斯斯坦、哈萨克斯坦、新加坡、韩国等周边国家签署了双边本币互换协议,马来西亚、柬埔寨、菲律宾、韩国等国已将人民币纳为外汇储备。

此外,随着我国对外贸易规模的进一步扩大及居民出境旅游的大量增加,人民币的区域接受度不断提高。居民的热点出游目的地,如新加坡、韩国、泰国和马来西亚等国家已经出现大量人民币兑换该国货币的网点;在香港和澳门地区,人民币的兑换和使用已经相当普遍。目前,中国人民银行已经向新加坡、泰国、马来西亚等国以及我国香港、澳门地区的银行提供人民币清算安排,与越南、蒙古国、俄罗斯等国家签订了边境贸易结算协议,这为人民币在区域内的可接受性提供了保障。2010年中国—东盟贸易区的启动进一步加强了中国与东亚、东南亚的贸易联系,人民币相应地也进一步被周边国家接受,逐渐成为一种具有一定重要性的区域性货币。

第三节 人民币国际化的国内基础

一、经济持续健康发展和金融稳步开放

经过三十多年的高速发展，我国国内生产总值（GDP）总量已达世界第二，逐渐形成政治、经济、外交、军事等领域合力，推动我国国际地位和影响力不断提高。金融业双向开放，特别是金融机构"走出去"应以实体经济发展为背景，近年来对外经贸和投资迅猛增长，为金融开放提供了有力的支撑。2016年，我国货物出口总额达到24.33万亿元人民币，占世界贸易总额的比重保持在11%以上；中国企业对外直接投资1 832亿美元，连续第二年位列世界第二，其中非金融类对外直接投资额达到1 700亿美元，已经从资本净输入国转变为净输出国。截至2016年底，我国2.44万家境内投资者在国（境）外共设立对外直接投资企业3.72万家，分布在190个国家和地区，中国对外直接投资累计净额（存量）达13 573.9亿美元，全球占比5.2%，位居第六。对外经贸往来和企业投资为金融机构带来了大量客户和市场需求，是金融机构"走出去"的直接动力。

二、金融市场体系基本建立

包括外汇市场、货币市场、证券市场、期货市场、黄金市场等在内的金融市场体系已基本建立，产品种类不断丰富，参与主体趋于多元化，已积累一定对外开放经验。国内金融机构改革取得一定的阶段性成果，公司治理结构逐步完善，金融机构逐步发展壮大，同业竞争能力和风险抵御能力不断提高。从金融市场基础设施建设情况看，境内支付系

统、账户管理系统、证券托管交易系统等基础设施高效稳健运行，征信体系建立，法律法规体系不断完善。

三、价格形成机制不断完善

（一）利率基本实现市场化

从1996年起，我国便开始以渐进的方式推进利率市场化改革，先放开货币市场利率和债券市场利率，再放开金融机构贷款利率，最后放开金融机构存款利率。建立与现代金融市场发展相适应的利率形成机制和利率调控机制，逐步实现了让市场在人民币利率形成和变动中发挥决定性作用。随着中国人民银行2015年10月24日宣布对商业银行和农村合作金融机构等不再设置存款利率浮动上限，存贷款利率管制基本放开，基本实现了利率市场化，我国利率市场化改革取得重要进展。

（二）汇率市场化形成机制逐步完善

1994年我国对汇率制度开始实施重大改革，实行以市场供求为基础的、单一的、有管理的浮动汇率制度。2005年再次完善人民币汇率形成机制，实行以市场供求为基础、参考一篮子货币进行调节、有管理的浮动汇率制度，以人民币汇率中间价作为基准汇率，有效地起到了引导市场预期、稳定市场汇率的作用。随后，我国又多次小幅调整扩大汇率波动幅度，逐步增强汇率弹性，并于2015年进一步完善人民币汇率中间价报价机制，提高中间价形成的市场化程度，扩大市场汇率的实际运行空间，更好地发挥汇率对外汇供求的调节作用。通过对人民币汇率形成机制进行的多次市场化改革，人民币实际汇率与均衡水平更加接近，汇率弹性不断增强，中间价定价机制更加市场化。此外，随着人民币汇率形成机制改革的逐步推进，中国经济内外失衡得到明显缓解，人民币国际化进程持续推进，外汇市场不断发展，不同微观经济主体的风险意识也在逐步增强。

四、人民币资本项目可兑换程度稳步提高

亚洲金融危机冲击平息之后，我国对资本项目管制逐步放松，如2000年开始大力鼓励企业"走出去"，允许有条件的企业用自有外汇或购汇进行境外直接投资，2002年底启动QFII制度，2006年开始逐步取消对境外投资的购汇额度限制，2007年推出QDII制度，近年来又逐步放开对QFII、RQFII交易范围的限制，逐步放开境外投资者参与我国银行间债券市场限制。2015年以来，内地又与香港实现了基金互认，逐步放开银行间外汇市场，开通"沪港通""深港通"，进一步简化资本项目外汇管理，稳步推进人民币资本项目可兑换。截至2016年末，从国际货币基金组织（IMF）资本和金融项目交易分类标准下的40个子项来看，我国达到可兑换和部分可兑换的项目已有37项。

五、我国积极参与国际经济金融事务

国际金融危机后，全球经济治理体系和规则面临重大调整，国际监管标准向一致化、标准化方向发展。我国积极参与全球经济治理，深度参与制定和运用国际金融规则，争取国际经济金融话语权，提高了应对国际经济贸易摩擦的能力，保护和扩大了发展权利和利益，并推动全球金融体系改革完善。同时，我国稳妥推进国际监管改革措施和稳健标准的落实和执行，不断提高国内金融稳健性标准，有效推动金融体系发展与完善。2015年12月我国成为IMF第三大份额国，亚洲基础设施投资银行、金砖开发银行等国际金融组织的建立，将进一步提升我国在国际经济金融秩序方面的规则制定权。

第二篇
人民币国际化的进程与创新实践

导论：本篇共五章，从人民币国际化的发展历程开始，详细介绍了人民币国际化的制度框架、基础设施和离岸人民币市场等方面，着重介绍了人民币加入特别提款权。其中，第三章全面回顾了跨境人民币业务从货物贸易到服务贸易，再到所有经常项目，并逐步拓展至直接投资、跨境融资、熊猫债、RQFII、"沪港通"、"深港通"、基金互认、"债券通"等资本项目的发展历程。第四章从人民币国际化的管理原则和参与主体、人民币跨境业务管理的基本框架、人民币现钞跨境调运及管理，以及双边本币互换四个方面详细阐述了人民币国际化的制度框架。第五章从清算渠道、账户管理体系和信息管理系统三个方面介绍了人民币国际化的基础设施建设。第六章首先介绍了中国香港、中国台湾、新加坡和伦敦四个主要离岸人民币市场的发展情况，随后着重分析了离岸人民币利率、汇率形成机制及其与在岸利率、汇率间的相互作用关系。第七章从加入特别提款权所需满足的条件出发，回顾了人民币加入特别提款权的历程及国际国内影响。

第三章
人民币国际化的历程

跨境人民币业务的发展历程与我国对外开放的步伐密切相关。在改革开放初期，人民币通过人员往来、边境贸易、边境旅游等方式向我国毗邻国家和我国港澳台地区少量流出。加入世界贸易组织（WTO）后，为推动对外贸易的发展、满足居民出国旅游的需求，我国开始逐步放开人民币流出限制，人民币现钞开始通过个人携带方式流向我国周边地区。2003年党的十六届三中全会提出了要"在有效防范风险的前提下，有选择、分步骤放宽对跨境资本交易活动的限制，逐步实现资本项目可兑换"。随后，中国人民银行陆续在香港和澳门地区为个人人民币业务提供清算安排。2008年国际金融危机发生后，顺应市场需求，人民币国际化进程正式启动。2009年以来，从金融服务实体经济的角度出发，中国人民银行先后开展跨境贸易、投融资人民币结算试点工作，逐步建立了人民币跨境使用的政策框架，为进一步拓宽人民币跨境流动渠道、推动实现人民币跨境良性循环、促进境内外人民币市场协调发展提供了政策保障，有效地促进了贸易和投资便利化。

第一节　起步阶段

一、人民币国际化的提出

2009年7月跨境贸易人民币结算试点之后，各类报刊媒体、学术文章都使用了"人民币国际化"的提法。但官方大多数情况下使用"人民币跨境使用"或者"跨境人民币业务"的表述，原因一是目标尚远，二是要考虑国际反响，避免误解。2011年3月发布的"十二五"规划纲要中明确"扩大人民币跨境使用，逐步实现人民币资本项目可兑换"。直到2014年的中央经济工作会议，才在公报中第一次提出要"稳步推进人民币国际化"。

二、起步阶段制定人民币国际化措施的考虑

人民币国际化的推进既要顺应国内外市场需求，又要契合自身经济发展情况。在起步阶段，中国人民银行和相关部门做了大量的研究和准备工作，确定了相关措施。

一是推动跨境贸易人民币结算，降低汇率风险，促进地区贸易和经济发展。发展跨境人民币结算要有配套的税务规则，中国人民银行积极推动税务部门调整系统，允许为出口企业人民币结算办理退税。

二是支持贸易融资、账户融资及设立人民币同业往来账户和非居民人民币结算账户，为跨境贸易人民币结算提供资金来源，建立清算渠道。

三是拓展香港人民币业务，促进内地、香港经济融合和共同发展，

巩固香港金融中心地位，发挥其在内地发展中的作用，并降低内地、香港企业与居民的汇率风险。

四是允许境外机构参与境内金融市场，为境外机构提供人民币回流渠道，实现保值增值。

第二节　人民币国际化的推进

一、贸易起步：从货物贸易到服务贸易，再到所有经常项目

2009年7月，上海和广东省广州、深圳、珠海、东莞四市率先启动跨境贸易人民币结算试点，境外地域范围暂定为港澳地区和东盟国家。同时，中国人民银行明确了银行办理跨境贸易人民币结算业务的操作细则。

图3-1　2009年6月，中国人民银行行长周小川和香港金融管理局时任总裁任志刚签署内地与香港跨境贸易人民币结算业务备忘录

人民币走向国际化

为满足企业对跨境贸易人民币结算的实际需求，2010年6月，中国人民银行等六部委联合将试点地区扩大到北京、天津等20个省（自治区、直辖市），不再限制境外地域范围。试点业务范围包括跨境货物贸易、服务贸易和其他经常项目人民币结算，企业可按市场原则选择使用人民币结算。2011年8月，国家领导人访港期间宣布将跨境人民币结算试点扩大至全国，业务范围涵盖货物贸易、服务贸易和其他经常项目结算，境外地域没有限制。

企业通过开展跨境贸易人民币结算业务，不仅能够降低使用外币结算带来的汇兑损失，还可以降低企业因使用外币结算带来的结售汇成本、汇率风险管理成本等不必要的费用，有效提升了境内企业参与国际贸易的竞争力，支持实体经济发展。

▼ 专栏2

全国首笔跨境贸易人民币结算

2009年7月，上海丝绸集团股份有限公司启动首笔人民币跨境贸易计价与结算业务，从买方中业贸易（香港）有限公司收到20.67万元预收货款，交行上海市分行为上海丝绸集团股份有限公司提供了首单人民币跨境汇款结算服务。企业在跨境贸易中采用人民币进行计价和结算，缩短了结算流程，提高了资金使用效率，提升了贸易便利性。同时，规避了人民币兑外汇的汇率风险，节省了原有为规避汇率风险而叙做的衍生品交易费用，降低了财务成本，受到市场各方主体的欢迎。

二、参与主体：从企业到个人

（一）企业：从"正面清单"到"负面清单"

为切实防范风险，企业跨境货物贸易人民币结算试点初期采取总量控制原则，选择信誉良好的企业建立"正面清单"，进行首批试点。试点初期，经试点地区省级人民政府推荐，中国人民银行会同有关部门审核确定 365 家企业作为首批试点企业。要求试点企业将进出口报关信息和人民币资金收付信息通过其境内结算银行报送管理系统。2010 年 6 月扩大试点后，在总量控制原则下选择出口货物贸易人民币结算试点企业。截至 2010 年末，审定试点企业达 67 000 多家。2012 年 2 月，企业出口货物贸易人民币结算改为"负面清单"管理。至此，境内所有具有进出口经营资格的企业均可在进出口贸易和其他经常项目中使用人民币结算，同时，将近两年在税务、海关、金融等方面有比较严重违法违规行为的企业列入重点监管名单。对重点监管企业名单实行动态管理，每年进行调整，名单内企业出口人民币收入不能存放境外。2014 年 3 月，重点监管企业名单审核权限交由中国人民银行省级分支机构会同相关部门确定后上报中国人民银行通过后实施，流程进一步简化。

（二）个人：先行试点逐步推广

2011 年初，国务院批准在浙江省义乌市设立国际贸易综合改革区，允许义乌开展个人跨境贸易人民币结算业务试点。2012 年 12 月，中国人民银行批复同意中国人民银行杭州中心支行关于浙江省个人跨境贸易人民币结算试点管理有关事项，浙江省个人跨境贸易人民币结算试点正式在浙江省义乌市开展。

2012 年 12 月以来，经国务院批准，江苏昆山深化两岸产业合作试验区、上海自贸区、云南及广西沿边金融综合改革试验区、苏州工业园区和天津生态城等地也陆续开展个人经常项目跨境人民币业务等创新业务试点。

表 3-1　　　　　个人经常项目跨境人民币业务试点情况

地区	试点时间	备注
浙江义乌国际贸易综合改革区	2012 年 12 月	
江苏昆山深化两岸产业合作试验区	2013 年 7 月	
上海自贸区	2014 年 2 月	
云南、广西沿边金融综合改革试验区	2014 年 4~11 月	
苏州工业园区	2014 年 6 月	2016 年 4 月扩展到苏州全市
天津生态城	2014 年 7 月	2016 年 4 月扩展到天津全市
重庆市	2016 年 3 月	
天津、广东和福建自贸试验区	2016 年 4 月	

这些试点政策带动了当地跨境人民币业务发展。自 2014 年 6 月开始，中国人民银行及时总结试点经验，将个人货物贸易、服务贸易跨境人民币结算业务扩展到全国。

三、跨境直接投资和跨境融资：从试点到推广

（一）对外直接投资（ODI）和外商直接投资（FDI）

对外直接投资人民币结算业务和外商直接投资人民币结算业务都经历了从个案试点到全国推广的过程。

1. 对外直接投资。随着跨境贸易人民币结算试点的深入开展，境内机构使用人民币到境外直接投资的需求日益强烈。为探讨开展人民币对外直接投资的可行性，2010 年中国人民银行在新疆试点开展了境内企业人民币对外直接投资业务。2011 年 1 月，在充分总结试点经验的基础上，允许跨境贸易人民币结算试点地区开展对外直接投资人民

币结算业务。随着 2011 年 8 月跨境贸易人民币结算试点范围扩大到全国，人民币对外直接投资业务也扩大至全国范围。

2. 外商直接投资。2011 年 10 月，中国人民银行和商务部共同规范了外国投资者使用人民币来华直接投资业务的管理。2012 年 6 月，中国人民银行进一步明确了相关管理制度，包括开立账户、前期费用、资本金、并购、股权转让和"投注差"内从境外借款等。

总的来说，现行对外直接投资和外商直接投资人民币结算业务保持与现行对外直接投资和外商直接投资管理制度的衔接，突出监管部门间的信息共享和监管合作，在有效防控风险的基础上便利银行和企业开展业务。

▼ 专栏3

跨境人民币业务助力华为"走出去"

华为集团（以下简称华为）成立于 1987 年，是世界 500 强公司之一，业务遍及 170 多个国家和地区，年销售额近 5 200 亿元人民币，约 70% 的销售收入来自海外，管理货币共计 146 种，面临较为复杂的汇率风险。跨境人民币业务开展以来，华为使用人民币开展对外贸易和投资，有效降低了汇率风险，提高了资金管理效率。

经常项目下，自 2009 年 7 月开始，华为就作为试点企业开展跨境贸易人民币结算业务。截至 2016 年末，华为人民币跨境贸易结算金额累计约 5 234 亿元，2017 年预计仍保持增长。华为通过开展跨境贸易人民币结算业务节省了可观的财务费用。同时，在一些外汇短缺，特别是美元短缺，但又可以进行人民币结算的国家，华为也利用人民币解决了客户回款问题。

资本项目下，华为使用人民币向境外放款和还款累计 70 亿元人民币。在贸易融资方面，从2010年开始，华为通过与银行合作开展人民币贸易融资。2010年8月实现了对欧洲的第一笔人民币境外投资，华为投资1.67亿元人民币作为欧洲子公司注册资本金。集团货币储备方面，华为按照业务需要进行了货币资产的布局，已经将人民币作为海外存量货币，2016年底人民币存量约占海外货币总存量的33%，并将逐年增加。另外，华为在香港共发行26亿元人民币债券，还推动拉美最大的运营商AM在香港发行了3年期10亿元人民币债券，用于偿还华为的设备采购款。

随着人民币在海外接受度的大幅提高，越来越多的华为客户在咨询使用人民币付款的可能性，华为已发布了销售指引，向客户介绍并推荐使用人民币作为结算货币。

（二）人民币跨境融资

1. 人民币跨境贸易融资。人民币跨境贸易融资业务是伴随跨境贸易人民币结算业务开展的，业务办理流程简便，融资成本低。早在2009年7月跨境贸易人民币结算业务试点开始之时，中国人民银行就明确境内结算银行可以按照有关规定逐步提供人民币贸易融资服务，融资金额以贸易合同金额为限。2011年6月，中国人民银行明确人民币贸易融资（包括跨境贸易人民币结算相关的远期信用证、海外代付、协议付款、预收延付等）不纳入外债管理。

2. 外商投资企业"投注差"模式借款。2011年10月，中国人民银行明确了外商投资企业境外人民币借款的总体管理原则，外商投资企业向其境外股东、集团内关联企业和境外金融机构的人民币借款和外汇借款应当合并计算总规模，即在"投注差"模式下，外商投资企业增加了人民币借款的选择。

3. 全口径跨境融资。为推进人民币资本项目可兑换，逐步改变外债逐笔审批核准的前置管理模式，上海自贸区的分账核算境外融资管理模式探索了跨境融资规模与资本实力挂钩并可逆周期调节的新型管理方式，实现了本外币跨境融资的全覆盖，并将跨境融资管理由事前审批改为事中事后监督。以此为基础，2016年1月，中国人民银行扩大全口径跨境融资宏观审慎管理试点，选择27家具有系统重要性的金融机构和注册在上海、天津、广东、福建四个自贸区的企业先行先试，对试点企业和金融机构，中国人民银行、国家外汇管理局不实行外债事前审批，建立宏观审慎规则下基于微观主体资本或净资产的跨境融资约束机制。本外币跨境融资宏观审慎管理体系基本建立。2016年5月，全口径跨境融资宏观审慎管理在全国范围内实施。中国境内的非金融企业（不包括政府融资平台和房地产企业），以及经中国人民银行、银监会、证监会和保监会批准设立的各类法人金融机构，均可在以其资本或净资产为基准计算的跨境融资风险加权余额上限内自主开展本外币跨境融资。

将本外币一体化的全口径跨境融资宏观审慎管理试点扩大至全国范围，是中国人民银行针对跨境资本流动管理推出的重要举措，是完善我国宏观审慎政策框架的关键一步，顺应了市场主体从境外融入本外币资金的诉求，提高了跨境融资效率和资源配置水平，既具有中国特色，也是当前全球跨境资本流动宏观审慎管理的开创性实践，为新兴市场经济体探索以宏观审慎政策主动应对跨境资本流动提供了重要借鉴。

4. 境外项目人民币贷款。从2009年11月起，中国人民银行先后批准国家开发银行、中国进出口银行、中国工商银行等9家银行开展境外项目人民币贷款试点，取得了良好的经济效益和社会效益，受到银行和企业的欢迎，也积累了一定经验。2011年1月，中国人民银行在规范境外直接投资人民币结算试点管理时明确，境内银行可向境内机构在境外投资的企业或项目提供人民币贷款，可直接发放，也可通过境外分行或代理行发放。2011年10月，为更好地满足市场需求，规范业务操作，防范业务风险，在总结试点经验的基础上，境外项目人民币贷款业务正式推广到全国，所有境内银行都可以按规定开展境外项目人民币贷款业务。

▼ 专栏4

人民币作为国际贸易融资货币

作为一种促进进出口贸易的金融支持手段，国际贸易融资的方式根据银行提供融资的便利性和对象不同，可以进一步细分为进口贸易融资和出口贸易融资。其中，进口贸易融资包括信用证、海外代付、进口押汇等，出口贸易融资包括打包贷款、出口信用证押汇、出口托收押汇福费廷、出口信贷等。在中国成为贸易大国，贸易总量跃居全球第一的过程中，国际贸易融资规模也呈现快速增长态势，人民币国际贸易融资的发生和发展扩大了境内企业获得融资、拓展国际贸易活动的空间，既提高了企业参与国际贸易的竞争力，也提升了人民币的国际贸易融资货币地位。

人民币国际贸易融资在政策上便利。2009年，跨境人民币结算试点办法规定，"境内银行可以向境外企业提供人民币贸易融资，金额以贸易合同金额为限"，"跨境贸易项下涉及的居民对非居民的人民币负债，不纳入现行外债管理"。2013年，《中国人民银行关于简化跨境人民币业务流程和完善有关政策的通知》指出，"鼓励境内银行开展跨境人民币贸易融资业务。境内银行可开展跨境人民币贸易融资资产跨境转让业务"。2016年以来，全口径跨境融资宏观审慎管理模式全面实施，明确人民币贸易融资不纳入跨境融资风险加权余额计算，包括企业从境外金融机构获取的人民币贸易融资以及金融机构因办理基于真实跨境贸易结算产生的各类人民币贸易融资。

第三章　人民币国际化的历程

人民币国际贸易融资发展有较好基础。据SWIFT统计，2012年1月，人民币在国际贸易融资（主要包括信用证和托收）中所占的份额仅为1.89%，排在美元（84.96%）、欧元（7.87%）和日元（1.94%）之后，列第四位。到2013年10月，人民币份额增至8.66%，超过欧元（6.64%）和日元（1.36%），成为继美元（81.08%）之后的第二大国际贸易融资货币。当月使用人民币作为国际贸易融资货币最多的经济体及其所占份额依次为：中国59%、中国香港21%、新加坡12%、德国2%、澳大利亚2%。2016年以来，随着跨境人民币业务量缩减，人民币在国际贸易融资中的占比有所下降，当前人民币是全球第三大贸易融资货币。

人民币国际贸易融资发展市场驱动力较强。人民币融资相较于外币融资，没有货币汇兑环节，借款还款均用人民币。企业采用人民币进行贸易融资和计价结算后，可以帮助企业在一定程度上有效规避外币融资汇率错配风险，节省汇兑成本，提高贸易便利化，提升市场竞争力。中资银行开展跨境人民币贸易融资业务与外资银行相比具有先天优势，中资银行通过创新人民币贸易融资产品，可以激发新的市场需求，加快海外布局，拓展全球市场，增强银行业的整体竞争实力，加快国内金融业走向国际化的步伐。所以，境内企业和中资银行都有较大动力发展人民币国际贸易融资。

人民币国际贸易融资发展顺应人民币国际化趋势。人民币国际贸易融资业务快速发展，将加速人民币成为国际市场交易的计价结算货币进程。人民币广泛用于国际贸易融资，会在境外形成资金池，有助于离岸人民币市场发展，提升境外机构持有人民币的意愿，促进人民币国际化。

四、跨境人民币证券投融资：稳步开放

（一）境外机构投资银行间债券市场

2005年，中国人民银行分别批准泛亚基金和亚债中国基金进入银行间债券市场，打开了境外机构进入我国银行间债券市场的大门。随着人民币跨境和国际使用的领域和范围逐步扩大，国内债券市场对外开放的步伐不断加快。2010年以来，中国人民银行先后允许符合条件的境外央行或货币当局、主权财富基金、国际金融组织、人民币境外清算行和参加行、境外保险机构、RQFII等机构进入银行间债券市场。2015年5月，获准进入银行间债券市场的境外人民币业务清算行和境外参加银行可以开展债券回购交易（包括债券质押式回购交易和债券买断式回购交易），且回购资金可调出境外使用。随后中国人民银行放开境外央行、国际金融组织、主权财富基金等机构在银行间市场的额度限制和投资范围，将审批制改为备案制。2016年2月以来，中国人民银行进一步完善相关配套政策，将境外投资主体范围扩大至境外依法注册成立的各类金融机构及其发行的投资产品，以及养老基金等中长期机构投资者，并对境外机构投资者的投资行为实施宏观审慎管理。为进一步便利境外机构投资者投资银行间债券市场，中国人民银行还指导支持相关市场基础设施开展跨境合作，同时，积极与有关部门沟通协调，推动丰富外汇风险对冲工具，并协调明确和完善相关制度，优化我国债券市场软环境。截至2016年末，已有407家境外机构进入银行间债券市场，较上年末增加105家。2017年1月，国际三大债券指数供应商之一的彭博公司宣布，将新推出两只包含中国债券市场的综合债券指数，这将有利于吸引更多境外资金投资中国债券市场。

（二）熊猫债发展历程

境外（含我国香港、澳门和台湾地区）机构在我国境内发行的人民币债券称为熊猫债。2005年10月，国际金融公司和亚洲开发银行作为国际开发机构先后获准在我国银行间债券市场发行了11.3亿元和10亿元人民币债券，开启了熊猫债发行的先河。此后，这两家国际开发机构又分别在2006年和2009年发行了第二期熊猫债（8.7亿元和10亿元）。2013年，境外非金融企业在境内债券市场筹集人民币资金的渠道建立，境外非金融企业在银行间市场交易商协会注册后可在银行间市场发行熊猫债。2014年3月，德国戴姆勒股份有限公司在我国银行间债券市场发行5亿元非公开募集熊猫债，标志着熊猫债发行主体由国际开发机构延伸至境外私人机构。为便利境外机构在境内发行人民币债务融资工具跨境人民币结算事宜，2014年9月，中国人民银行对境外机构在境内发行人民币债务融资工具跨境人民币结算事宜进行了规范。2015年，随着利率市场化、汇率形成机制改革以及资本账户开放等方面推出重大改革措施，人民币国际化取得重要进展，熊猫债市场也迎来了新的发展契机，发债主体类型进一步扩展，发债规模也实现了大幅增长。仅2015年一年就有累计6家国外机构在我国银行间债券市场发行了熊猫债，发行总金额达到155亿元人民币。为统一熊猫债账户开立、资金存管、跨境汇划和数据报送的规则，2016年12月，中国人民银行进一步完善境外机构在境内发行人民币债券跨境人民币结算业务政策框架，构建关于熊猫债的数据统计监测和宏观审慎管理体系。截至2016年末，我国债券市场境外发债主体已包括境外非金融企业、金融机构、国际开发机构以及外国政府等，累计发行1 484.4亿元熊猫债。

▼ 专栏5

熊猫债发行服务"一带一路"建设

研究推动符合条件的境外机构在境内发行人民币债券,是国务院确定的深化经济体制改革重点工作之一,是推动金融市场进一步对外开放、丰富我国债券市场产品层次的重要举措。近年来,随着人民币国际化的不断推进和人民币加入国际货币基金组织特别提款权(SDR)货币篮子,中国债券市场双向开放水平不断提升,在支持"一带一路"建设、加强金融互联互通方面发挥着日益重要的作用。波兰政府等"一带一路"沿线境外发行人,以及招商局港口控股有限公司等有助于基础设施互联互通的境外非金融企业在银行间债券市场注册发行熊猫债,进一步推动债市开放服务"一带一路"建设,为市场发展带来了良好的示范效应。

2016年8月,波兰政府注册熊猫债60亿元,并完成首期30亿元发行,期限3年。波兰地处"琥珀之路"和"丝绸之路"的交汇点,具有独特区位优势,是"一带一路"沿线重要国家。中波战略伙伴关系确立以来,两国高层交往频繁,经贸合作成果丰硕,人文交流方兴未艾。本期熊猫债是波兰政府第一次注册发行人民币计价国债,也是欧洲首个主权国家在我国银行间债券市场发行熊猫债,有利于推动中波在贸易、财经、金融等各领域的合作,是践行"一带一路"倡议的重大突破,进一步扩大了债券市场发行主体范围,标志着人民币国际化在波兰和中东欧向前迈进了一步。此次波兰政府人民币债券的注册发行,参考了成熟境外市场经验,纳入了强化的同权条款和集体行动条款,在信息披露、投资人保护等方面进行了有益的探索,具有里程碑意义。

2016年11月，普洛斯洛华中国海外控股（香港）有限公司注册100亿元中期票据。发行人在中国境内38个主要城市建成物流园区超过230个，仓储项目已覆盖中国境内"一带一路"区域中的11个省或直辖市（如上海、浙江、福建、广东、广西、云南、陕西、重庆等），形成了涵盖主要空港、海港、高速公路、加工基地和消费城市在内的现代仓储设施网络。未来，发行人将继续加大对上述区域的投资力度，建设更多高效的现代仓储设施服务市场，并逐步进入中西部等"一带一路"重点区域，为市场提供专业高效的仓储服务。

2017年4月，招商局港口控股有限公司发行2017年度第一期中期票据，期限5年，规模25亿元，募集资金用于支持"21世纪海上丝绸之路"沿线的重要港口——漳州招商局码头建设，服务于"一带一路"建设。招商局港口为中国最大及世界领先的公共港口营运商，境内方面，致力于将前海蛇口片区西部港区建设成为"一带一路"建设的桥头堡，将福建漳州招商局码头建设成为"21世纪海上丝绸之路"重要港口；境外方面，招商局港口在西亚、非洲、欧洲等多地投资及经营管理港口码头。本期中期票据的发行为境外非金融企业发行熊猫债起到了良好的示范效应，促进了"一带一路"沿线各国债券市场联通和金融资源高效流动。

在前期政府类机构和非金融企业熊猫债发行支持"一带一路"建设的良好基础上，2017年6月匈牙利政府成功注册30亿元人民币债券，进一步扩大债市开放服务"一带一路"建设的成果。2015年6月匈牙利与中国签署"一带一路"合作谅解备忘录，成为首个与中国签署"一带一路"相关合作文件的欧洲国家，在共建"一带一路"方面发挥了引领和先行作用。

2016年8月,世界银行(国际复兴开发银行)在我国银行间债券市场成功发行20亿特别提款权(SDR)计价债券(木兰债)。10月,渣打银行(香港)股份有限公司也在我国银行间债券市场成功发行1亿木兰债。木兰债的推出,丰富了我国债券市场交易品种,促进了我国债券市场的开放与发展,也是扩大SDR使用的标志性事件,对于增强国际货币体系的稳定性具有积极意义。

▼ 专栏6

世界银行首次在华发行SDR债券

2015年11月30日,国际货币基金组织(IMF)宣布将人民币纳入特别提款权(SDR)货币篮子,新的货币篮子于2016年10月1日正式生效。这是国际社会对我国改革开放成就和国际经济地位的认可,也对中国债券市场对外开放提出了更高要求。2016年3月,周小川行长在G20国际金融架构高级别研讨会上提出了要扩大SDR的使用,研究在中国境内市场发行SDR债券的可行性。

2016年8月世界银行(国际复兴开发银行)首期特别提款权(SDR)计价债券在中国银行间债券市场成功发行,发行规模为5亿SDR,期限为3年,利率0.49%。这是时隔35年来全球发行的首只SDR债券,也是第一只由人民币作为结算货币的SDR债券,吸引了银行、证券、保险等境内投资者以及货币当局、国际开发机构等约50家机构的积极认购,认购倍数达到2.47。

世界银行是一个拥有189个国家成员的国际性组织,其目标是以可持续发展的方式消除极端贫困和促进共同繁荣。自1947年开始在国际市场发债以来,世界银行已获得50年以上的AAA国际评级。世界银行希望通过此次SDR计价债券的发行,多元化自身投资者基础,助力人民币国际化进程，发展中国的 SDR 债券市场，并推动 SDR 在全球范围内成为债券计价货币，同时为中国境内投资者投资高质量投资产品创造新渠道，并使得需要 SDR 产品的国际投资者有机会对冲 SDR 负债风险。

世界银行首期 SDR 计价债券的成功发行，体现了 SDR 计价债券规避单一货币工具利率和汇率风险、多元化境内外投资者资产配置的优势，有利于丰富中国债券市场交易品种，同时也是扩大 SDR 使用的标志性事件，有利于增强国际货币体系的稳定性和韧性，具有重要的里程碑意义。

（三）境内机构到境外发行人民币债券

人民币点心债（DimSun Bonds）是指各类机构在香港发行的以人民币为计价结算单位的债券。初期单笔发行规模较小，受市场欢迎程度高，因香港人喜欢吃点心，故而被市场称为点心债。近年来点心债市场发展迅速，成为香港人民币离岸中心最重要的业务之一。2007 年，为统筹利用两个市场、两种资源，国务院批准内地金融机构在香港发行人民币债券，国家开发银行、中国进出口银行、中国银行、中国建设银行及交通银行先后成功在香港发行人民币债券。2010 年以来，跨境人民币业务政策不断推出，为人民币点心债的发展注入了新动力。从 2012 年 5 月开始，境内非金融机构经批准可以赴港发行以人民币计价，期限在 1 年以上（含 1 年）、按约定还本付息的债券，至此，境内外金融机构和企业均可在香港发行人民币债券。2013 年以来，中国工商银行、国家开发银行、中国建设银行又先后赴伦敦试点发行人民币债券 65 亿元。2016 年 5 月 26 日，中国财政部成功在伦敦定价发行 30 亿元人民币国债。该笔国债发行期限为 3 年，发行利率为 3.28%。这是中国财政部首次在香港以外的离岸市场发行人民币国债。2014 年开始，中国台湾、新加坡、伦敦、卢森堡等地均加入发行离岸人民币债券行列。截至2016年6月，离岸人民币债券发行数量已达1 791只，发行额共计9 614亿元。

▼ 专栏7

中国人民银行在伦敦成功发行人民币央行票据

近年来，境内外企业使用人民币进行跨境贸易结算和投融资的需求不断上升，境外投资者对人民币资产的需求逐渐增加。在此背景下，为落实中英第七次经济财金对话成果，中国人民银行于2015年10月20日在伦敦离岸人民币市场成功发行了50亿元人民币央行票据，期限1年，票面利率3.10%。发行过程中总计收到91家机构超过300亿元人民币的订单，认购倍数超过6倍，发行获得圆满成功。

这是中国人民银行首次在中国以外的地区发行以人民币计价的央行票据，引起国内外媒体广泛关注，市场积极评价此次境外央行票据发行：一是此次发行的参与者类型和地区分布之广泛超出市场预期。彭博环球财经认为，此前受国际市场波动等因素影响，离岸债券市场投资需求主要来自亚洲甚至国内机构，但"此次央行票据的发行结果显示，来自欧美的投资者踊跃程度丝毫不输中资买家"，"央行首次试水离岸债券市场获得了成功"。瑞穗证券驻伦敦首席利率策略师Peter Chatwell在接受彭博采访时也表示，"这标志着离岸人民币债券市场投资参与者在逐渐多元化，投资者会随着时间的推移和对产品认知的加深而越发多样化，对产品背后的宏观驱动力也会更加了解"。

二是促进了人民币离岸市场的发展。英国《金融时报》认为，此次发行是人民币国际化过程中中英双方促进市场互通的重要措施之一，"中国央行此次发行的人民币债券预计将刺激更多此类债券的发行，并为此类交易提供定价基准"。路透社转述华夏银行发展研究部战略室负责人杨驰的观点，认为中国人民银行首次在境外发行央行票据，搭建了人民币回流境内的渠道，有利于拓展境外投资者的人民币投资范围。《华尔街日报》认为，这是中国人民银行促进离岸人民币交易的努力之一。

三是对人民币国际化和推动人民币加入 SDR 具有重大意义。汇丰银行（HSBC）资本融资全球主管利子琛（Spencer Lake）认为，此次交易是人民币国际化的一个里程碑，"这一战略举措表明了中国政府扩大离岸债券市场的明确承诺以及对伦敦金融城（City of London）作为领先的未来人民币交易中心的信心，也是人民币加入 SDR 进程中的重要一步"。

四是促进了中英金融合作关系的进一步深化。金融合作是中英关系的"压舱石"。英国是首个与中国签订货币互换协议的西方发达国家，率先加入亚投行，并在全球发行了首只人民币国债，伦敦离岸市场在人民币国际化过程中扮演着重要角色。此次央行票据发行选择在国家领导人访英开启中英关系"黄金十年"之际，对加强中英金融合作、促进中英关系进一步发展将起到重要作用。英格兰银行市场部执行主任 Chris Salmon 认为，此次中国人民银行选择在伦敦发行首只境外央行票据，是人民币国际化和中国对外开放进程中的重要一步，对全球金融体系产生了深远影响，也为伦敦保持全球外汇交易领先地位提供了重大机遇，英格兰银行期待着加强与中国人民银行的合作，共同推动中英金融合作迈向深入。伦敦城发展策略主席 Mark Boleat 表示，作为中英政府在相关方面的创新措施之一，此举进一步巩固了伦敦作为人民币离岸中心的地位，伦敦城将全力支持离岸人民币市场的健康、平稳发展，同时加强与中国在其他领域的合作。

（四）RQFII 业务与 RQDII 业务

自 2002 年合格境外机构投资者（QFII）业务在我国开展以来，运作情况良好，达到了在人民币没有实现完全可自由兑换和资本项目尚未完全开放的情况下，有限度、有管理地引进外资、开放国内资本市场的目的。通过多年 QFII 业务实践，我国已逐渐建立了较完善的政策与法规以及业务管理机制，同时积累了一定的经验，为 RQFII 业务的推出奠定了基础。

RQFII 是人民币合格境外机构投资者（RMB Qualified Foreign Institutional Investors）的简称。2011 年 8 月，时任国务院常务副总理李克强在香港举办的国家"十二五"规划与两地经贸金融合作发展论坛上宣布，允许香港人民币境外合格投资者投资境内证券市场。2011 年 12 月，RQFII 试点工作正式启动，对于推动我国资本市场对外开放、推进人民币跨境使用以及支持香港离岸人民币业务中心建设提供了有力支持。随着人民币国际化的深入推进，RQFII 管理不断简化，RQFII 试点逐步扩展到英国、新加坡、法国、韩国、德国、卡塔尔等国家。2016 年 6 月，在中美第八轮战略与经济对话会期间，中国人民银行宣布给予美国 2 500 亿元人民币 RQFII 额度，仅次于中国香港。截至 2017 年 8 月末，RQFII 试点已扩展至 18 个国家和地区，批准总额度达到 1.74 万亿元人民币（见表 3-2）。

表 3-2　　截至 2017 年 8 月末 RQFII 试点分布情况

序号	国家或地区	总额度（亿元）	宣布时间
1	中国香港	200	2011 年 8 月
		500	2012 年 4 月
		2 000	2012 年 11 月
		2 300	2017 年 7 月
2	英国	800	2013 年 10 月
3	新加坡	1 000	2013 年 10 月

续表

序号	国家或地区	总额度（亿元）	宣布时间
4	法国	800	2014年3月
5	韩国	1 200	2014年7月
6	德国	800	2014年7月
7	卡塔尔	300	2014年11月
8	加拿大	500	2014年11月
9	澳大利亚	500	2014年11月
10	瑞士	500	2015年1月
11	卢森堡	500	2015年4月
12	智利	500	2015年5月
13	匈牙利	500	2015年6月
14	马来西亚	500	2015年11月
15	阿联酋	500	2015年11月
16	泰国	500	2015年11月
17	美国	2 500	2016年6月
18	爱尔兰	500	2016年12月
合计	18	17 400	

合格境内机构投资者（Qualified Domestic Institutional Investors，QDII）境外证券投资自2007年7月5日起施行，QDII制度正式建立。QDII主要包括四类金融机构的对外投资业务：商业银行代客境外理财业务、保险资金境外运用业务、证券经营机构境外证券投资业务和信托公司受托境外理财业务。

2014年11月，中国人民银行推出了人民币合格境内机构投资者（RQDII）制度，允许符合条件的境内机构以人民币投资于境外证券产品。RQDII是与QDII相对应的一种制度安排，为便利相关金融机构开展业务，避免制度转换成本，以实现与QDII管理框架较好衔接。同时，突出简政放权和市场化改革要求。在RQDII准入资格、产品规模和发行、投资活动等方面，遵守银监会、证监会、保监会关于QDII的有关规定。

（五）"沪港通""深港通"和"债券通"

2014年11月，"沪港通"正式上线运行。"沪港通"是上海证券交易所和香港证券交易所之间的互联互通机制，两地投资者通过当地证券公司（或经纪商）买卖规定范围内的对方交易所上市的股票。"沪港通"包括"沪股通"和"港股通"两部分，投资者均采用人民币买卖对方市场股票。"沪港通"是内地和香港股票市场双向开放、增强合作的重要举措，为内地和香港投资者开辟了新的投资通道。试点启动以来，市场运行平稳有序，投资者反映正面积极，为我国资本市场进一步双向开放积累了成功经验。在此基础上，2016年政府工作报告中明确提出适时启动"深港通"，在记者招待会上进一步指出争取年内推出"深港通"。经过内地和香港有关部门的认真准备，2016年12月5日，"深港通"正式启动。深圳证券交易所和香港证券交易所实现了互联互通。"债券通"是一种境内外投资者通过香港与内地债券市场基础设施机构连接，买卖两个市场交易流通债券的机制安排。"债券通"包括"北向通"及"南向通"，初期先开通"北向通"。经过内地和香港有关部门的通力合作，2017年7月3日，"债券通"顺利上线运行，"北向通"正式启动。

图3-2　2014年11月，"沪港通"正式上线运行

第三章 人民币国际化的历程

（六）基金互认

基金互认是指两个市场相互允许对方市场注册并受对方监管的基金在己方市场公开销售的行为。2015年5月，中国证监会发布香港互认基金管理相关规定，标志着内地与香港正式建立起基金互认安排。5月22日，中国证监会与香港证监会就内地与香港两地基金互认安排正式签署监管合作备忘录。为支持内地与香港公开募集证券投资基金互认工作，中国人民银行、国家外汇管理局发布了管理操作指引。

五、外汇市场对外开放：与国际接轨

为推动我国外汇市场对外开放，2015年9月，中国人民银行允许境外央行（货币当局）和其他官方储备管理机构、国际金融组织、主权财富基金参与我国银行间外汇市场交易，交易方式包括询价和撮合，交易品种涵盖包括即期、远期、掉期和期权在内的各品种外汇交易，并且无额度限制。2015年12月，中国人民银行和国家外汇管理局发布公告，延长外汇交易时间并进一步引入合格境外主体。外汇市场运行时间由北京时间9:30~16:30调整至北京时间9:30~23:30，外币对和外币拆借交易系统运行时间由北京时间7:00~19:00调整至北京时间7:00~23:30。2015年，首批境外央行类机构在中国外汇交易中心完成备案，正式进入中国银行间外汇市场。首批境外央行类机构包括香港金融管理局、澳大利亚储备银行、匈牙利国家银行、国际复兴开发银行、国际开发协会、世界银行信托基金和新加坡政府投资公司。2016年5月20日，首批人民币购售业务境外参加行在中国外汇交易中心完成备案，正式进入中国银行间外汇市场。人民币购售业务规模较大、有国际影响力和地域代表性的境外参加行，由外汇交易中心按照市场自愿原则，依法具体实施市场准入，参与全部挂牌的交易品种的交易。

六、业务办理流程的两次简化：提高贸易投资便利化水平

在总结前期业务开展经验的基础上，2013年7月，中国人民银行简化了经常项目下跨境人民币业务办理流程，切实提高了业务办理效率。为支持外贸稳定增长、促进进出口结构调整，2014年6月，中国人民银行进一步简化了经常项目下和直接投资项下人民币跨境结算业务办理流程，在全国范围内开展个人跨境货物贸易、服务贸易人民币结算业务，支持银行与非银行支付机构合作开展跨境人民币业务。

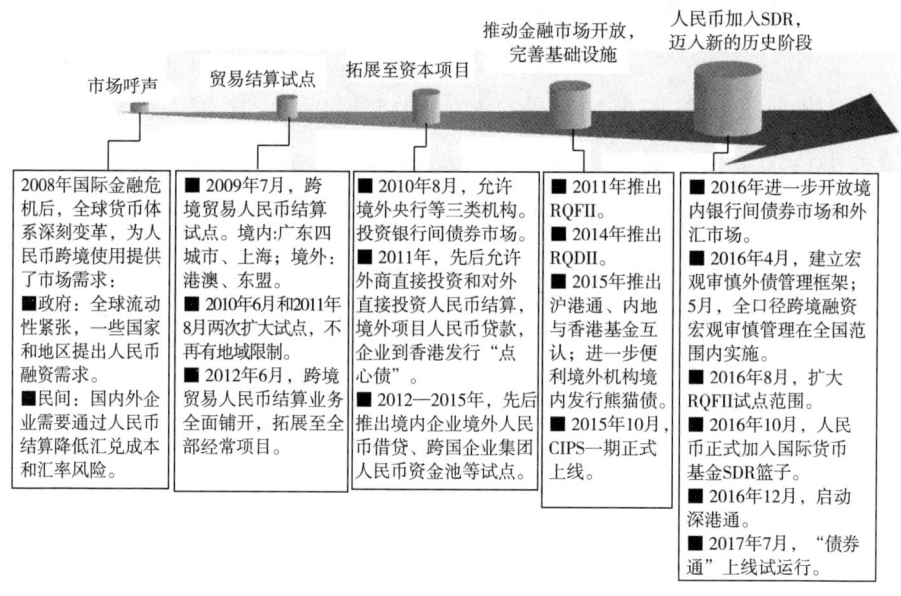

图 3-3 人民币国际化推进总体过程

七、上海自贸区改革创新：探索可复制做法

2013年9月，党中央、国务院决定启动中国（上海）自由贸易试

验区建设，其主要任务①是"紧紧围绕面向世界、服务全国的战略要求和上海'四个中心'建设的战略任务，按照先行先试、风险可控、分步推进、逐步完善的方式，把扩大开放与体制改革相结合、把培育功能与政策创新相结合，形成与国际投资、贸易通行规则相衔接的基本制度框架"。

上海自贸试验区总体方案明确提出了要"加快政府职能转变、积极探索管理模式创新、促进贸易和投资便利化"。《中国人民银行关于金融支持中国（上海）自由贸易试验区建设的意见》就是中国人民银行从推动金融改革开放创新更好地服务实体经济角度出发而出台的举措。其中"创新有利于风险管理的账户体系""探索投融资汇兑便利"和"扩大人民币跨境使用"等都为在上海自贸试验区推进跨境金融服务领域管理体制机制改革和人民币国际化进程搭建了政策框架。

在具体落实中，自贸试验区内的跨境金融服务秉持了对标国际高阶贸易投资规则的原则，在"准入前国民待遇"方面，境外机构和主体开立的自由贸易账户与境内机构和主体开立的自由贸易账户接受完全均等的服务；在"公平竞争"方面，试验区内的所有资本背景的企业均按相同的政策框架接受跨境金融服务，如境外融资，不再因企业的资本背景不同而接受不同的金融服务；在"资金自由转移"方面，开立了自由贸易账户的主体均按账户内本外币资金同一规则下的可兑换接受服务；在"业绩要求禁止"方面，自贸试验区内的各项金融服务均未对企业的经营业绩提出要求或挂钩企业的经营业绩，只要求金融机构按国际通行的"了解你的客户、了解你的业务、尽职调查"，履行"反洗钱、反恐怖融资和反逃税"义务后提供。如自贸试验区内的跨境人民币双向资金池服务以及境外融资服务，均全面落实了上述高阶贸易投资规则。尤其是跨境人民币双向资金池服务被境内外企业点赞为

---

① 《国务院关于印发中国（上海）自由贸易试验区总体方案的通知》。

"六星级"改革举措,解决了跨国企业集团内现金流管理中的瓶颈问题。全口径境外融资管理改革也切实为实体经济创造了与国际借贷惯例相吻合,对所有企业一视同仁且公平透明的管理规则,落实了试验区"企业充分利用境内外两种资源、两个市场,实现跨境融资自由化"的金融制度创新任务。目前,上海自贸试验区内的相关金融改革开放创新举措均已在一定程度上复制推广到全国。

与此同时,在跨境金融服务领域,上海自贸区正在探索建立以"金融审慎例外"[①]为负面清单的金融开放运行风险管理新模式。在此模式下,上海自贸区框架内金融服务实体经济层面的限制将被取消,金融服务业将实现对外对内开放,"金融审慎例外"将作为金融开放运行后风险管理的主要手段加以运用。上述各项金融改革创新措施将进一步扩大自贸区人民币跨境使用,拓宽人民币使用渠道,助推人民币国际化进程。

八、双边货币合作:深化拓展

(一)双边本币互换

2008年国际金融危机爆发及其后国际经济金融形势的发展变化,客观上为我国对外本币互换合作打开了时间窗口。2008年12月,中韩两国中央银行签署框架协议,决定开展货币互换合作。这不仅是危机以来我国与他国第一次决定开展双边本币合作,也是人民币首次以官方姿态迈出国门,具有重要意义和深远影响。2009年4月,

---

① "金融审慎例外"是指金融开放的负面清单措施,包括两个方面:一是金融开放后东道国可以出于审慎考虑而采取或维持有关金融服务的措施,包括保护投资者、储户、保险单持有人或者以金融服务提供者为受托人的信托委托人利益的措施,或者是确保金融体系完整和稳定的措施。二是金融开放后东道国中央银行或货币当局为追求货币政策及相关信贷政策、汇率政策目标而普遍运用的非歧视性的措施。

两国中央银行正式签署了规模为1 800亿元人民币/38万亿韩元的双边本币互换协议。

此后，我国与境外国家和地区的货币合作蓬勃发展。截至2017年9月，我国已先后与36家境外央行（或货币当局）签署了总额超过3.3万亿元人民币的双边本币互换协议（见表3-3）。

表3-3 中国人民银行和其他中央银行或货币当局双边本币互换一览表

（截至2017年9月）

序号	国家和地区	协议签署时间	互换规模
1	韩国	2009.4.20	1 800亿元人民币/38万亿韩元
		2011.10.26（续签）	3 600亿元人民币/64万亿韩元（续签）
		2014.10.11（续签）	3 600亿元人民币/64万亿韩元（续签）
2	中国香港	2009.1.20	2 000亿元人民币/2 270亿港元
		2011.11.22（续签）	4 000亿元人民币/4 900亿港元（续签）
		2014.11.22（续签）	4 000亿元人民币/5 050亿港元（续签）
3	马来西亚	2009.2.8	800亿元人民币/400亿马来西亚林吉特
		2012.2.8（续签）	1 800亿元人民币/900亿马来西亚林吉特（续签）
		2015.4.17（续签）	1 800亿元人民币/900亿马来西亚林吉特（续签）
4	白俄罗斯	2009.3.11	200亿元人民币/8万亿白俄罗斯卢布
		2015.5.10（续签）	70亿元人民币/16万亿白俄罗斯卢布
5	阿根廷	2009.4.2	700亿元人民币/380亿阿根廷比索
		2014.7.18（续签）	700亿元人民币/900亿阿根廷比索
		2017.7.18（续签）	700亿元人民币/1 750亿阿根廷比索
6	新加坡	2010.7.23	1 500亿元人民币/300亿新加坡元
		2013.3.7（续签）	3 000亿元人民币/600亿新加坡元
		2016.3.7（续签）	3 000亿元人民币/640亿新加坡元
7	新西兰	2011.4.18	250亿元人民币/50亿新西兰元
		2014.4.25（续签）	250亿元人民币/50亿新西兰元
		2017.5.19（续签）	250亿元人民币/50亿新西兰元
8	蒙古国	2011.5.6	50亿元人民币/1万亿蒙古图格里克
		2012.3.20（扩大规模）	100亿元人民币/2万亿蒙古图格里克
		2014.8.21（续签）	150亿元人民币/4.5万亿蒙古图格里克
		2017.7.6（续签）	150亿元人民币/5.4万亿蒙古图格里克

续表

序号	国家和地区	协议签署时间	互换规模
9	哈萨克斯坦	2011.6.13	70亿元人民币/1 500亿哈萨克斯坦坚戈
		2014.12.14（续签）	70亿元人民币/2 000亿哈萨克斯坦坚戈
10	泰国	2011.12.22	700亿人民币/3 200亿泰铢
		2014.12.22（续签）	700亿人民币/3 700亿泰铢
11	巴基斯坦	2011.12.23	100亿人民币/1 400亿巴基斯坦卢比
		2014.12.23（续签）	100亿人民币/1 650亿巴基斯坦卢比
12	阿联酋	2012.1.17	350亿人民币/200亿阿联酋迪拉姆
		2015.12.14（续签）	350亿人民币/200亿阿联酋迪拉姆
13	土耳其	2012.2.21	100亿人民币/30亿土耳其里拉
		2015.9.26（续签）	120亿人民币/50亿土耳其里拉
14	澳大利亚	2012.3.22	2 000亿元人民币/300亿澳大利亚元
		2015.3.30（续签）	2 000亿元人民币/400亿澳大利亚元
15	乌克兰	2012.6.26	150亿人民币/190亿乌克兰格里夫纳
		2015.5.15（续签）	150亿人民币/540亿乌克兰格里夫纳
16	英国	2013.6.22	2 000亿元人民币/200亿英镑
		2015.10.20（续签）	3 500亿元人民币/350亿英镑
17	匈牙利	2013.9.9	100亿人民币/3 750亿匈牙利福林
		2016.9.12（续签）	100亿人民币/4 160亿匈牙利福林
18	欧央行	2013.10.8	3 500亿元人民币/450亿欧元
		2016.9.27（续签）	3 500亿元人民币/450亿欧元
19	瑞士	2014.7.21	1 500亿元人民币/210亿瑞士法郎
		2017.7.21（续签）	1 500亿元人民币/210亿瑞士法郎
20	斯里兰卡	2014.9.16	100亿人民币/2 250亿斯里兰卡卢比
21	俄罗斯	2014.10.13	1 500亿人民币/8 150亿卢布
22	卡塔尔	2014.11.3	350亿元人民币/208亿里亚尔
23	加拿大	2014.11.8	2 000亿元人民币/300亿加元
24	苏里南	2015.3.18	10亿元人民币/5.2亿苏里南元
25	亚美尼亚	2015.3.25	10亿元人民币/770亿德拉姆
26	南非	2015.4.10	300亿元人民币/540亿南非兰特
27	智利	2015.5.25	220亿人民币/22 000亿智利比索
28	塔吉克斯坦	2015.9.3	30亿元人民币/30亿索摩尼

第三章 人民币国际化的历程

续表

序号	国家和地区	协议签署时间	互换规模
29	摩洛哥	2016.5.11	100 亿元人民币/150 亿迪拉姆
30	塞尔维亚	2016.6.17	15 亿元人民币/270 亿塞尔维亚第纳尔
31	冰岛	2010.6.9	35 亿元人民币/660 亿冰岛克朗
		2013.9.11（续签）	35 亿元人民币/660 亿冰岛克朗
		2016.12.21（续签）	35 亿元人民币/660 亿冰岛克朗
32	埃及	2016.12.6	180 亿元人民币/470 亿埃及镑
	有效协议金额合计		30 510 亿元人民币
1	乌兹别克斯坦	2011.4.19	7 亿元人民币/1 670 亿乌兹别克苏姆
2	巴西	2013.3.26	1 900 亿元人民币/600 亿巴西雷亚尔
3	阿尔巴尼亚	2013.9.12	20 亿元人民币/358 亿阿尔巴尼亚列克
4	印度尼西亚	2009.3.23	1 000 亿元人民币/175 万亿印尼卢比
		2013.10.1（续签）	1 000 亿元人民币/175 万亿印尼卢比
	失效协议金额合计		2 927 亿元人民币

图 3-4　2011 年 11 月 22 日，中国人民银行周小川行长与香港金融管理局总裁陈德霖在北京签署双边本币互换协议

图3-5 2012年3月22日,中国人民银行周小川行长与澳大利亚联储时任主席格伦·史蒂文斯在北京签署本币互换协议

关于为什么要积极推进货币互换的问题,周小川行长曾在2010年5月中国人民银行高级研修班上指出:"从2008年末到2009年夏天之前,我国在较短时间内签订了近1 000亿美元的货币互换协议。之所以各方对此比较积极,是因为各方看到了货币互换在应对金融危机时是能够起到积极作用的。但也有问题,就是如果中国用美元与其他国家进行货币互换,就等于用外汇储备支援其他国家,这在国内就不太好解释。这与美国的情况截然不同。美国率先与墨西哥、瑞士、新加坡、韩国等签订了货币互换协议,其前提是这四个国家在危机中缺乏美元流动性,迫切需要美元,而美国用来实施货币互换的美元是可以印出来的,在某种程度上说可以源源不断地提供。但在我国,我们所持有的美元是出口商品和劳务换回来的,如果把挣到的美元拿出来与其他国家互换,在情理上就有点说不过去。何况我国受金融危机的冲击并不小,对外部环境的变化也没有把握,在这种情况下,直接用美元与其他国家

进行货币互换不利于增强自身应对危机的实力。因此，中国提出用本币进行互换。目前人民币虽然还没有实现资本项目可自由兑换，但用人民币互换意味着对方国家可以用互换得到的人民币购买中国的商品，从而替代美元支出并缓解美元的流动性紧缺。此外，如果与当前正在推进的跨境贸易人民币结算试点结合起来看，用人民币进行货币互换的意义就更广泛些。总之可以看出，这也与储备货币的议题紧密相关。"

（二）双边本币结算协定

1. 双边本币结算协定签署情况。自20世纪90年代起，我国与周边国家开始签署双边贸易本币结算协定，允许在边境贸易或一般贸易中使用双方本币或人民币进行结算。我国和其他国家签署的本币结算协定主要分为两类：一是边境贸易本币结算协定，允许在边境地区的双边贸易中使用双方本币或人民币进行结算；二是一般贸易（和投资）本币结算协定，允许一般贸易（和投资）中使用双方本币或人民币进行结算。2009年之前，我国和其他国家签署的本币结算协定均是边境贸易结算协定。2010年以来，随着双边经贸往来的进一步深化，以及本币结算工作的开展，我国顺应市场主体的现实需求，在总结经验的基础上，开始和其他国家签署一般贸易（和投资）本币结算协定。截至2017年10月，我国共与9个国家签署了边境贸易或一般贸易（和投资）本币结算协定，其中，边境贸易本币结算协定包括越南、蒙古国、老挝、吉尔吉斯斯坦、朝鲜五个国家，一般贸易（和投资）本币结算协定包括俄罗斯、尼泊尔、哈萨克斯坦、白俄罗斯四个国家。

表3-4 中国人民银行和其他中央银行或货币当局双边本币结算协定一览表

序号	国别	签署日期	结算货币	性质
1	越南	1993.5.26（签署） 2003.10.16（修订）	双方货币	边境贸易
2	老挝	2002.2.4	双方货币	边境贸易

续表

序号	国别	签署日期	结算货币	性质
3	吉尔吉斯斯坦	2003.12.18	双方货币	边境贸易
4	蒙古国	2004.7.5	双方货币	边境贸易
5	朝鲜	2004.10.26	人民币	边境贸易
6	尼泊尔	2002.6.17	人民币	边境贸易
		2014.12.22（补充协议）		一般贸易
7	俄罗斯	2002.8.22	双方货币	边境贸易
		2011.6.23		一般贸易
8	白俄罗斯	2010.3.24	双方货币	一般贸易
9	哈萨克斯坦	2005.12.14	双方货币	边境贸易
		2014.12.14		一般贸易和投资

2. 双边本币结算协定的作用。签署双边本币结算协定，推动本币结算，具有多方面积极作用：一是帮助微观主体降低汇兑成本，规避汇率风险，便利我国与有关国家贸易和投资；二是规范结算行为和外汇市场秩序，抑制外汇黑市和地下钱庄的市场需求和生存空间，维护区域金融稳定；三是带动边境地区经济发展，深化我国与相关国家经济金融合作，促进人民币国际化。

九、人民币加入SDR：国际化的重要里程碑

2015年11月，国际货币基金组织决定将人民币纳入特别提款权（SDR）货币篮子。2016年10月1日，人民币正式加入国际货币基金组织特别提款权（SDR）货币篮子，权重为10.92%，在篮子货币中排名第三。

第三节 人民币的国际使用现状

2016年，跨境人民币收付金额合计9.85万亿元，占同期本外币跨境收付总额的25.2%，其中收款3.79万亿元，付款6.06万亿元，净支出2.27万亿元，收付比为1:1.6。

一、经常项目

2016年，经常项目人民币收付金额合计5.23万亿元，其中，货物贸易收付金额4.12万亿元，占同期货物贸易本外币跨境收付金额的比重为16.9%；服务贸易及其他经常项目收付金额1.11万亿元，同比增长31.2%（见图3-6和表3-5）。2016年，经常项目人民币收款2.15万亿元，付款3.08万亿元，净支出9 273.7亿元，收付比为1:1.43（见图3-7）。

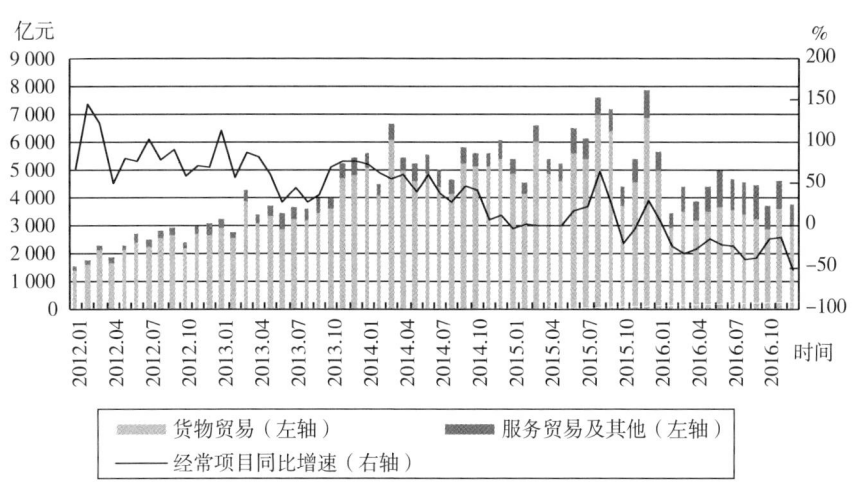

注：历史数据根据现行国际收支统计口径相应调整，下同。

图3-6 2012—2016年经常项目人民币收付金额构成

表3-5　　　　2009—2016年经常项目人民币收付金额构成　　　　单位：亿元

年份	货物贸易	服务贸易及其他	合计
2009	19.5	6.1	25.6
2010	3 034.0	467.0	3 501.0
2011	13 810.7	2 078.6	15 889.3
2012	26 039.8	2 757.5	28 797.3
2013	41 368.4	4 999.4	46 367.8
2014	58 946.5	6 563.7	65 510.2
2015	63 911.4	8 432.2	72 343.6
2016	41 209.4	11 065.4	52 274.7
累计	248 339.7	36 369.9	284 709.6

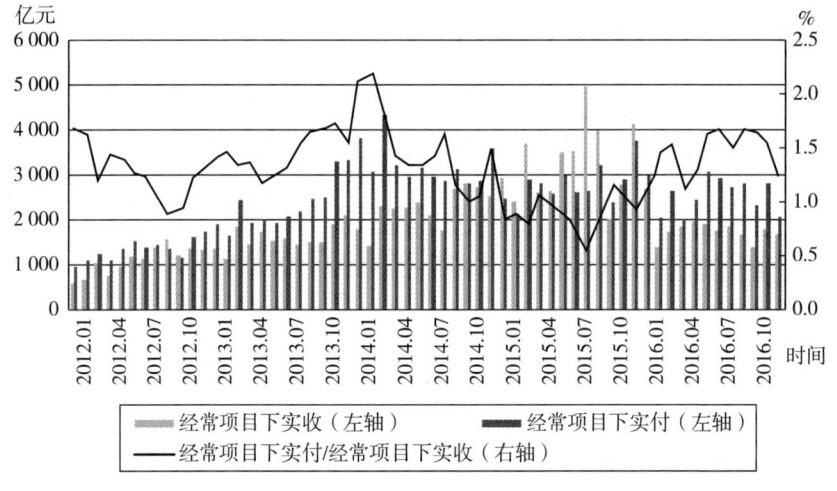

图3-7　2012—2016年经常项目人民币收付金额及收付比

二、资本和金融项目

2016年，资本项目人民币收付金额合计4.62万亿元，同比下降5.1%。其中，人民币收款1.63万亿元，付款2.98万亿元，净付出1.35万亿元，收付比为1∶1.83。

(一) 跨境直接投资业务

2016年，对外直接投资人民币收付金额1.06万亿元，同比增长44.2%；外商直接投资人民币收付金额1.4万亿元，同比下降11.9%（见图3-8和表3-6）。

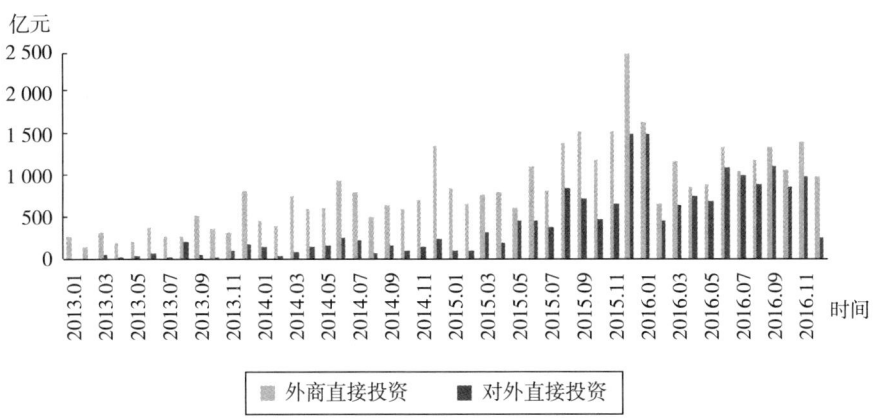

图3-8　2013—2016年跨境直接投资人民币收付金额

表3-6　　　　2010—2016年跨境直接投资人民币收付金额　　　单位：亿元

年份	对外直接投资	外商直接投资	合计
2010	56.8	223.6	280.3
2011	265.9	1 006.8	1 272.7
2012	311.9	2 591.9	2 903.8
2013	866.8	4 570.9	5 437.6
2014	2 244.1	9 605.5	11 849.6
2015	7 361.7	15 871.0	23 232.7
2016	10 618.5	13 987.7	24 606.2
累计	21 725.6	47 857.3	69 582.9

(二) 跨境双向人民币资金池业务

截至2016年末，全国共设立跨境双向人民币资金池1 716个。其中，1 052个资金池发生了跨境资金收付，收款总额为8 766.6亿元，付款总额为8 758.9亿元，净流入为7.7亿元。

（三）"沪港通"和"深港通"业务

2016年，"沪股通"和"深股通"资金流入总金额为1 105.5亿元，流出总金额为528.5亿元，净流入金额577.0亿元；"港股通"（沪）和"港股通"（深）资金流出总金额为2 287.6亿元，流入总金额为276.1亿元，净流出金额2 011.5亿元①。

（四）境外机构投资银行间债券市场

截至2016年12月末，共有407家境外机构②获准进入银行间债券市场，包括58家境外央行类机构（包括境外央行、国际金融机构和主权财富基金）、112家境外商业银行、28家非银行类金融机构、204家金融机构产品类投资者、5家其他类型机构投资者。

（五）非居民持有境内人民币金融资产

截至2016年末，境外主体持有境内人民币股票、债券、贷款以及存款等金融资产金额合计3.03万亿元，同比下降19%，但结构有所优化（见图3-9）。其中股票市值6 491.9亿元，债券余额8 526.2亿元，贷款余额6 164.4亿元，存款余额9 154.7亿元，存款余额中同业往来账户余额、非居民企业账户余额和非居民个人人民币账户余额分别为2 292.6亿元、919.6亿元和5 195.5亿元。

---

① 根据"沪港通"与"深港通"的结算及报送规则，"沪股通"与"深股通"在实际业务发生日期的T+1日后结算，"港股通"在实际业务发生日期的T+2日后结算。所以在某些时点上，成交额和资金收付额会略有差别，此外，上市公司分红等因素也可能导致成交额与资金收付额存在差异。

② 自2016年6月起，境外机构家数统计调整为实际已进入银行间债券市场数目，且统计口径为在交易中心开户的账户数。

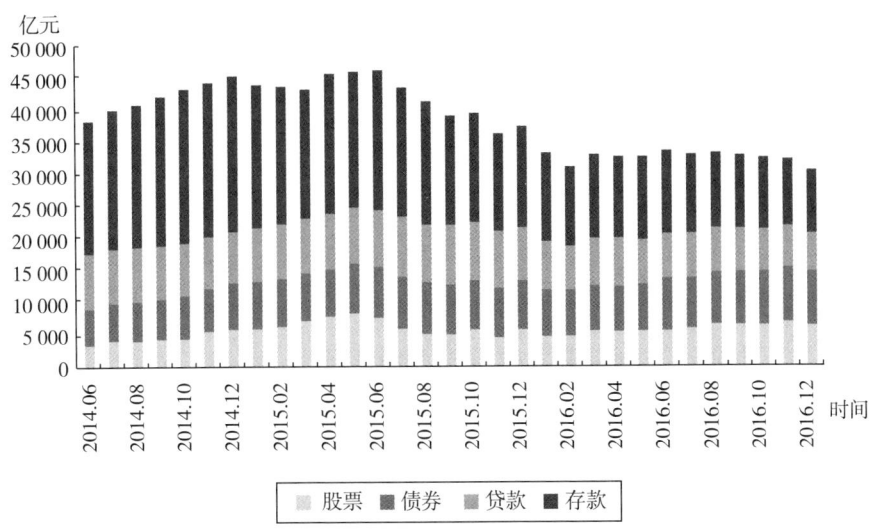

图3-9 非居民持有境内人民币金融资产情况

三、人民币作为计价货币

目前,在涉外经济活动的统计、核算、管理等环节的人民币计价取得进展。

(一)外贸统计数据以人民币计价

海关总署公布的进出口统计数据以人民币作为主要计价货币。2013年1月,海关总署调整对外贸易统计数据(包括进出口总值、出口总值、进口总值以及贸易差额)的计价货币,上述四项统计指标的货币计价由原来发布单一美元,改为人民币、美元双币种同时发布。自2014年1月开始,海关总署以人民币为主公布海关主要统计数据系列报表。

(二)直接投资统计数据以人民币计价

自2014年第一季度开始,商务部以人民币和美元同时公布对外直接投资、外商直接投资、工程承包统计数据。

(三) 国际收支统计以人民币计价

目前,国家外汇管理局官网上公布的中国国际收支平衡表、中国国际货物和服务贸易数据、银行结售汇数据、银行代客涉外收付和金融机构直接投资数据等数据都以本外币同时公布。

(四) 推动大宗商品期货以人民币计价

推动原油期货使用人民币计价结算。上海期货交易所原油期货产品采用人民币计价结算。

▼ 专栏8

海关总署首次以人民币为主公布部分进出口统计数据

2013年2月8日,海关总署公布2013年1月我国进出口统计数据,增加了以人民币计价的进出口总值、出口总值、进口总值以及贸易差额的数据,并以人民币计价数据为主对外公布。为保证数据的历史延续性和国际可比性,仍继续保留以美元计价的海关统计数据。目前,暂不公布以人民币计价的增速,仅公布以美元计价的增速,表述为"扣除汇率波动因素后的增长速度"。海关公布的1月数据为:2013年1月我国进出口总值2.17万亿元人民币(折合3 455.8亿美元),扣除汇率因素(下同)同比增长26.7%。其中,出口1.18万亿元人民币(折合1 873.7亿美元),增长25.0%;进口0.99万亿元人民币(折合1 582.2亿美元),增长28.8%;贸易顺差1 832.1亿元人民币(折合291.5亿元美元),扩大7.7%。2017年1~5月,我国进出口总值10.76万亿元人民币,同比增长17.5%。其中,出口

5.88万亿元人民币，同比增长11.4%；进口4.88万亿元人民币，同比增长25.8%；贸易顺差0.99万亿元人民币，同比下降29.8%。

以本币计价发布官方统计数据是国际上通行的做法。美国、英国、日本、欧盟等主要发达国家和地区均以本币计价、公布涉外统计数据，巴西、印度、南非、马来西亚、菲律宾等新兴市场国家均以本币公布对外经济贸易数据。

人民币在跨境贸易中发挥了越来越重要的作用，为实现人民币计价打下了坚实基础。2016年货物贸易人民币结算金额达4.12万亿元，占同期海关货物进出口总额的8.4%，人民币已连续5年成为我国进出口贸易仅次于美元的第二大结算货币。目前，人民币逐渐成为企业开展跨境贸易的重要选择币种。

四、人民币作为储备货币

根据国际货币基金组织（IMF）"官方外汇储备货币构成"（COFER）季度数据[①]，截至2016年末，IMF成员国持有我国纸币、银行存款、国库券、其他短期和长期政府债券等人民币外汇储备余额约5 862.5亿元，约占报告国官方外汇资产的1.1%。据不完全统计，截至2016年末，已有56个国家和地区将人民币纳入外汇储备。

---

① "官方外汇储备货币构成"是IMF统计部管理的数据库，外汇储备数据包括货币当局对非居民的各类债权，包括纸币、银行存款、国库券、其他短期和长期政府债券以及其他可以用于满足国际收支需求的债权等。目前，共有146个数据报送方，包括IMF成员国、多个非成员国家或经济体以及持有外汇储备的其他机构。

五、人民币国际债券

2016年中国债券市场共发行人民币债券36.1万亿元，同比增长54.2%；截至2016年末，债券托管余额63.7万亿元，同比增长33%；全市场共成交结算829.4万亿元，同比增长22.9%，其中，现券交易132.2万亿元，交投活跃度大幅提升。截至2016年末，共有407家境外机构获准进入中国境内银行间债券市场，债券托管①余额为8 000.3亿元。

按照国际清算银行（BIS）狭义口径②，截至2016年末，以人民币标价的国际债券余额7 111.5亿元，其中境外机构在离岸市场上发行的人民币债券余额5 811.5亿元，在中国境内发行的人民币债券（熊猫债）余额约1 300亿元。

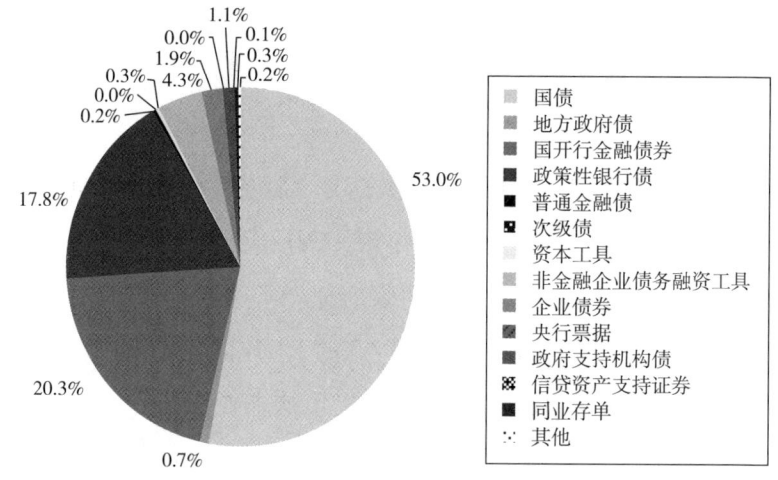

数据来源：中国人民银行。

图3-10 境外机构在中国境内银行间债券市场托管品种分布情况

---

① 包含中央银行票据托管量。
② BIS对国际债券有狭义和广义两个统计口径。按照BIS的统计口径，狭义的人民币国际债券是指境外机构在境内外发行的以人民币标价的债券，广义的人民币国际债券是指发行人在本国或本地区之外发行的以人民币标价的债券。

六、人民币外汇交易

2016年，中国境内人民币外汇市场（含银行间和银行代客市场）日均交易量820亿美元[①]。全年银行间市场人民币外汇即期成交折合5.93万亿美元，同比增长21.9%；人民币外汇掉期交易成交折合10万亿美元，同比增长19.8%；人民币外汇远期市场成交折合0.15万亿美元，同比增长311%。

据BIS 2016年9月公布的三年一度的外汇与衍生工具市场全球成交额调查结果，人民币外汇交易日均交易额2 020亿美元，较上一次调查翻倍，占全球外汇交易量的4%，在最活跃的交易货币中排名第8位。中国香港、新加坡、英国、美国分别达到771亿美元、425亿美元、391亿美元和242亿美元，四地合计占比90.6%。

▼ 专栏9

中国银行编制和发布人民币国际化系列指数

2013年9月20日，中国银行正式向全球推出"中国银行跨境人民币指数"（BOC Cross-border RMB Index，CRI），CRI指数跟踪人民币在跨境流出、境外流转及跨境回流三个关键环节的使用活跃程度，并将2011年末设为基期（100点），后续与基期相比较，体现人民币跨境使用增长水平。CRI指数从货币流转过程的维度编制，由人民币跨境流出、境外流转和跨境回流三部分构成，涵盖所有经常项目和有代表性的资本项目及境外流转项目，综合反映人民币跨境使用

[①] 按照2016年外汇市场交易日244天计算。

的活跃程度。指数可以进行各种同比和环比比较，揭示人民币跨境流转使用水平在不同时间跨度的变化趋势。最新发布的一期指数为2017年第一季度CRI指数。结果显示，第一季度CRI指数为233点，较上年末上升4个百分点（见专栏图9-1）。

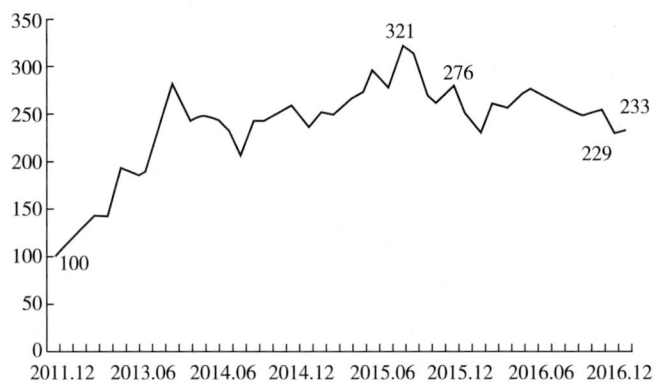

专栏图9-1　2011—2016年CRI指数

继CRI指数之后，中国银行于2014年初向市场推出"中国银行离岸人民币指数"（BOC Offshore RMB Index，ORI），该指数以人民币行使价值储藏货币、融资货币、投资货币、储备货币、交易货币等五项国际货币职能为出发点，对人民币在离岸金融市场上资金存量规模、资金运用状况、金融工具使用等方面发展水平综合评价。ORI指数基本使用存量指标，反映截至该时点人民币国际化的进展，以较为直观的方式反映人民币在国际金融市场上的发展水平。最新一期指数为2016年末的ORI指数。结果显示，2016年末ORI指数为1.15%，较2016年第三季度末下降0.14个百分点（见专栏图9-2）。

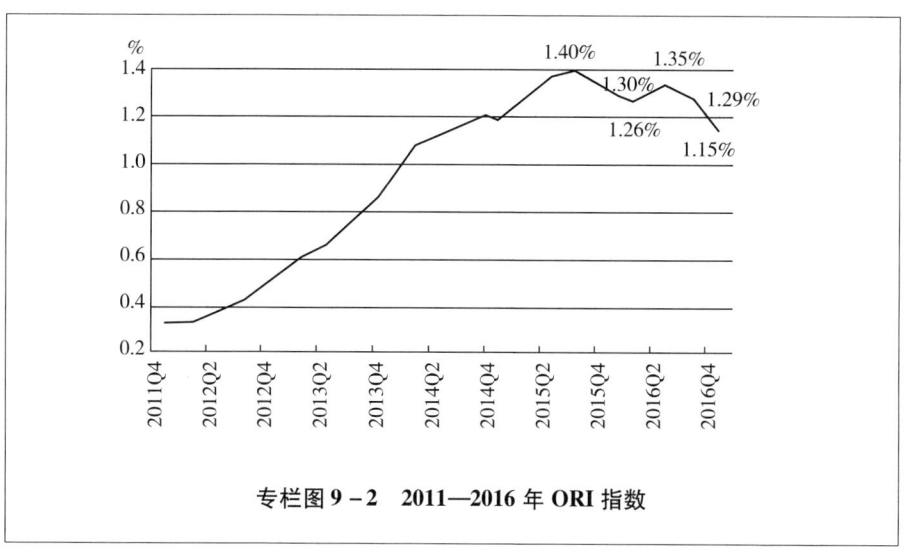

专栏图 9–2　2011—2016 年 ORI 指数

第四章
人民币国际化的制度框架

2009年以来，按照党中央、国务院决策部署，中国人民银行先后开展跨境贸易、投融资人民币结算工作，通过建立并逐步完善人民币国际化的制度框架，实现了对经常项目和资本项目的政策全覆盖。人民币在跨境贸易和投资中的作用显著增强，有力地支持了实体经济发展，促进了贸易和投资便利化。

第一节 人民币国际化的管理原则

一、基本原则

（一）服务实体经济，促进贸易和投资便利化

开展跨境人民币业务顺应市场需求，贯彻市场化管理思路，坚持服

务实体经济，坚持简政放权、放管结合，坚持依法行政，增强政策措施的操作性和透明度，切实促进贸易和投资便利化。

（二）宏观审慎管理，有效防控系统性风险

减少管理部门事前审批，完善事中事后监管，密切关注人民币跨境资金异常流动情况，并与国家有关部门充分共享信息、建立监管合作机制。坚持本外币政策协调，增强政策合力。在便利市场主体开展业务的同时切实防控系统性风险，维护金融安全和金融稳定。

（三）自律管理，促进政策传导

加强跨境人民币自律机制建设工作，依托自律机制督促商业银行落实"了解你的客户、了解你的业务、尽职调查"的展业三原则，强化商业银行的审核责任，创新管理方式，提升管理效率。

二、经常项目和资本项目人民币结算的管理思路

（一）经常项目人民币结算

以经常项目可兑换为指导，以真实交易背景为基础，以规范和便利经常项目跨境人民币收支、促进贸易便利化为目的，要求银行按照"了解你的客户、了解你的业务、尽职调查"三项展业原则，开展单证审核和物流背景查核等交易真实性审核。中国人民银行依托人民币跨境收付信息管理系统（RCPMIS），逐笔收集并长期保存企业办理业务的有关信息，对经常项目下的人民币跨境收付情况进行统计、分析和监测，并与有关部门建立必要的信息共享和管理机制，加大事后检查力度，形成对跨境货物、服务贸易等经常项目交易项下人民币结算的有效监管。中国人民银行有权依法对境内银行和企业开展跨境贸易人民币

结算业务的情况进行检查监督,发现银行和企业违法违规时,可以依法进行处置。

(二)资本项目人民币结算

基于资本项目尚未完全可兑换的实际情况,建立健全宏观审慎管理框架,与其他相关管理部门在政策上实现衔接,防范系统性风险。一是坚持资质审查和准入前管理。如外商直接投资和对外直接投资业务,投资者需向经办银行提供发展改革委、商务部的批准或备案文件,方可办理跨境资金汇划。二是坚持宏观审慎管理。按照顺应市场主体需求的原则,中国人民银行会同相关管理部门逐步简化跨境投融资业务流程,促进贸易投资便利化。2016年,开始实施全口径跨境融资宏观审慎管理,所有符合条件的企业和金融机构均可在跨境融资风险加权余额上限内自主开展本外币跨境融资。三是坚持事中事后监控和信息共享。加强对资本项目账户开立、资金用途的管理,要求金融机构切实履行定期报送相关数据和信息的义务。

三、人民币国际化使用的主要参与主体

(一)境内结算银行和境内代理银行

境内具有国际结算业务能力、为客户提供人民币跨境结算服务的银行为境内结算银行。为境外银行(即境外参加银行)开立人民币同业往来账户的境内银行为境内代理银行。境内代理银行可同时作为境内结算银行,为客户办理人民币跨境结算业务。境内结算银行应当按照中国人民银行要求,对办理的每一笔跨境人民币资金收付进行相应的单证真实性审核,并将人民币跨境收支信息报送RCPMIS。境内代理银行应将与境外参加银行所签订的人民币代理结算协议和为其开立的人

民币同业往来账户信息向中国人民银行当地分支机构备案，并按规定向 RCPMIS 报送同业往来账户余额、人民币账户融资业务、人民币购售业务等信息，应采取有效措施，落实反洗钱、反恐怖融资等规定。

（二）境外人民币清算行

为满足离岸市场人民币业务发展需求，在中国人民银行与境外央行（货币当局）签署在当地建立人民币清算安排的合作备忘录的前提下，中国人民银行授权当地一家银行为人民币清算行，为当地人民币业务提供清算及结算服务。目前，港澳清算行直接与中国人民银行大额支付系统（HVPS）相连接，其他清算行则经由其总行或总行指定的境内分行接入大额支付系统。此外，所有清算行均是人民币跨境支付系统（CIPS）的参与者，可通过 CIPS 办理人民币清算及结算业务。为便利清算行为当地市场提供人民币清算服务，中国人民银行授权清算行进入中国银行间外汇市场对特定业务的人民币头寸进行平盘，进入中国银行间同业拆借市场进行短期人民币资金拆借。清算行在银行间同业拆借市场拆入和拆出资金的余额均不得超过该清算行所吸收人民币存款上年末余额的8%。

（三）境外参加银行

境外参加银行是为境外主体提供人民币清算及结算服务的境外银行。目前，境外参加行可以通过三种途径开展人民币清算及结算业务。一是与境内代理行签订结算代理协议，在境内代理行开立同业往来账户；二是与境外清算行签订结算代理协议，在境外清算行开立同业往来账户；三是申请成为 CIPS 参与者。境外参加行可按当地法规根据市场需求开展各类人民币业务，涉及人民币资金进出中国（不含港澳台）的，须同时符合中国的有关规定和要求。境外清算行自身也可以作为参加行办理所有涉及参加行的人民币业务。

（四）企业和个人

境内所有企业都可以按照相应法规在跨境贸易和投融资等活动中使用人民币进行计价结算。个人包括境内居民个人和非居民个人。目前境内个人可开展跨境货物贸易、服务贸易人民币结算业务。

（五）其他

其他参与主体既包括中国外汇交易中心、全国银行间同业拆借中心、证券交易所等各类实体交易场所，也包括HVPS、CIPS以及RCP-MIS等支付清算系统和信息管理系统。

第二节　人民币跨境业务管理的基本框架

一、经常项目

（一）货物贸易

银行可在"了解你的客户、了解你的业务、尽职调查"展业三原则下，为客户办理跨境货物贸易人民币结算业务，银行要履行真实性合规性审核义务。对出口货物贸易企业实行负面清单管理，采用按年度更新出口货物贸易重点监管企业名单的方式，对在税务、海关、金融等方面有比较严重违法违规行为的企业进行重点监管，以督促其依法合规办理业务。

(二) 服务贸易

跨境服务贸易人民币结算，是指居民与非居民在服务贸易的国际交易中，以人民币进行支付结算。服务贸易项目主要分为商业性服务、通信服务、建筑服务、销售服务、教育服务、环境服务、金融服务、健康及社会服务、旅游及相关服务、文化娱乐及体育服务、交通运输服务及其他服务。2010年6月，中国人民银行在扩大跨境贸易人民币结算试点地区的同时，将业务范围从货物贸易扩展到服务贸易和其他经常项目。2014年，转口贸易在统计分类上由服务贸易调至货物贸易。

(三) 收益与经常转移

收益是指国与国之间因资本的借贷或投资等所产生的利息、股息、利润的汇出或汇回。经常转移又称单方面转移，是指单方面、无对价的收支，及资金在国际间移动后并不产生归还或偿还的活动，如侨汇、年金、赠予、税收、赔偿、援助、外债自愿减免、偶然所得、政府向国际机构缴纳的行政费用等。其中，境外投资者将所得的人民币利润汇出境内的，银行可在审核外商投资企业有关利润处置决议及纳税证明等有关材料后直接办理。

(四) 经常项目集中收付

经常项目集中收付是国际上比较成熟的企业现金管理方式。2013年12月，上海自贸区开展跨境人民币业务创新，提出"区内企业可根据自身经营需要，开展集团内双向人民币资金池业务，为其境内外关联企业提供经常项下集中收付业务"。在总结上海自贸区经验的基础上，2014年11月，跨国企业集团经常项目集中收付业务推广至全国。经常项目集中收付业务可以使跨境企业合并和抵销一定时期内的跨境人民币收支为单笔收支交易，进一步提高资金运用和结算效率，降低资金头寸管理成本。

（五）跨境电子商务

支持银行与非银行支付机构合作开展跨境人民币业务。银行业金融机构可与依法取得"互联网支付"业务许可的非银行支付机构合作，为企业和个人跨境货物贸易、服务贸易提供人民币结算服务。银行业金融机构应与非银行支付机构签订跨境电子商务人民币结算业务协议，并报当地中国人民银行分支机构备案。

（六）边贸小额跨境人民币结算

边境贸易是指我国沿陆地边界线经国家批准对外开放的边境县（旗）、边境城市辖区内经批准有小额贸易经营权的企业，通过国家指定的陆地边境口岸，与毗邻国家边境地区的企业或其他贸易机构之间进行的贸易活动。2013年7月，广西和云南边境地区的个人可使用人民币与周边国家开展货物贸易、服务贸易、收益及经常转移等经常项目业务。

（七）个人货物贸易与服务贸易

2012年12月，为满足义乌小商品市场发展需求，在浙江省义乌市开展个人跨境贸易人民币结算试点。自2014年6月起，全国范围内个人跨境货物贸易、服务贸易可以使用人民币结算。上海自贸区等地已经开展个人其他经常项目跨境人民币结算业务试点，试点工作将按照"成熟一项，推广一项"的原则择机向其他地区推广复制。

二、直接投资

（一）境外直接投资

境外直接投资是指境内机构经境外直接投资主管部门核准，使用人民币资金通过设立、并购、参股等方式在境外设立或取得企业或项目全部或部分所有权、控制权或经营管理权等权益的行为。境内机构可以以人民币进行境外投资。境内机构在获得境外直接投资主管部门的许可文件或批准证书后，可凭该文件或证书直接到银行办理境外直接投资人民币资本金、前期费用汇出、人民币利润汇回以及因减资、转股、清算等所得人民币资金汇回等人民币结算业务。

（二）外商直接投资

境外投资者可以使用人民币来华投资。境外投资者和外商投资企业应按照中国人民银行有关人民币结算账户管理规定，开立专用账户、一般账户办理有关人民币资金收付业务。境外投资者和外商投资企业可以凭国家有关部门的批准或备案文件直接向银行申请办理人民币资本金汇入、境外投资者境内人民币利润汇出、外商投资企业借入人民币资金以及境外投资者减资、清算、转股等人民币资金汇出业务，无须再经中国人民银行和国家外汇管理局进行事前登记或审批。境外投资者经国务院金融监督管理机构批准，按有关法律规定，可使用人民币投资境内金融机构。

1. 外商投资企业前期费用管理。外商直接投资人民币结算业务涉及的人民币资金按照专户专用的原则进行管理。境外投资者可根据人民币银行结算账户管理规定开立人民币结算账户。一个境外投资者在境内只能开立一个人民币前期费用专用存款账户，专门用于存放前期费用。

2. 外商投资企业资本金管理。新设立的外商直接投资企业，应凭商务主管部门颁发的企业设立批准文件，在其注册地的银行开立人民币资本金专用存款账户。同一批准文件只能开立一个人民币资本金专用存款账户。该账户内资金应在符合国家有关部门批准的经营范围内使用，不得用于投资有价证券和金融衍生品，不得用于委托贷款，不得购买理财产品、非自用房产。对于非投资类外商投资企业，不得用于境内再投资。可以偿还国内外贷款和转存1年期以内（含1年期）的存款。

3. 外商投资企业境外人民币借款。外商投资企业的注册资本金按期足额到位后，可以向其境外股东、集团内企业和境外金融机构借入人民币贷款。外商直接投资企业可以在"投注差"模式或全口径跨境融资模式下任选一种，并向管理部门备案。一经选定，原则上不再更改。如确有合理理由需要更改的，须向管理部门提出申请。

三、跨境融资

随着跨境贸易和直接投资人民币结算业务的深入开展，人民币融资需求日益强烈。配合人民币资本项目可兑换总体安排，中国人民银行逐步推出与跨境贸易结合紧密的贸易融资、跨境担保等业务，并逐步探索建立全口径本外币跨境融资框架。

（一）人民币贸易融资

境内结算银行为企业提供人民币贸易融资服务，融资金额以企业与境外企业之间的贸易合同金额为限。贸易融资形成的人民币对外负债不纳入现行外债管理。境内银行可开展跨境人民币贸易融资资产跨境转让业务。

（二）境外项目人民币贷款

境内银行可以向境内机构在境外投资的企业或项目发放人民币贷款。根据办理境外项目人民币贷款需要，银行可以向其境外分行调拨人民币资金，也可以向其境外子行或境外代理行融出人民币资金。境外项目人民币贷款业务涉及的非居民存款不纳入现行外债管理。

（三）跨境人民币担保

跨境人民币担保业务是指由境内主体（包括银行、非银行金融机构以及企业）向境外主体（包括境外机构和个人）或由境外主体向境内主体提供的、以人民币计值并履约的、具有担保性质的业务，可适用于商品、劳务、技术贸易，工程项目承包、承建，向金融机构融资，大型成套设备租赁，诉讼保全和各种合同义务的履行等方面。按照担保项下主合同是否具有融资性质，担保可分为融资性担保和非融资性担保。银行为客户办理的境外工程承包、境外项目建设和跨境融资等人民币保函业务不纳入现行外债管理，即不实行规模管理，但应向 RCPMIS 报送保函及履约信息。

（四）境内企业境外放款

境内企业可以直接或以委托贷款的方式通过结算银行将人民币资金借贷给境外企业。境内放款人应注册成立 1 年以上，与借款人具有股权关联关系。实行本外币一体化的宏观审慎管理，境外放款余额上限为最近一期经审计的所有者权益的 0.3 倍，放款利率必须大于零，放款期限原则上在 6 个月至 5 年内。

（五）资金池业务

满足条件的跨国企业集团可以根据自身经营和管理需要，在境内外成员企业之间进行跨境人民币资金余缺调剂和归集。资金池业务实行专户管理，执行单位存款利率。对资金净流入流出额设置上限，并根据宏观形势进行动态调整。银行还可以为资金池专户办理日间及隔夜透支。

（六）全口径跨境融资业务

满足条件的法人企业以及法人金融机构及外国银行境内分行均可在跨境融资风险加权余额上限内自主开展本外币跨境融资。

▼ **专栏10**

全口径跨境融资宏观审慎管理政策

一、全口径跨境融资宏观审慎管理的背景

（一）实施全口径跨境融资宏观审慎管理是适应资本流动新形势、促进外汇市场稳定运行的需要。通过在全国范围内实施全口径跨境融资宏观审慎管理，能够进一步完善宏观审慎政策框架，更加全面地对跨境资本流动进行逆周期调节，促进外汇市场稳定运行。

（二）在全国范围内实施全口径跨境融资宏观审慎管理具有良好的实践基础，条件已经成熟。上海自贸区探索了跨境融资规模与资本实力挂钩并可逆周期调节的新型管理方式。以此为基础，全口径跨境融资宏观审慎管理试点扩大到27家具有系统重要性的金融机构和注册在上海、天津、广东、福建四个自贸区的企业。在全国范围内实施全口径跨境融资宏观审慎管理的条件已经成熟。

（三）原有外债管理模式在一定程度上限制了市场主体跨境融资业务的开展，不适应跨境资本流动形势变化后的市场需要和管理目标。原有外债管理模式下，国家发展改革委、国家外汇管理局分别负责审批中长期和短期外债额度，行政管理色彩浓厚，不适应目前鼓励境外融资以缓解外汇市场供不应求和人民币贬值压力的需要。

二、全口径跨境融资宏观审慎管理的主要内容

（一）跨境融资的内涵

跨境融资指境内机构从非居民融入本外币资金的各种行为，包括没有资金进入境内但境内机构形成对非居民偿付义务（或有负债）的业务。

（二）实施覆盖范围

依法在中国境内成立的法人金融机构和法人企业，前者指一行三会批准设立的各类法人金融机构，外国银行境内分行比照境内法人外资银行办理，后者是除政府融资平台和房地产企业之外的各类非金融企业。

（三）融资约束机制

金融机构和企业分别在与其资本或净资产挂钩的跨境融资上限内，自主开展本外币跨境融资，按风险加权计算的余额不得超过上限。跨境融资上限受跨境融资杠杆率和宏观审慎调节参数的影响，银行类机构、非银行金融机构和企业的跨境融资杠杆率分别设定为0.8、1和2，宏观审慎调节参数统一为1。风险加权计算考虑还款期限是中长期或短期的期限风险、表内表外融资的类别风险和汇率风险。部分业务类型不纳入余额计算，包括被动负债、贸易融资、境外同业存放、拆借、联行及附属机构往来等。

（四）融入资金使用

企业融入外汇资金可意愿结汇，融入资金的使用应符合国家相关

规定，用于自身的生产经营活动。金融机构融入资金可用于补充资本金，服务实体经济发展，并符合国家产业宏观调控方向，经国家外汇管理局批准，融入外汇资金可结汇使用。

（五）管理分工

中国人民银行根据宏观经济热度、国际收支状况和宏观金融调控需要对跨境融资杠杆率、风险转换因子、宏观审慎调节参数等进行调整，并对27家系统重要性银行类机构跨境融资进行宏观审慎管理；建立跨境融资宏观风险监测指标体系，在风险指标触及预警值时采取逆周期调控措施，以控制系统性风险。国家外汇管理局对除27家系统重要性银行类机构以外的其他金融机构本外币跨境融资进行事后监测和管理，对企业本外币跨境融资进行事前签约备案和事后监测及管理，并对企业和金融机构进行全口径跨境融资统计监测。

三、全口径跨境融资宏观审慎管理的意义

一是规则公开透明，有利于提高跨境融资的效率。二是本外币各类跨境融资一体化管理，有利于满足市场需求。三是开辟了融资新渠道，有利于拓宽市场主体的融资空间。四是有利于市场主体充分利用境外低成本资金，缓解"融资难、融资贵"问题。

四、境外机构进入境内债券市场

（一）境外机构投资境内银行间债券市场

境外机构投资者可以按规定投资银行间债券市场，中国人民银行对境外机构投资者的投资行为实施宏观审慎管理。

表 4-1　央行类机构投资银行间债券市场相关管理规定

三种途径	通过央行代理、通过具有国际结算资格和结算代理资格的商业银行（以下简称商业银行）代理和直接投资。境外央行类机构若选择了央行代理途径，仍可在商业银行代理和直接投资两种途径中选择一种进行投资。
交易品种	债券现券、债券回购、债券借贷、债券远期以及利率互换、远期利率协议等其他经中国人民银行许可的交易。
是否有额度限制	无。中国人民银行对境外央行类机构投资银行间债券市场实行备案制管理，境外央行类机构可自主决定投资规模。
资金是否可以自由汇出	是

表 4-2　境外机构投资者投资银行间债券市场相关管理规定

交易品种	各类境外机构投资者现阶段均可在银行间债券市场开展现券交易，并可基于套期保值需求开展债券借贷、债券远期、远期利率协议及利率互换等交易。境外人民币业务清算行和参加行还可在银行间债券市场开展债券回购交易。
是否有额度限制	无。符合条件的境外机构投资者可自主决定投资规模，没有投资额度限制。
资金是否可以自由汇出	境外机构投资者投资银行间债券市场汇入的本金既可以是人民币，也可以是外币；资金如需汇出，可以人民币汇出，也可在境内兑换为外币后汇出，汇出的资金币种结构应保持与汇入时的本外币比例基本一致。

（二）境外机构发行人民币债券

境外机构（外国政府类机构、国际金融组织、国际开发机构以及在境内外合法注册成立的各类金融机构和非金融企业）可以按规定在境内发行人民币债券。境外机构可以直接开户或委托主承销商开立托管账户两种方式存放募集资金及办理相关跨境人民币结算业务。募集资金的境内外使用应遵从有权部门同意人民币债券发行证明文件中的规定。

五、境外机构参与银行间外汇市场

境外央行类机构（境外央行或货币当局和其他官方储备管理机构、国际金融组织、主权财富基金）、境外人民币清算行和境外参加行可按规定参与中国银行间外汇市场交易。人民币外汇市场运行时间为北京时间9:30~23:30；外币对和外币拆借交易系统运行时间为北京时间7:00~23:30，连续交易，中间不休市。

符合规定的境内金融机构，可以为委托本机构代理交易和结算并投资于境内银行间债券市场的境外投资者遵循实需交易原则办理外汇衍生品业务。

表4-3　　　　央行类机构进入银行间外汇市场相关管理规定

三种途径	通过央行代理、直接成为银行间外汇市场境外会员以及通过银行间外汇市场会员代理。境外央行类机构可从上述三种途径中自主选择一种或多种途径。
交易品种	全部挂牌交易品种，包括即期、远期、掉期（外汇掉期和货币掉期）、期权等；交易币种包括美元、欧元、日元、港元、英镑等银行间外汇市场挂牌交易的货币。
交易方式	询价方式和撮合（竞价）方式。
是否有额度限制	无额度限制，但有关交易必须符合我国相关法律法规的规定。
资金是否可以汇出	是。境外央行类机构进入中国银行间外汇市场所兑换的人民币资金须"落地"于在中国境内开立的账户，之后可以用于境内或汇出境外，无须经相关管理部门批准。

六、投资境内外证券市场

（一）RQFII制度

境外机构可以通过RQFII模式投资境内证券市场，额度方面实行基础额度内备案以及基础额度外审批管理模式。

（二）RQDII 制度

RQDII 人民币资金汇出规模按照其向国务院金融监督管理机构报送的产品规模确定，不再另设额度审批，充分尊重投资者对外投资的主体地位，便利其投资行为。

（三）"沪港通""深港通"和"债券通"

"沪港通"包括"沪股通"和"港股通"两部分，投资者均采用人民币买卖对方市场股票。其中，"沪股通"的股票范围是上证180指数、上证380指数的成分股，以及上交所上市的 A+H 股公司股票。"沪股通"总额度为 3 000 亿元人民币，每日额度为 130 亿元人民币。"港股通"的股票范围是恒生综合大型股指数、恒生综合中型股指数的成分股和同时在港交所和上交所上市的 A+H 股公司股票。"港股通"总额度为 2 500 亿元人民币，每日额度为 105 亿元人民币。2016 年 8 月，取消总额度限制，仅保留每日额度调节措施。

"深港通"在很大程度上沿袭了"沪港通"运行模式，主要的制度特点与"沪港通"保持一致。一是交易结算活动遵守交易结算发生地市场的规定及业务规则。上市公司继续遵守上市地上市规则及其他相关规定。二是中国证券登记结算公司、香港中央结算公司继续采取直连跨境结算方式。三是投资范围限于两地监管机构和交易所协商确定的股票。四是采取一定的额度监控和调控方式。五是继续实施合格投资者参与交易制度。

"债券通"先行开通"北向通"，标的债券为可在银行间债券市场交易流通的所有券种。境外投资者通过中国人民银行认可的境外电子交易平台发送交易指令，并在中国人民银行认可的境内电子交易平台与其他投资者达成交易，境内电子交易平台将交易结果发送至境内托管机构，后者为在其开立债券账户的银行间债券市场参与者和境外托管机构提供券款兑付结算服务。

（四）基金互认

基金互认管理主要包含以下几个方面内容。一是不对单家机构、每只产品额度进行审批，仅对基金互认总额度进行监控。所有香港基金内地发行募集资金净汇出规模上限、所有内地基金香港发行募集资金净汇入规模上限初期均为等值3 000亿元人民币。当单向净汇出（入）规模达到总额限制时，国家外汇管理局将在官方网站上发布公告，内地和香港基金管理人应在公告之日起暂停基金的注册（认可）、发行销售等工作，直到公布新的净汇出（入）规模低于总额限制为止。二是基金跨境发行募集资金可以外汇或人民币形式进出，鼓励内地与香港证券投资基金跨境发行销售以人民币计价，使用人民币进行跨境收付。涉及货币兑换的，可由托管人或代理人直接在银行办理。内地和香港基金所开立的人民币募集资金专户和外汇募集资金专户内的资金可结汇、购汇后相互划转。三是便利信息报送，加强监测分析。建立系统化数据统计和报送程序，无须手工填报或重复报送。互认基金信息报告手续下放托管人（银行）或代理人（银行或基金公司）办理。托管人（银行）或代理人（银行或基金公司）凭在国家外汇管理局资本项目信息系统报告后生成的相关业务凭证办理开户等手续。

七、人民币购售管理和同业拆借

（一）人民币购售管理

境内代理行或境外清算行与境外参加行可为货物贸易、服务贸易和直接投资项下的跨境人民币结算需求办理人民币购售业务，交易品种包括即期、远期和掉期交易。

(二) 人民币同业拆借

境外清算行可以按照中国人民银行的有关规定从境内银行间同业拆借市场拆借资金，清算行通过全国银行间同业拆借市场拆入和拆出资金的余额均不得超过该清算行所吸收人民币存款上年末余额的8%，期限不得超过3个月。

(三) 人民币账户融资

境内代理行可为在其开有人民币同业往来账户的境外参加行提供人民币账户融资，用于满足账户头寸临时性需求。境内代理行对境外参加行的人民币账户融资总金额不超过其上年来人民币各项存款余额的3%，融资期限不超过1年。

第三节 人民币现钞跨境调运管理

随着人民币国际化持续较快推进，人民币现钞在境外流通的规模也不断扩大。中国人民银行根据境外人民币现钞供给和回流需求，统筹规划境外人民币现钞供应回流工作，积极促进人民币现钞跨境有序流动。

银行跨境调运人民币现钞业务有三种模式：境外代保管库调运、境外清算行调运和商业银行代理行调运。代保管库模式指境外人民币发行基金代保管库跨境调运，目前，只有中银香港代保管库与中国人民银行深圳分库之间的调运业务。清算行模式是指境外人民币业务清算行根据人民币业务清算协议承办人民币现钞跨境调运业务。除中国香港清算行由代保管库办理跨境调运外，中国澳门、中国台湾和新加坡三地的清算行分别经由珠海、厦门和广州办理人民币现钞跨境调运。代理行模式主要用于我国与毗邻国家商业银行之间的跨境调运，两国商业银行根据两国中央银行签订的本币结算协定建立代理行关系，并明确人民币现钞跨境调运事项。中蒙之间的人民币现钞跨境调运业务比较频繁，中越、中俄每年也有调运业务发生。

海外人民币现钞供应回流业务是指除以上三种模式覆盖之外的海外国家和地区的商业银行，作为香港清算行的人民币业务参加行，在香港清算行办理人民币现钞提取缴存业务，香港清算行依托中银香港代保管库向其提供人民币现钞或回流人民币现钞。2016年，有14家海外参加行在香港清算行办理了人民币现钞提存业务。

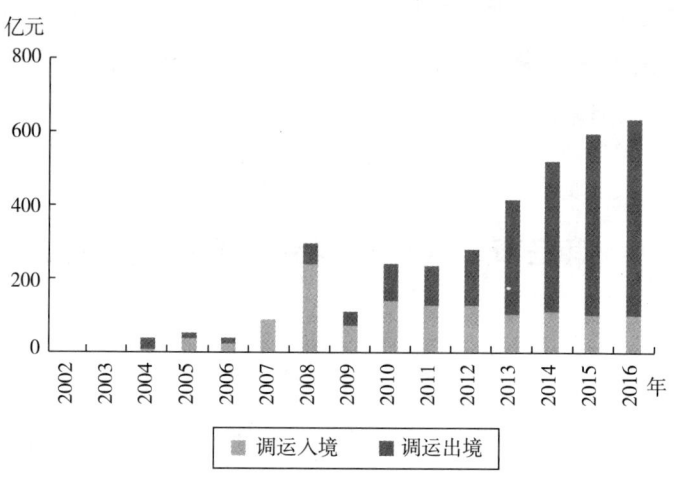

图4-1　2012—2016年银行跨境调运人民币现钞金额

随着境外人民币清算机制和人民币现钞调运、提存环境不断优化，一些国家和地区的人民币现钞业务从无到有，多种业务模式同时运行，业务渠道不断丰富。例如，俄罗斯同时有参加行在香港提存人民币现钞、代理行跨境调运，蒙古国同时有代理行跨境调运、离岸市场购钞等业务。

第四章 人民币国际化的制度框架

第四节 双边本币互换

中央银行间本币互换本质上是指一国（或地区）的中央银行或货币当局与另一国（或地区）的中央银行或货币当局签署一份协议，在一定期限内，承诺为了一定的目的可以互相交换各自的本币。与商业性货币互换不同，在中央银行的本币互换中，往往只有一方存在对对方本币资金的需求，实质上是以一国货币为质押，获取另一国中央银行的等值短期流动性贷款，到期后需要偿还本金并支付利息，同时取回质押给对方的本币资金。

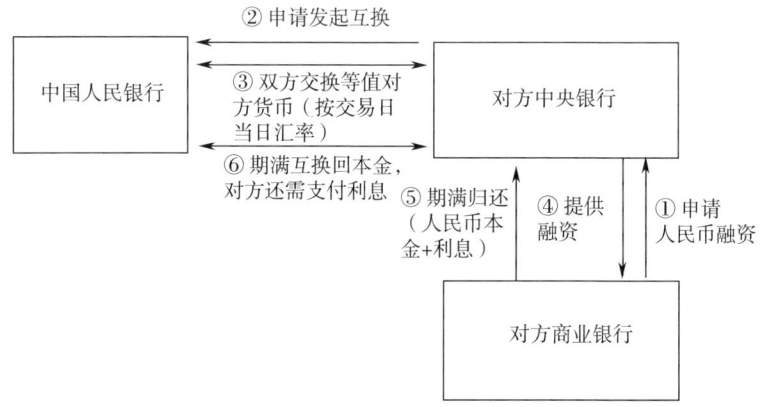

图4-2 双边本币互换动用机制

第五章
人民币国际化的基础设施

人民币国际化的开展是一项系统性工程，需要一系列制度安排和配套设施予以支持。近年来，为保障跨境人民币结算试点工作的顺利进行，中国人民银行在清算渠道、账户体系和系统建设等基础设施方面不断完善，打下了坚实基础。在清算渠道方面，清算行、代理行和境外机构境内人民币账户（NRA）清算渠道日益顺畅；账户管理方面，同业往来账户、NRA账户和各类专用账户逐步完善；系统建设方面，建立了人民币跨境信息收付管理信息系统（RCPMIS），对人民币跨境收付情况进行统计、分析和监测，研发上线了人民币跨境支付系统（CIPS），为跨境结算提供了良好的基础设施保障，提高跨境清算效率。上述基础设施形成一个整体，为扩大人民币跨境使用提供了重要保障。

第五章 人民币国际化的基础设施

第一节 人民币跨境清算渠道

一、境外人民币清算行渠道

人民币清算行制度是从当时专门针对香港特殊场景所作的特殊安排演变而来，为我国独创。20世纪90年代以来，随着改革开放的深入推进和经济的快速发展，内地与港澳经贸金融联系程度不断提高，人民币在港澳的流通和使用逐步形成了一定规模和沉淀。为支持港澳地区人民币业务发展，经国务院批准，中国人民银行于2003年和2004年发布公告，决定为香港和澳门银行办理个人人民币业务提供清算安排，并选择中国银行（香港）有限公司、中国银行澳门分行分别作为香港、澳门人民币业务清算行，向境外银行和境外企业提供跨境人民币结算和清算服务（见图5-1）。

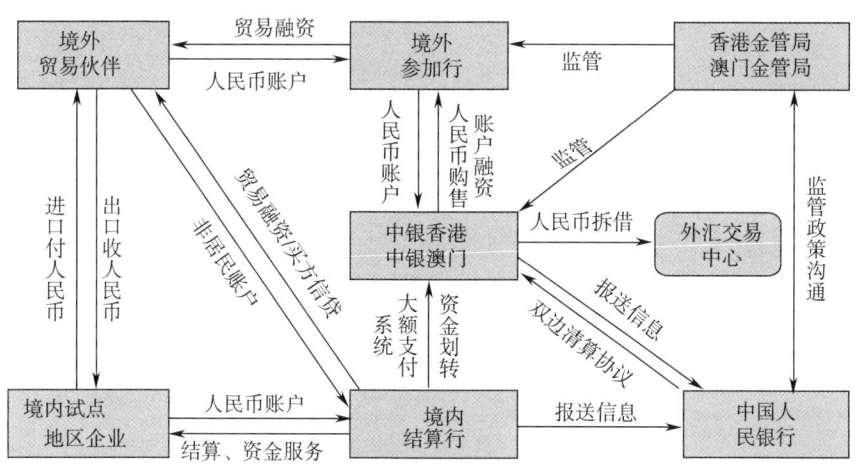

图5-1 港澳清算行模式结算流程

人民币走向国际化

2009年，为顺应市场需求，促进贸易和投资便利化，配合跨境人民币业务试点工作，中国人民银行分别与中银香港和中国银行澳门分行先后修改了《关于人民币业务的清算协议》，进一步放宽港澳人民币的业务范围。后出于外交、境外人民币市场发展以及进一步扩大我国金融市场双向开放等考虑，中国人民银行又陆续与新加坡、英国、德国、韩国、法国、美国、俄罗斯等国中央银行达成一致，建立人民币清算机制并指定当地一家中资银行作为人民币清算行。

截至2016年底，中国人民银行已在23个国家和地区建立了人民币清算安排（见表5-1），覆盖亚洲、欧洲、北美洲、南美洲、大洋洲和非洲。

表5-1　　　　　　　境外人民币业务清算行分布情况

序号	国家和地区	时间	清算行
1	中国香港	2003年12月	中国银行（香港）有限公司
2	中国澳门	2004年9月	中国银行澳门分行
3	中国台湾	2012年12月	中国银行台北分行
4	新加坡	2013年2月	中国工商银行新加坡分行
5	英国	2014年6月	中国建设银行伦敦分行
6	德国	2014年6月	中国银行法兰克福分行
7	韩国	2014年7月	交通银行首尔分行
8	法国	2014年9月	中国银行巴黎分行
9	卢森堡	2014年9月	中国工商银行卢森堡分行
10	卡塔尔	2014年11月	中国工商银行多哈分行
11	加拿大	2014年11月	中国工商银行（加拿大）有限公司
12	澳大利亚	2014年11月	中国银行悉尼分行
13	马来西亚	2015年1月	中国银行（马来西亚）有限公司
14	泰国	2015年1月	中国工商银行（泰国）有限公司

续表

序号	国家和地区	时间	清算行
15	智利	2015年5月	中国建设银行智利分行
16	匈牙利	2015年6月	中国银行匈牙利分行
17	南非	2015年7月	中国银行约翰内斯堡分行
18	阿根廷	2015年9月	中国工商银行（阿根廷）股份有限公司
19	赞比亚	2015年9月	赞比亚中国银行
20	瑞士	2015年11月	中国建设银行苏黎世分行
21	美国	2016年9月	中国银行纽约分行
22	俄罗斯	2016年9月	中国工商银行（莫斯科）股份公司
23	阿联酋	2016年12月	中国农业银行迪拜分行

境外人民币清算行既是中国人民银行职能在境外的延伸，又在促进当地离岸人民币市场的发展方面发挥了重要作用。清算行经双方监管官方认可，在市场影响力、信誉度等方面具有一定的公信力，是离岸市场进行人民币宣传、政策传导、业务规则解释的重要渠道，对引导境外主体使用人民币进行贸易结算和投融资活动发挥了重要的推动作用，承担着为人民币国际化服务的社会责任。人民币清算行是离岸人民币市场的组织者和推动者，在人民币做市商、人民币计价金融产品创新和发行等方面发挥了积极作用。除了提供人民币清算服务外，清算行更多承担着离岸人民币市场组织者、推动者的角色，有责任也有动力通过丰富和拓展多层次的人民币产品体系，扩大人民币使用领域，提升离岸人民币市场的容量与活跃度。

二、境内代理行渠道

境外参加银行通过与已经加入大额支付系统并已开办国际结算业务的

境内银行签订代理结算协议，并在该行开立人民币同业往来账户，利用国内现有的人民币清算体系实现人民币资金跨境清算和结算（见图5-2）。

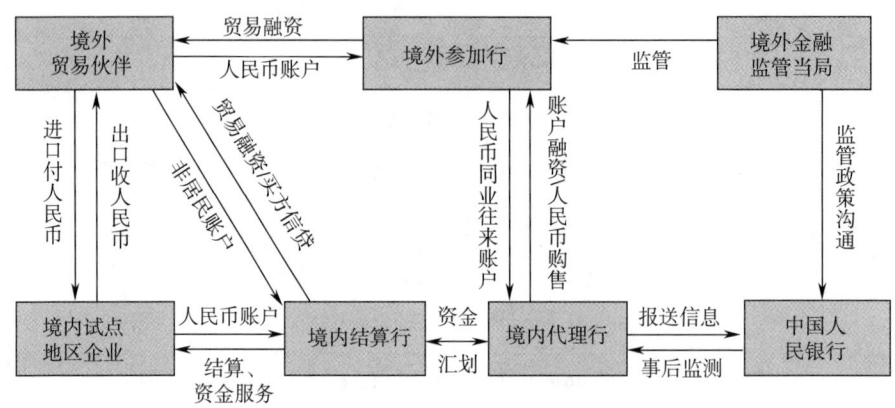

图5-2　代理行模式结算流程

境内代理银行与境外参加银行之间还可依法开展下列银行业务：一是境内代理银行可对境外参加银行开立的账户设定铺底资金要求，并为其提供铺底资金兑换服务；二是境内代理银行可为境外参加银行办理贸易和直接投资项下的人民币购售业务；三是境内代理银行可为在其开有人民币同业往来账户的境外参加银行提供人民币账户融资，用于满足账户头寸临时性需求，境内代理银行对境外参加银行的账户融资总余额不得超过其人民币各项存款上年末余额的3%，融资期限不得超过1年。

三、境外机构境内人民币账户渠道（NRA）

境外企业可直接通过在境内银行开立的人民币结算账户与境内贸易伙伴进行资金汇划。由于发生跨境贸易的境内外双方均在境内商业银行开立人民币银行结算账户，因此由境内商业银行直接通过行内支付系统或中国人民银行支付系统进行资金的清算与结算。该种清算模式与境内贸易清算流程基本相同。2010年9月，中国人民银行发布

《境外机构人民币银行结算账户管理办法》,进一步明确了非居民账户用于各类跨境人民币业务结算的相关规定。

第二节 人民币账户管理体系

一、同业往来账户

由于境内银行是中国人民银行跨行支付系统的直接参与者,并且建立了覆盖面较广的行内人民币清算系统,因此,具备国际结算能力的境内银行可以与境外银行签署人民币代理结算协议,为其开立人民币同业往来账户。截至2016年末,境内代理行为境外参加行开立人民币同业往来账户3 520个。

二、境外机构境内人民币账户(NRA)

随着跨境人民币贸易和投资业务开展,境外普通企业在境内从事人民币业务,开立人民币银行结算账户用于日常贸易和投资活动的需求越来越迫切,原有的管理方式已经不能适应经济金融的发展需要。为此,中国人民银行进一步放宽了境外机构开立人民币银行结算账户的规定,统一参照境内机构人民币银行结算账户制度管理境外机构人民币银行结算账户。

2010年9月,中国人民银行颁布《境外机构人民币银行结算账户管理办法》,明确规定境外机构依法办理人民币资金收付,可以申请在银行开立基本存款账户,按照《境外机构人民币银行结算账户管理办法》等银行结算账户制度的规定进行管理,并统一提出了境外机构人民币银行结算账户的管理要求。该办法的出台标志着我国人民币银行结算账户体系全面向境外机构开放，实现了对境外机构人民币银行结算账户的常规化管理，是一项具有划时代意义的人民币银行结算账户管理制度。该办法有力地支持了我国跨境人民币贸易结算和投资业务的开展，进一步提高了境外机构持有人民币的意愿，方便了对境外机构人民币资金流动情况的监管。截至2016年末，境外企业在境内银行共开立人民币银行结算账户29 570个。

三、专用账户

2011年，中国人民银行对外商直接投资者、基金管理公司和证券公司人民币合格境外机构投资者两类境外机构开立人民币银行结算账户的管理，遵循了《境外机构人民币银行结算账户管理办法》的管理规定。《外商直接投资人民币结算业务管理办法》《中国人民银行关于实施〈基金管理公司、证券公司人民币合格境外机构投资者境内证券投资试点办法〉有关事项的通知》明确规定外商直接投资者以及基金管理公司、证券公司人民币合格境外机构投资者可以开立人民币基本存款账户，并开立专用存款账户用于资本金等专项资金的专项管理。

▼ 专栏11

上海自贸区关于跨境人民币基础设施的探索

政策依据：2013年12月中国人民银行发布《关于金融支持中国（上海）自由贸易试验区建设的意见》，明确在中国（上海）自由贸易试验区启动"创新有利于风险管理的账户体系"和"探索投融资汇兑便利"。

自由贸易账户体系（FT体系）：为推进上海自贸试验区金融改革开放创新，中国人民银行建立了有利于风险管理的自由贸易账户体系。自由贸易账户是一套以人民币为本位币、账户规则统一、兼顾本外币风险差别的本外币可兑换账户。金融机构建立内部分账核算管理制度后可向试验区及境外主体提供基于自由贸易账户的金融服务。自由贸易账户体系针对不同开户主体共设置五类，分别以三位英文字符作为账号前缀。其中，FTE账户为区内/境内企业及机构自由贸易账户，FTI为区内/境内个人自由贸易账户，FTN为境外企业及机构自由贸易账户，FTF为境外个人自由贸易账户，FTU为境外金融同业自由贸易账户。

FT体系建设要求：自由贸易账户体系以"标识分设、分账核算、单独出表、专项报告、自求平衡"为原则设立。根据上海自贸试验区对标国际高阶贸易投资规则建设的要求，通过自由贸易账户提供的跨境金融服务要求以先行先试的方式来实践"全面国民待遇""公平竞争""资金自由转移""业绩要求禁止"等高阶贸易投资规则，实现政府管理职能从事前审批核准向事中事后管理的转变，并通过自贸试验区的"试验田"作用，为全面深化改革和扩大开放探索新路径、积累新经验。

FT体系风险管理新模式：与传统的通过行政部门前置审批来管控对外开放风险的模式不同，中国人民银行在自由贸易账户体系形成的"电子围网"效应下，通过明确规则，引入"金融审慎例外"的风险管理理念，将金融开放的风险管理放在事中事后环节而非事前设置审批核准环节，共设置了三道防线：一是在实体经济层面，规定跨境结算可以在自由贸易账户可兑换的支持下自由选择结算币种，但境内结算只能以人民币进行，禁止外币计价结算流通；境内同名账户间的划转遵守"有限渗透"的规定，境内异名账户间的结算则

> 参照跨境结算管理。二是金融机构层面，通过分账核算制度内嵌了跨境资金自平衡机制，要求金融机构对实体经济部门通过自由贸易账户办理自由兑换和跨境收支形成的头寸在区内及国际市场进行管理，并按国际通行的"了解你的客户、了解你的业务、尽职调查"原则履行相应的"反洗钱、反恐怖融资和反逃税"审核职责。三是中国人民银行层面，通过建立自由贸易账户实时监测系统全口径全科目收集通过自由贸易账户办理的逐笔业务和资金流动信息开展非现场监测，发现趋势性风险苗头及时动用政策工具进行纠偏。
>
> FT体系取得的效果：自2014年5月启动以来，自由贸易账户体系已为境内外主体开设了6.8万个自由贸易账户，累计跨境收支折合人民币达13.8万亿元，收付比为1∶1，涉及境外134个国家和地区的384家金融机构，上海地区全部金融机构、3家金融基础设施机构。已经提供的服务覆盖了境外融资、跨境存单和债券的发行及交易、黄金国际板交易、大宗商品现货及保税铜溢价等市场跨境交易、跨境并购、跨境投资、跨境结算、跨境同业拆借、贸易融资以及跨境担保、全功能型跨境资金池、跨境电子商务结算、海外人才跨境金融服务、跨境股权投资等，起到了"惠实体、促开放、防风险"的效果。

第三节　跨境人民币信息管理系统

一、人民币跨境收付信息管理系统（RCPMIS）

2009年7月，中国人民银行设计并开发了人民币跨境收付信息管理系统（RCPMIS），RCPMIS是目前国内唯一一个专门针对人民币跨境流动监测而建立的全国性信息管理系统,是保障跨境人民币业务健康有序发展、人民币国际化稳步推进的重要基础设施。系统集跨境人民币数据信息采集、统计、监测于一体,由一个数据库和两个运行平台组成,内设13个业务功能模块(见图5-3)。

自2009年上线以来,RCPMIS不断适应新的业务发展需要,优化系统性能,有效支撑了人民币国际化的发展。经过多次升级改造,系统采集范围由最初5个试点城市的跨境贸易相关信息拓展到涵盖境内所有地区的跨境收支信息、直接投资信息、跨境融资信息、跨境担保信息、跨境账户信息等内容。系统统计监测功能逐步完善,为不同地区用户提供人民币跨境收付的动态情况和灵活的报表统计,满足中国人民银行对人民币跨境收付的分析、监测、评估以及宏观调控决策等方面的基本需求。截至2016年末,全国已有285家法人银行机构和港澳清算行接入RCPMIS,系统用户数达8.5万人,共计采集数据信息1 900余万条。

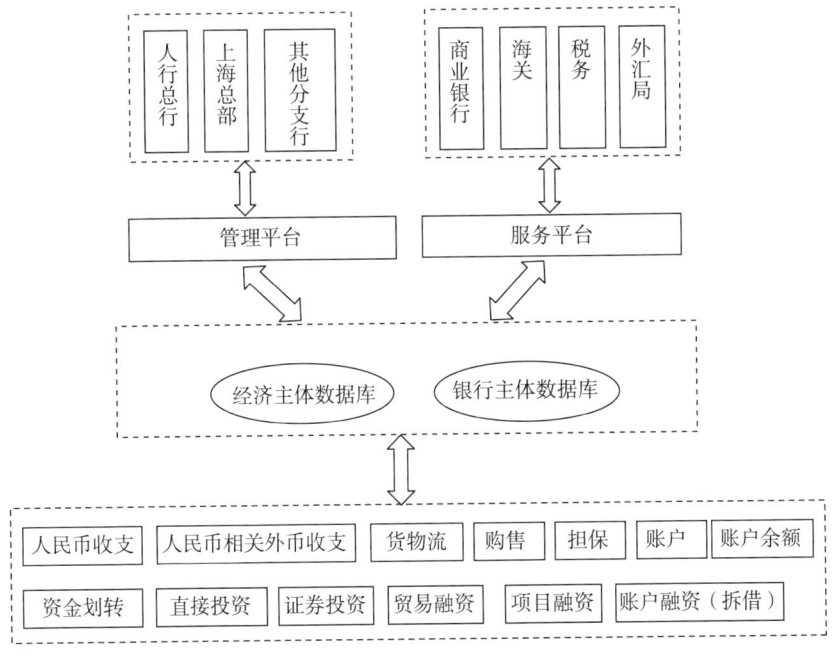

图5-3 RCPMIS总体架构

二、人民币跨境支付系统（CIPS）

人民币跨境支付系统（Cross-border Interbank Payment System，CIPS）是为参与者的人民币跨境支付业务等提供资金清算结算服务的系统，支持的业务包括人民币跨境贸易结算、跨境资本项目结算、跨境金融机构与个人汇款支付结算等。

中国人民银行于2012年启动建设CIPS。党中央、国务院对CIPS建设高度重视，2015年政府工作报告指出，要"加快建设人民币跨境支付系统，完善人民币全球清算服务体系"。2015年10月8日，CIPS（一期）成功上线运行。2017年6月20日，中国人民银行行长周小川在"2017陆家嘴论坛"上宣布CIPS将落户上海。CIPS主要特点包括：一是采用实时全额结算方式处理客户汇款和金融机构汇款业务；二是各直接参与者一点接入，集中清算业务，缩短清算路径，提高清算效率；三是采用国际通用ISO 20022报文标准，便于参与者跨境业务直通处理；四是运行时间覆盖欧洲、亚洲、非洲、大洋洲等人民币业务主要时区；五是为境内直接参与者提供专线接入方式。

为培育公平竞争的市场环境，中国人民银行发布了《人民币跨境支付系统业务暂行规则》，规定了CIPS参与者准入条件、账户管理和业务处理要求等，为CIPS稳定运行奠定了制度基础。同时，推动成立了跨境银行间支付清算（上海）有限责任公司，负责独立运营CIPS。该公司接受中国人民银行的监督和管理。CIPS首批直接参与机构包括工商银行、农业银行、中国银行、建设银行、交通银行、招商银行、浦发银行、民生银行、兴业银行、平安银行、华夏银行、汇丰银行（中国）、花旗银行（中国）、渣打银行（中国）、星展银行（中国）、德意志银行（中国）、法国巴黎银行（中国）、澳大利亚和新西兰银行（中国）和东亚银行（中国）19家境内中外资银行。

截至 2017 年 10 月，CIPS 共有 31 家直接参与者，635 家间接参与者，其中亚洲 469 家，欧洲 85 家，北美洲 22 家，大洋洲 16 家，南美洲 16 家，非洲 27 家。同时，CIPS 还有力地支持了"一带一路"建设。截至 2016 年底，有 37 个沿线国家地区的金融机构成为 CIPS 参与者，能够为"一带一路"沿线国家地区提供人民币跨境资金结算的 CIPS 参与者已超过 300 家。

CIPS 的建成运行是我国金融市场基础设施建设的又一里程碑事件，标志着人民币国内支付和国际支付统筹兼顾的现代化支付体系建设取得重要进展。作为重要的金融基础设施，CIPS 符合《金融市场基础设施原则》等国际监管要求，对促进人民币国际化进程将起到重要支撑作用。

▼ 专栏12

纽约清算所银行同业支付系统（CHIPS）

CHIPS 成立于 1970 年，是由纽约清算所协会所有并经营的实时收付清算系统，用于全球银行间资金交易和电子支付清算服务。目前 CHIPS 日均清算资金量约 1.5 万亿美元，是全球最大的私营支付清算系统之一，绝大多数跨境美元清算是通过该系统进行的。CHIPS 在参与者管理、清算规则等方面的经验对 CIPS 建设有一定的借鉴意义。

CHIPS 参与者管理。CHIPS 规则中没有定义间接参与者，也不允许境外金融机构申请成为参与者。但参与者可以通过 CHIPS 为其代理行客户办理资金清算业务。对于外资银行在美分支机构参与者，CHIPS 要求外资银行总行必须认可其分支机构依据 CHIPS 规则产生的义务，并与其分支机构作为一个整体共同承担相应的义务。

CHIPS 运行时间。CHIPS 运行时间从美国东部时间 21:00 到次日 17:00，长达 20 个小时，基本能够覆盖包括亚洲在内的全球所有时区的清算需求。

CHIPS 清算规则。CHIPS 采用混合清算系统。该系统利用 CHIPS 的专利算法，对参与者的支付指令作连续、实时、多边匹配轧差清算。

在日间清算过程中，CHIPS 系统会根据参与者头寸情况、参与者之间的收付款情况在清算中自动选择单笔（Individual Release）、双边净额（Bilateral Netting）或多边净额（Multilateral Netting）三种模式进行清算。在系统运行时间结束后，CHIPS 停止接收支付指令并在保证参与者的头寸均大于零的前提下，对未完成清算的支付指令进行撮合、轧差，以尽可能多地完成清算。

CHIPS 这种结合了实时清算与净额清算的混合清算系统，极大地提高了系统的流动性效率。根据 CHIPS 官方提供的数据，CHIPS 参与者平均每天 850 亿美元的日初注资额能够支撑高达 1.45 万亿美元的清算总额，即平均 1 美元的流动性支撑了 17 美元的支付交易。

专栏表 12-1　　　　　CHIPS 与 CIPS 核心技术对比

项目	CHIPS	CIPS（一期）
参与者	不定义间接参与行，没有境外直接参与行	分为直接参与和间接参与两级管理
运营时间	美国东部时间 21:00 至次日 17:00	北京时间 9:00~20:00
清算规则	连续、实时、多边匹配轧差清算	实时全额结算

第六章
离岸人民币市场

美元、英镑、日元等货币走向国际化的过程中，均不同程度地促进了离岸市场的发展。随着人民币在跨境贸易、投资中使用的增多，离岸人民币市场逐步发展。以最大的香港人民币市场为例，参与主体日趋丰富，参与深度不断拓展，与在岸市场的联动日益紧密。除香港外，其他国家和地区人民币市场也在积极追赶。对于处在转轨期的我国金融业来说，人民币离岸市场的发展是我国不断融入世界经济一体化的较好选择，有利于促进我国金融体制的改革，有利于提高我国金融机构的经营水平，有利于带动我国贸易、生产和就业的增长。

第一节 主要离岸人民币市场的发展

离岸市场一般是指为非居民提供国际性的借贷、结算、投资工具等金融服务，不受交易货币发行国金融法规管制，并享受业务发生国提供的较大税收优惠的金融市场。从国际经验看，离岸金融市场主要有四种类型：一是在货币发行国之外形成的离岸市场，市场所在地政府对居民与非居民之间的交易以及非居民之间的交易没有施行实质的区别管理政策，如伦敦和香港；二是货币发行国在本国建立的以本币业务为主的内外分离型离岸市场，如美国 IBF（International Banking Facility）和东京 JOM（Japanese Offshore Market），这一市场主要是为非居民提供服务的银行存贷款市场；三是在货币发行国之外形成的内外分离型离岸市场，例如新加坡 ACU（Asian Currency Unit）；四是为避税和规避监管而形成的避税港型或簿记型离岸市场，如加勒比海地区的离岸金融市场。当前主要的离岸人民币市场属于上述第一类和第三类。2003 年 11 月，中国人民银行授权中银（香港）在香港提供人民币清算业务，开启了第一个离岸人民币市场。

中国人民银行在与境外央行或货币当局签订货币合作备忘录，以及与指定的人民币业务清算行签订清算安排协议时均明确"参加行应按照本地法规开展人民币业务，涉及人民币资金进出中国境内的，须同时符合中国境内的有关规定及要求"。这意味着只要人民币资金不跨境，离岸的金融机构可以按照本地法律法规和市场因素开展人民币业务。经过不断完善，目前跨境人民币结算政策以及人民币清算安排已形成一个整体，为离岸人民币市场的发展提供了良好的制度保障。目前，主要离岸人民币市场包括中国香港、中国台湾、新加坡、伦敦、法兰克福、巴黎、卢森堡等，其中中国香港是最主要的离岸人民币市场，中国台湾、新加坡、伦敦等地的人民币业务发展势头良好。

一、中国香港

（一）发展历程

中国香港人民币业务自个人人民币业务起步，中国人民银行陆续对个人兑换及汇款额度进行调整。2003年11月,为便利两地居民互访和旅游消费、建立人民币有序回流的渠道,经国务院批准,中国人民银行宣布为香港银行办理人民币存款、兑换、银行卡和汇款业务的有关银行提供清算安排,香港的银行开始办理个人人民币业务。2005年10月,中国人民银行宣布扩大为香港银行办理人民币业务提供平盘及清算安排的范围,指定商户范围扩大到在香港提供交通、通信、医疗及教育服务等行业的商户;允许开有人民币存款账户的香港居民个人用人民币支票在每个账户每天8万元的限额内,支付其在广东省的消费性支出。2007年6月,中国人民银行与国家发展和改革委员会共同发布《境内金融机构赴香港特别行政区发行人民币债券管理暂行办法》。国家开发银行成为第一家在香港成功发行首笔50亿元人民币债券的内地金融机构。

香港企业和机构人民币业务稳步发展。2009年7月,香港开始跨境贸易人民币结算业务。2010年7月,为配合跨境贸易人民币结算试点的扩大,中国人民银行商香港金融管理局再次与中银香港修改了清算协议,明确香港银行可以按照本地法规和市场因素开展企业和机构人民币业务,香港人民币市场进入新的发展阶段。

(二)政策框架

"十三五"规划提出:"支持香港巩固和提升国际金融、航运、贸易三大中心地位,强化全球离岸人民币业务枢纽地位和国际资产管理中心功能,推动融资、商贸、物流、专业服务等高端高增值方向发展。"

一是跨境人民币业务政策方面,一直向香港倾斜,巩固和提升香港国际金融中心地位。2011年8月,国务院时任副总理李克强赴香港出席国家"十二五"规划与两地经贸金融合作发展论坛,宣布了中央政府支持香港经济社会发展的36条政策措施,其中涉及跨境人民币业务的政策包括：将跨境贸易人民币结算范围扩大到全国；开展外资银行以人民币增资试点，支持香港企业使用人民币到境内直接投资；允许以人民币境外合格机构投资者方式（RQFII）投资境内证券市场；增加在香港发行人民币债券的境内金融主体，允许境内企业在香港发行人民币债券，扩大境内机构在香港发行人民币债券的规模；继续推动境外央行、港澳清算行、境外参加行三类境外机构投资银行间债券市场试点工作；鼓励香港创新发展离岸人民币金融产品等。这些政策措施已全部落实，中国人民银行先后发布了《关于扩大跨境贸易人民币结算地区的通知》《外商直接投资人民币结算业务管理办法》等文件，其他各项工作也有序推进。跨境人民币业务政策的出台以及业务的开展为香港离岸人民币市场发展提供了重要支持。人民币流入为香港人民币市场的发展提供了流动性支持和资金来源，拓宽人民币资金回流渠道则是香港金融机构开展资产方人民币业务的基础。

二是不断完善清算行安排，为香港离岸人民币业务发展提供基础保障。在原有模式下，境外人民币业务参加行根据《关于人民币业务的清算协议》在香港人民币业务清算行——中银香港开立人民币清算账户，将大部分人民币资金存放在清算账户，形成中银香港对参加行的负债，境外参加行面临交易对手风险集中的问题。为了解决交易对手风险的问题，中国人民银行完善清算行制度，在保持香港人民币清算总体运作框架基本不变的情况下，允许中银香港和有需要的参加行签订托管协议，建立托管账户，使部分参加行在清算行的存款转变为其在中国人民银行的存款，并允许参加行自行选择将人民币资金存在清算账户或托管账户。2011年11月和2017年6月，中国人民银行先后两次与中银香港续签《关于人民币业务的清算协议》，授权中银香港继续担任香港人民币业务清算行。不断完善的清算行安排支持了跨境人民币业务的开展，在促进香港成为全球离岸人民币业务枢纽过程中发挥了独特作用。

（三）香港人民币实时支付结算系统（RTGS）

香港人民币实时支付结算系统于 2006 年 3 月在香港推出，2007 年 6 月，香港金融管理局对该系统进行升级，使其成为全面的人民币实时支付结算系统（RTGS）。人民币 RTGS 由中国银行（香港）有限公司担任清算行，香港银行同业结算有限公司负责系统运作事务。清算行与中国人民银行设有交收账户，也是国家现代化支付系统的成员。香港及境外银行均可与清算行开设人民币交收账户，直接加入该系统。境外银行及金融机构也可选择通过香港的直接成员交收其支付项目，以此间接加入该系统。2012 年 6 月，RTGS 运行时间由 8:30~18:30 延长至 8:30~23:30，进一步便利欧洲时区和美洲时区的参加行办理人民币业务；从 2013 年 5 月开始，人民币 RTGS 交易额超越港币交易额；2014 年 10 月，RTGS 再次将运营时间延长为 8:30 至次日 5:30，清算服务覆盖全球主要金融中心，并提供全天候 24 小时查询服务。截至 2017 年 7 月末，人民币 RTGS 共有 142 家本地会员、67 家海外会员。2016 年，香港人民币 RTGS 交易金额约 202 万亿元，同比下降 8.9%。

（四）香港离岸人民币各市场发展情况

一是香港清算行业务。截至 2016 年末，境外参加行在中银（香港）共开立同业往来账户 424 个，覆盖全球主要国家和地区，账户余额 337.7 亿元人民币。2016 年，通过中银香港渠道收付的跨境人民币结算资金总额 81.6 万亿元，其中，内地付款 40.79 万亿元，内地收款 40.81 万亿元，累计流入 153.8 亿元。

二是香港人民币存款业务。跨境贸易人民币结算业务开展以来，香港是境外接受人民币的最主要地区。截至 2017 年 8 月末，香港人民币存款余额 5 327.5 亿元，同比下降 18.4%，占香港金融机构总存款的 5.1%，占香港外币存款的 10.4%，其中企业存款余额 2 483.8 亿元，占人民币存款余额比例约为46.6%。人民币存款中活期及储蓄存款余额1 444.2亿元，环比上升1.5%；定期存款余额3 883.3亿元，环比下降1%。至2017年8月末，香港人民币存款证（CD）存量589.2亿元。

三是香港人民币债券市场。2012年以来，香港离岸人民币债券市场取得了长足的发展，发债主体也更加多元化，涵盖了财政部、国内银行、境外银行、国际金融机构和企业，不少跨国企业如大众汽车、英国石油等，都已经在香港发行人民币债券。截至2017年9月末，香港累计发行人民币债券7 424.4亿元，其中境外机构在港累计发行4 268.1亿元，财政部在港累计发行1 710.0亿元，境内机构在港累计发行1 446.3亿元。

四是即期、远期和其他衍生交易市场。2011年，香港财资市场公会正式推出美元兑人民币（香港）即期汇率定盘价，成为离岸人民币兑美元汇率的价格基准，这对香港人民币离岸业务的发展起到了关键作用。2005年11月，零售人民币NDF正式推出，目前中国香港已经成为仅次于新加坡的全球主要人民币NDF市场。2010年8月，中银香港完成第一笔境外人民币可交割远期（Deliverable Forwards，DF）交易，香港人民币DF市场正式诞生。人民币DF市场形成后，香港人民币远期市场结构层次更加多样化，业务品种更加丰富。除了人民币即期和远期市场外，香港人民币市场还出现了无本金交割掉期、外汇期权、外汇掉期、利率掉期、不交收利率掉期等各类衍生品。2012年9月，香港交易所推出全球首只可交收的人民币期货，进一步丰富了香港人民币市场。在此基础上，离岸人民币即期、远期及其他人民币衍生品交易迅速发展，市场参与主体包括商业银行、投资银行、基金公司以及企业等。

五是人民币拆借市场。目前，香港人民币拆借市场已形成了市场化的利率形成机制。市场的参与主体除了香港本地银行外，越来越多的海外参加行也通过这一市场筹集人民币资金用于发展其人民币业务，业务已覆盖亚太、欧美、大洋洲等地区。近期，随着境外人民币资金运用渠道的逐步增加，通过这一市场的交易量也逐步增加，利率也呈现逐步走高的趋势。

六是香港人民币股票市场。2011年，第一只以人民币计价及交易的股票汇贤产业信托在香港上市。2012年10月，香港公司和公路基建有限公司发行人民币新股，在香港交易所挂牌上市，成为首只以人民币和港元计价及买卖的"双币双股"。离岸人民币证券的推出，无论是对于人民币走向国际化还是推动香港人民币离岸市场发展，均具有重要意义。

七是香港人民币黄金交易产品。2011年10月17日，香港金银业贸易场推出全球首只离岸人民币黄金交易产品——人民币公斤条黄金。2012年2月，香港恒生银行推出全球首只以人民币计价的黄金交易所买卖基金，即恒生人民币黄金ETF。该产品包括利用外汇掉期及非融资资产掉期，管理及对冲人民币与美元之间的汇率变动。离岸人民币黄金交易产品的推出不仅丰富了香港离岸人民币市场的投资品种，也进一步巩固了香港作为世界主要黄金交易中心的地位。

二、中国台湾

(一) 两岸金融交流合作机制建设

2009年4月26日，两岸签署《海峡两岸金融合作协议》，标志着两岸建立了金融合作框架，正式启动了两岸金融交流合作正常化的进程。2009年11月16日，两岸监管当局签署了《海峡两岸银行业监督管理合作谅解备忘录》《海峡两岸保险业监督管理合作谅解备忘录》《海峡两岸证券及期货监督管理合作谅解备忘录》，标志着两岸金融监管当局建立了监管合作机制。

2010年6月29日，两岸签署《海峡两岸经济合作框架协议》（以下简称ECFA）。2011年1月1日，两岸实施ECFA货物贸易与服务贸易早期收获计划，其中包括银行、证券、保险等金融服务部门部分开放项目。

(二) 两岸货币清算机制建设

2009年4月，大陆海协会与台湾海基会在南京签署《海峡两岸金融合作协议》，中国人民银行与台湾货币当局协商达成通过香港渠道向台湾提供人民币现钞供应与回流的合作安排。2010年7月13日，台湾货币当局修订《人民币在台湾地区管理及清算办法》，自2010年7月15日起开放符合条件的台湾金融机构与中国银行（香港）有限公司签订人民币抛补协议，台湾银行及兆丰银行担任抛补行，负责进行人民币现钞买卖业务。两岸现钞抛补协议的签署标志着两岸建立直接的人民币现钞供应与回流服务机制。

2011年7月21日，台湾金融监管当局颁布《台湾地区银行办理人民币业务规定》，正式核准银行业国际金融业务分行（OBU）及第三地区分支机构开放办理人民币业务，台湾地区人民币业务政策实现重大突破。2013年2月6日，台湾金融监管当局全面放开外汇指定银行（DBU）办理人民币业务，台湾人民币业务快速发展。

2012年8月31日，两岸签署《海峡两岸货币清算合作备忘录》，标志着两岸正式建立货币清算机制。2012年9月，台湾银行上海分行被指定为大陆新台币清算行，2012年12月，中国银行台北分行被指定为台湾人民币清算行。2013年2月，中国人民银行总行授权中国人民银行厦门市中心支行负责台湾人民币参加行铺底资金额度管理工作并制定《台湾人民币业务参加行铺底资金额度管理细则》。2013年11月，中国人民银行正式批准中国银行台湾人民币现钞业务运营方案，同意中国银行台北分行与中国银行厦门市分行以空运方式调运人民币现钞，建立两岸人民币现钞直接调运清算机制。

(三) 台湾人民币市场建设

2013年9月,台湾外币结算平台RTGS正式运营,中国银行台北分行为RTGS人民币清算行,为台湾各银行间的人民币收付提供便利。

2014年9月1日,台湾正式启动人民币兑美元即期汇率及拆款利率定盘价作业,台湾成为继香港之后第二个启动人民币定盘价机制的境外地区,是台湾人民币离岸市场发展新的里程碑。

2014年9月5日,中国建设银行台北分行和中国银行台北分行分别在台北成功发行20亿元人民币债券,也称"宝岛债",共计40亿元,这是大陆商业银行在台北分行首次发行人民币债券。

三、新加坡

2010年7月,中国人民银行与新加坡金融管理局签订了1 500亿元人民币(300亿新加坡元)的双边本币互换协议。2011年6月,新加坡金融管理局提出了2 500万元人民币的货币互换发起申请,为期6个月,用途为双边贸易。2011年7月,中国人民银行与新加坡金融管理局签署合作备忘录,约定新加坡给予两家中资银行特许全面银行(QFB)牌照,中方从中选择一家作为人民币业务清算行,为新加坡开展人民币业务的银行提供清算服务。2012年10月5日,新加坡金融管理局向中国银行新加坡分行和中国工商银行新加坡分行颁发了QFB牌照。2013年4月,中国人民银行和新加坡金融管理局签订了关于新加坡人民币业务的合作备案录;中国人民银行与中国工商银行新加坡分行签订了《关于人民币业务的清算协议》,中国工商银行新加坡分行成为新加坡人民币业务的清算行,新加坡的银行机构可通过清算行渠道为客户办理跨境人民币结算业务。此外,新加坡货币兑换专营机构可以自由办理人民币现钞与其他货币之间的兑换,新加坡企业和个人可以在银行开立人民币账户，境外企业可以开立离岸账户进行结算。

2009年7月跨境贸易人民币结算试点启动后，新加坡多家银行开始办理跨境贸易人民币结算业务。2011年1月后，多家新加坡银行开始办理人民币货币存款业务，推出人民币资产管理业务，离岸人民币资金池迅速扩张。2013年5月新加坡人民币清算行业务启动后，汇丰银行、渣打银行等多家金融机构在新加坡成功发行人民币债券，拉开了"狮城债"的序幕。自2014年起，中国内地企业和新加坡本地企业等非金融机构开始参与发行"狮城债"。截至2016年末，新加坡共发行人民币"狮城债"37.4亿元。新加坡交易所（SGX）人民币兑美元期货交易增长较快，2017年4月交易量达487 640份，同比增长40%。截至2016年末，新加坡人民币存款余额386亿元，同比下降43.1%。

四、伦敦

2011年9月，中英发布了联合声明，双方对私营部门在伦敦发展人民币离岸市场的兴趣以及对该市场的增长持欢迎态度。双方同意监测未来进展，必要时通过参与双边对话以及与其他当局的对话，支持未来该市场的发展并解决可能产生的金融稳定风险。伦敦金融城在英国财政部的支持下，成立了由伦敦金融城、英国财政部、英格兰银行及主要银行共同参与的伦敦离岸人民币中心建设"指导委员会""清算与基础设施工作组"和"市场营销与教育工作组"三个工作组，以加快伦敦离岸人民币业务中心建设的进程，促进中心建设取得实质性进展。

2014年3月，中国人民银行与英格兰银行签署了在伦敦建立人民币清算安排的合作备忘录。同年6月，中国人民银行授权中国建设银行伦敦分行担任伦敦人民币业务清算行。清算安排建立后，伦敦人民币市场进一步发展，市场交易更加活跃。根据伦敦金融城政府数据，2014

年总体人民币交易额较 2013 年增加 143%，日均达到 184 亿美元。2014 年现汇交易额为每日 184 亿美元，是 2013 年的三倍多。

图 6-1 中国人民银行行长周小川及英格兰银行时任行长 Mervyn King 在伦敦签署谅解备忘录

2012 年 4 月，汇丰银行在伦敦发行第一只人民币债券，总规模 10 亿元人民币，主要针对英国及欧洲大陆国家的投资者。2012 年 11 月，中国建设银行（伦敦）有限公司成为在伦敦市场上发行离岸人民币债券的首家中资金融机构。2015 年 10 月，中国人民银行在伦敦成功发行 50 亿元人民币央行票据。2016 年 5 月，中国财政部在伦敦发行 30 亿元人民币国债，是中国财政部首次在香港以外的离岸人民币市场发行人民币计价国债。截至 2016 年末，伦敦人民币存款余额 510 亿元，同比增长 17.2%。

第二节 离岸人民币利率与汇率

一、离岸人民币利率形成机制及与在岸利率的相互作用

(一) 离岸人民币利率形成机制

目前离岸人民币市场的基准利率指标有两个：一是香港人民币掉期隐含利率（CNH Implied Yield）；二是香港人民币离岸市场同业拆放利率（CNHHIBOR）。2006年12月，香港财资市场公会推出香港人民币掉期隐含利率。掉期是指以外汇（主要是美元）与人民币进行掉期，相当于是以美元为抵押来获取人民币的融资方式。目前，人民币货币掉期市场日均交易量远超过拆借交易量，是离岸主体获得人民币流动性的主要渠道。CNHSWAP 交易所隐含的人民币资金价格（CNH Implied Yield）也成为离岸市场人民币的"指标"利率。2013年6月，香港财资市场公会开始发布 CNHHIBOR，CNHHIBOR 由指定银行（现为16家）在每个交易日11点所报人民币资金拆出利率整合确定，包括隔夜、1周、2周、1个月、2个月、3个月、6个月和12个月等8个利率品种。

未来随着市场发展，离岸人民币利率与在岸人民币利率将趋同，两者之间的差异主要取决于离岸、在岸人民币在存款准备金和存款保险费率方面的差异。

(二) 离岸在岸人民币利率之间的相互影响

离岸人民币利率是否会对在岸人民币利率产生影响取决于以下因

素：一是在岸金融市场对离岸投资者的开放程度；二是离岸在岸人民币固定收益产品市场的相对规模。若在岸市场向离岸人民币投资者完全开放，而离岸人民币固定收益产品市场规模远高于在岸产品，则离岸人民币利率确有可能会对在岸利率产生影响。2005—2007 年，新西兰元离岸债券对新西兰央行在岸货币政策收紧的影响是离岸利率对在岸利率产生影响的典型案例。若离岸人民币利率对在岸人民币利率产生了明显影响，干扰国内货币政策执行，则可考虑通过离岸在岸监管机构的合作对离岸人民币利率进行调控，2007 年至 2009 年金融危机期间美联储联合其他国家央行对 LIBOR 的管理即是较典型的调控案例。

从目前情况来看，离岸在岸市场利率之间的联系主要由资本项目跨境资金流动来传导，在我国资本项目尚未完全开放的情况下，基于境内外金融市场的相对分离，离岸人民币资金池规模相对较小，离岸在岸人民币利率不存在密切的相互影响关系。离岸人民币利率主要随即期汇率变动、汇率预期变化而变动，不会对在岸利率产生显著影响。在岸人民币利率也不会对离岸人民币利率产生显著影响，除非在特殊情况下，如 2013 年 6 月在岸货币市场出现流动性紧张导致离岸人民币利率被拉高。

二、离岸人民币汇率形成机制及与在岸汇率的相互作用

（一）离岸人民币汇率形成机制

目前，离岸人民币市场的基准汇率为美元兑人民币（香港）即期汇率［USD/CNY（HK）Spot Rate，CNH］，其形成机制为：由香港财资市场公会采集经货币经纪机构在香港人民币市场每个交易日上午 11 时整为中心的 30 分钟内执行的实际交易信息，由计算机构（路透汤普森）在 11:25（11:15 之后的 10 分钟可用于更正交易信息）计算加权平

均汇率,以此作为美元兑人民币(香港)即期汇率。

(二)离岸在岸人民币汇率的相互影响机制

离岸在岸人民币汇率相互影响机制的演变可分为三个阶段。

第一阶段,从人民币对美元无本金交割远期合约推出至2009年跨境人民币结算试点启动:在这一阶段,除了个人业务和边境贸易外,人民币跨境流动的主要渠道尚未开放,境外投资者无法很方便地买卖人民币,但境外已出现通过不交收本金的人民币兑美元远期汇率产品(NDF)进行投资甚至投机的渠道。NDF原本用于境外投机者对资本项目未开放的新兴市场货币汇率的单向波动进行对赌,对在岸人民币汇率应该不会有影响,但在内地和香港两地经贸联系密切,部分内地企业已在香港设有平台公司的情况下,NDF也可将离岸汇率变动的压力传导至在岸。例如,在人民币既是高息货币又处于升值趋势时,若外国投资者打算持有人民币资产,跨国公司可将本应购汇汇出的人民币投资收益延迟支付,借入美元对外支付,并通过NDF在远期购汇锁定持有人民币资产的收益,在这种情况下,跨国公司的购汇需求减少,从而对在岸市场的结售汇造成压力。原理上,跨国公司持有人民币资产导致的NDF远期购汇压力增加将令NDF价格升水,令人民币汇率在远期贬值,但由于境外人民币汇率投机势力的存在,投机者看多远期人民币汇率又抵消了NDF远期贬值的压力,从而令NDF一直维持在稳定的水平,产生了一个"升值预期—套息—升值预期"的循环,可能对在岸结售汇和人民币汇率稳定带来较大的压力。

第二阶段,从2009年跨境人民币结算试点启动到2015年"8·11汇改"前:在这一阶段,除了上述"NDF套息"机制外,由于经常项目和部分资本项目跨境人民币流动渠道已开放,且经常项目是人民币跨境流动的主渠道,因此尽管CNY与CNH间存在着一定的价差,但在经常项目跨境人民币套利机制作用下,离岸即期汇率基本上是跟着在岸即期汇率走。因为在经常项目下，当CNH与CNY出现较大点差时，通过境内外贸易商的选择性结算方式，可将两地价格拉近。例如，人民币升值加快时，CNH往往相对于CNY升值更快，贸易商从香港向内地转口采用人民币结算增多，收到人民币贸易汇款后，在香港兑换为美元，支付从欧美进口的货款；而当人民币贬值时，CNH又相对于CNY更弱，贸易商从内地进口采取人民币结算增多，而向欧美转口收到货款时，则在香港兑换为人民币，支付从内地进口的货款。这样的操作客观上在两个市场之间形成套利，逐步拉近了CNH与CNY的差距。此外，清算行及代理行模式下的平盘安排，也有助于CNH与CNY的趋同发展。

第三阶段（2015年"8·11汇改"后至今）："8·11汇改"之后，在岸即期汇率对离岸即期汇率的影响力开始上升，个别时段内CNH与CNY出现较大的偏离。但CNH基本上没有脱离中间价轴心，即使短暂偏离，也很快被拉回轨道。

图6-2 离岸及在岸人民币汇率走势

在某些情况下，资本项目下的汇率套利机制也会发挥作用，拉近CNH与CNY的差距。例如，在人民币升值时，CNH比CNY更强，若离岸人民币利率水平又高于境内市场，一方面会吸引人民币从境内流向离岸市场，增加人民币资金供应量；另一方面，客户负债结构也会及时作出调整，转以弱货币筹集资金，如申请美元贷款或发行美元债券，从而减少了人民币资金的需求量。CNH 向 CNY 回落，CNH 比 CNY 弱，从而令离岸人民币供求恢复平衡。反之，当人民币贬值时，若境内人民币利率高于离岸市场，人民币向境外输出会减少，同时境外人民币融资需求会增加，令市场恢复平衡。但在汇率和利率变动的其他组合情况下（例如 CNH 比 CNY 弱，离岸人民币利率高于境内利率），资本项目跨境资金流动对离岸人民币市场供求及汇率的影响就较难确定。

未来在资本项目可兑换程度提高的情况下，离岸人民币汇率对在岸人民币汇率的影响可能主要取决于离岸人民币利率的相对水平。若离岸人民币利率相对较低，则离岸人民币将成为"借款货币"，可能对在岸汇率会产生贬值压力；相反，若离岸人民币利率相对较高，则离岸人民币是"投资货币"，可能对在岸汇率将产生升值压力。

第三节　人民币国际化与离岸市场

一、发展离岸人民币市场有利于人民币国际化

人民币成为主要国际货币的进程，必然伴随着离岸人民币市场的发展，主要理由有：

有了离岸市场，人民币才能更好地在外汇市场上 24 小时进行交易。人民币要成为主要的国际贸易结算货币和对内与对外直接投资的货币，国外的贸易对手或投资/融资方需要在其认为方便、安全、低成本的金融市场上进行这种货币与其他货币之间的兑换、融资、结算、支付等活

动。因此，要成为主要的国际贸易结算和投资货币，必须发展离岸货币交易业务。

人民币要国际化，必须有大量的"第三方交易"。国际化货币担当国际性的贸易和投资结算工具、国际商品的计价手段、投融资工具和外汇储备等这类国际性用途叫作"第三方使用"，由于便利性等原因，这类金融服务基本上都在离岸市场上发生。这些交易大部分与本国实体经济无关，从美元外汇市场来看，与贸易和直接投资相关的外汇交易只占全部美元外汇交易的5%，根据不同的指标计算，在全球美元外汇交易中有一半到四分之三属于"第三方交易"。

随着人民币国际使用的增加，非居民持有境外人民币资产的需求大大增加。除了便利化之外，当一国货币成为全球性的证券投资工具和储备货币时，对离岸市场的另一重要需求来自投资者对该国政治稳定、法律、税收、分散交易风险和对隐私保护等制度的担心。比如，欧洲美元市场的经验表明，70%的非美国居民持有的美元投资在美国境外的离岸市场。

货币在离岸金融中心"体外循环"，可避免对在岸货币政策的冲击。比如，海外美元存款占美国国内M2比例为30%~40%。这么大规模的外汇和相关的金融交易如果都必须转移到境内市场进行，就会导致不必要的大规模资金跨境流动。

离岸金融市场在金融体制上的优势能使货币进一步国际化。在我国资本项目尚未开放的情况下，通过发展离岸人民币市场，可利用境外金融中心在法制和金融市场基础设施方面的优势，吸引非居民在境外持有使用人民币。此外，境外离岸金融市场税收较低，可使本国货币的金融产品和服务在离岸市场上更具竞争力。境外离岸金融市场之间相互进行交易，有助于离岸金融市场的壮大。

二、人民币国际化有助于推动离岸人民币市场发展

人民币国际化进程的启动是发展离岸人民币市场的前提，人民币国际化的推进对离岸人民币市场发展起着重要的推动作用。离岸人民币的资金来源于在岸，而且始终要靠在岸银行体系进行清算，若没有在岸银行体系提供清算服务，离岸人民币业务也难以发展，因此，中国人民银行推出的扩大人民币跨境使用政策，以及与境外中央银行或货币当局签订的人民币清算安排，为离岸人民币业务提供了人民币资金来源、清算渠道和流动性支持，是离岸人民币市场发展的基础。即使我国资本项目尚未完全开放，只要在岸人民币银行体系继续为离岸人民币业务提供清算服务，人民币就可实现"离岸可兑换"，从而推动离岸人民币市场发展。从发展轨迹来看，人民币国际化的推进对离岸人民币市场的发展有较大影响：自 2009 年 7 月跨境人民币结算试点开展后，随着人民币跨境使用政策的逐步推出，以及人民币清算安排的逐渐完善，离岸人民币市场产品逐步增加，离岸人民币业务迅速发展。2016 年末，非居民持有的人民币存款约 1.77 万亿元，境外人民币债券余额为 4 825 亿元[①]。离岸人民币外汇交易的发展更迅猛：据不完全统计，2015 年，中国香港、新加坡、伦敦等主要离岸市场人民币外汇交易量日均超过 2 100亿美元，远远超过在岸市场人民币外汇交易量。

---

① 2016 年第四季度《中国银行离岸人民币指数》。

第七章
人民币加入特别提款权

近年来,随着我国综合国力不断提升,人民币国际化取得积极进展。2016年10月1日,人民币正式加入国际货币基金组织特别提款权(SDR)货币篮子,体现了国际社会对于我国综合国力和改革开放成效,特别是人民币国际使用功能的认可,是人民币国际化的重要里程碑。人民币纳入SDR货币篮子的过程,也是中国以建设性的方式、遵照现有审查程序和审查标准参与特别提款权审查的过程,展现了中国作为现行国际货币体系的参与者、建设者和贡献者的积极姿态。

人民币加入特别提款权后,人民币作为储备货币的地位进一步被确认,中央银行或货币当局持有的人民币资产将被统一认定为外汇储备。2017年6月末,IMF成员国所持有人民币总量为993.6亿美元,占比为1.07%。该数据首次单独区分人民币储备信息。

表7-1 **IMF 2017年第二季度全球外汇储备报告** 单位:十亿美元

	2016年第二季度	2016年第三季度	2016年第四季度	2017年第一季度	2017年第二季度
总外汇储备	10 970.82	10 995.63	10 716.88	10 902.39	11 120.94
标明币种的外汇储备	8 062.84	8 357.26	8 421.80	8 840.27	9 263.81

续表

	2016年第二季度	2016年第三季度	2016年第四季度	2017年第一季度	2017年第二季度
美元	5 258.95	5 406.95	5 502.86	5 713.17	5 909.10
欧元	1 562.05	1 642.34	1 611.11	1 702.08	1 844.53
人民币			90.78	95.13	99.36
日元	329.05	349.71	322.86	400.03	429.49
英镑	367.23	367.82	365.83	376.98	408.08
澳大利亚元	136.97	150.19	142.30	157.90	163.98
加拿大元	147.76	159.91	163.14	168.95	180.22
瑞士法郎	14.28	14.74	13.69	14.48	15.69
其他货币	246.54	265.60	199.22	211.55	213.35
未标明币种的外汇储备	2 907.98	2 638.38	2 295.08	2 062.12	1 857.13

第一节 人民币加入特别提款权的进程

一、特别提款权概念

根据IMF《基金组织协定》规定，特别提款权（SDR）是一种补充性储备资产，与黄金、外汇等其他储备资产一起构成国际储备。顾名思义，SDR是一种提款权，即在一定条件下持有者可用它提取基金组织指定成员国的可自由使用货币。目前，可自由使用货币与SDR篮子货币实际上是等价的。人民币入篮后，可自由使用货币包括美元、欧元、人民币、英镑和日元五种货币。SDR目前仅在官方部门使用，价值及利率由IMF确定，其功能主要有三种：价值储藏、记账单位和支付手段，交易方式主要分为指定交易和协议交易。

二、SDR篮子货币的标准

自SDR创立以来，为增强其作为储备资产的吸引力，IMF对SDR

货币篮子进行了多次改革，SDR 篮子货币的选择标准也从出口单一标准逐步演变为现行的出口和"可自由使用"双标准。

（一）出口单一标准

在 2000 年的审查中，IMF 首次明确将出口标准作为一国货币加入 SDR 的门槛标准，选择标准为前五年中货物和服务出口最大的 5 个成员国的货币。这意味着出口规模是一国货币进入篮子货币考察范围的先决条件，只有出口规模符合标准，IMF 才有可能考虑该货币。相应地，这也表明只有贸易大国的货币才有可能纳入 SDR 货币篮子。实际上，除了 SDR 篮子货币外，世界上还有很多公认的储备货币，如加拿大元、澳大利亚元、瑞士法郎等，它们未能被纳入 SDR 货币篮子的考察名单，在很大程度上与其没有达到出口标准有关。

（二）"可自由使用"标准

"可自由使用"是 IMF 的资金操作中的一个重要概念，它主要是为了确保当 IMF 为一国提供贷款时，借款国从 IMF 所获得的货币可以自由使用，即可直接或间接地满足其国际收支需要。具体来看，"可自由使用"概念包括以下两方面内容：

一是在国际交易支付中被广泛使用，这是为了确保该货币可以直接用于满足 IMF 成员国的国际收支需要，具体用"在官方储备中的占比""在国际银行负债中的占比"和"在国际债务证券中的占比"等指标来衡量。

二是在主要外汇市场上被广泛交易，这是为了确保当篮子货币并非一国国际收支所需要的货币时，一国能够以相对较低的成本将篮子货币兑换成另一种货币，从而间接满足其国际收支需要。这就要求 SDR 篮子货币所对应的外汇市场必须有足够的深度，同时该货币在"主要"的外汇市场均应被广泛交易。尽管 IMF 并不要求 SDR 篮子货币在"所有"的外汇市场均被广泛交易,但是在根据时区来划分的亚太市场、欧洲市场及北美市场这三大市场中,SDR 篮子货币至少应保证在两大市场中被广泛交易。在具体指标上,一般用"国际外汇市场交易占比"情况来衡量。一种货币必须同时具备"广泛使用"和"广泛交易"的特性,才能被确定为可自由使用货币。

虽然"广泛使用"和"广泛交易"都有具体的衡量指标,但是 IMF 在作出决定时主要依据"可自由使用"在功能上的要求,而并非机械地依据货币在各指标中的排名。相关指标只是起到辅助作用,最终结论仍取决于 IMF 在综合考虑相关因素后所作出的判断。

三、对 SDR 篮子货币的操作性要求

一国货币在满足出口和"可自由使用"两项硬性标准外,还须满足外国中央银行和储备管理者操作性要求,才能保证其在纳入 SDR 货币篮子后的有效操作。一是可以投资该国债券市场,从而保证其可以根据 SDR 货币篮子的构成来相应配置该国的政府债券等资产;二是可以投资利率和汇率衍生品市场,从而对冲利率和汇率风险;三是可以在外汇市场进行交易,从而保证其可以将该国货币兑换成其他货币,满足国际收支的需要;四是所有操作应方便、透明,相关投资活动应由具有一定资质的金融机构提供代理业务,以满足不同国家的需要;五是提供代表性利率,以满足 SDR 利率定价的需要,该利率应由具有市场流动性的 3 个月期利率工具决定;六是提供市场化的代表性汇率,以满足 SDR 汇率定价的需要;七是提供开立账户、托管等业务,完善金融基础设施安排,以满足多种资产管理的需要。

四、人民币达到 SDR 篮子货币标准

IMF 通常每五年对 SDR 货币篮子进行一次例行审查。早在 2010 年

的 SDR 审查过程中，人民币就已经满足了 SDR 篮子货币的出口门槛标准，但由于当时人民币国际化刚刚起步，人民币尚未达到"可自由使用"的标准，因此未能成功"入篮"。2015 年正值新一轮 SDR 审查期，由于人民币仍然是 SDR 篮子货币外唯一符合出口标准的货币，因此审查的重点仍是评估人民币是否符合"可自由使用"标准。

IMF 在 2015 年审查中增加了"在跨境支付中的占比"和"在贸易融资中的占比"两项指标，对"国际债务证券中的占比"指标除了考察余额数据，还增加了增量数据。IMF 和 BIS 分别开展了特别调查，并补充了新的数据源，妥善解决了数据问题，为 SDR 审查的全面客观奠定了基础。

自 2010 年 SDR 审查以来，人民币国际化取得了长足的进步，人民币跨境支付占比不断上升，离岸人民币市场进一步拓展，人民币国际合作不断深化，"广泛使用"和"广泛交易"程度大大提高。根据 IMF 的最终审查报告，在"广泛使用"方面，截至 2014 年，38 个国家持有人民币资产约合 718 亿美元，占总外汇资产的 1.1%，居全球第 7 位。2014 年第三季度至 2015 年第二季度，人民币跨境支付占全球的 1.1%，居全球第 8 位，较 2010 年提升 2 位；人民币贸易融资占全球的 3.4%，居全球第 3 位，较 2010 年提升 2 位。截至 2015 年第二季度，人民币国际银行业负债约为 4 790 亿美元，占全球的 1.8%，居全球第 5 位；人民币国际债券余额约为 760 亿美元，占全球的 0.4%，居全球第 9 位，较 2010 年提升 12 位。在"广泛交易"方面，中国香港、新加坡、法兰克福和伦敦等离岸人民币中心快速发展，人民币在主要外汇市场交易量也迅速增加。根据 IMF 截至 2015 年 4 月底的地区和国家调查数据，人民币在六个地区交易中心的交易规模已达日均 2 500 亿美元。BIS 调查数据显示，截至 2016 年 4 月，人民币交易规模为日均 2 010 亿美元，交易规模居全球第 8 位，而 2010 年人民币在外汇市场的交易规模仅为日均 340 亿美元，交易规模居全球第 17 位。

与此同时,中国还采取了一系列举措,包括向外国央行类机构开放银行间债券市场和外汇市场、滚动发行3个月期限国债以提供人民币代表性利率、加强数据透明度、延长人民币交易时间等,切实解决了操作问题。2015年11月30日,基金组织执董会讨论并全票通过了SDR审查报告,认定人民币已经满足了出口和"可自由使用"标准,决定将人民币纳入SDR货币篮子,SDR货币篮子相应扩大至美元、欧元、人民币、日元、英镑五种货币,人民币在SDR货币篮子中的权重为10.92%,美元、欧元、日元和英镑的权重分别为41.73%、30.93%、8.33%和8.09%,新的SDR篮子于2016年10月1日生效。

图7-1 中国人民银行举行人民币加入SDR有关情况吹风会

第二节 人民币加入特别提款权的影响

一、对人民币国际化的影响

(一)有助于我国企业和个人在跨境贸易和投资中使用人民币

随着人民币加入特别提款权,国际上对人民币的认知度得到提高,市场对人民币的信心将增强,这会减少境外使用人民币的阻力、增强使用人民币的意愿,国外企业和个人对人民币的接受程度也会提高,从而推动人民币被越来越广泛地用在出境旅游、留学、贸易和投融资等跨境交易中。随着越来越多的交易使用人民币进行计价和结算,国内企业和居民进行跨境交易会更加方便,结算、购汇和套期保值等交易的成本也将降低,汇率风险将减小。

(二)人民币资产自动配置需求会增加

国际货币基金组织(IMF)、国际清算银行(BIS)、世界银行(WB)等国际组织管理着以 SDR 计价的资产,它们需要根据 SDR 篮子货币权重进行资产配置。人民币加入 SDR 后,SDR 篮子的币种和权重会相应调整,这些机构也会相应增加人民币资产。粗略估计,这部分流入人民币资产的资金规模就将超过百亿美元。同时,许多国际金融机构和国际开发机构的贷款以及不少国家的负债都是以 SDR 来计价的,人民币加入 SDR 后,这些机构对冲人民币利率和汇率风险的需求就会增加,相应也会在人民币在岸市场和离岸市场配置人民币资产。

(三)官方使用人民币的动力将增强

我国已是许多国家最大的贸易伙伴国和对外投资国,各国对人民币的潜在需求是巨大的。但由于以前人民币储备货币定位不清晰以及人民币使用便利程度不足等原因,各国中央银行或货币当局持有人民币有一定障碍,动力也不足。人民币加入 SDR 后,人民币储备货币的地位获得正式认定,各国将人民币纳入外汇储备的意愿将大幅增强。IMF 宣布将人民币纳入 SDR 后,许多国家如新加坡、坦桑尼亚等,就宣布将人民币纳入其外汇储备。

二、对中国进一步改革开放的影响

当前,人民币已跻身 SDR 篮子一员,这意味着国际社会将以更高标准和国际货币责任的眼光来看待中国的金融体制改革和对外开放。因此,人民币加入 SDR 并非一劳永逸之事,中国需继续推进改革开放的进程,使人民币成为名副其实的 SDR 货币。

(一)对我国货币政策框架和汇率形成机制提出更高要求

人民币成为国际储备货币意味着国际社会对我国会像对美国、英国等其他储备货币发行国一样有同等期待。同时,随着人民币被广泛使用,我国货币政策特别是汇率政策的制定和执行将不可避免产生"外溢效应",对其他国家及使用人民币的企业和个人造成影响。因此,国际社会希望我国的货币政策框架和汇率制度更加市场化、更加灵活,政策透明度更高,政策沟通更有效。

(二)对我国资本项目和资本市场开放提出更高要求

尽管人民币已经加入 SDR,但我国在跨境交易便利程度、资本账户可兑换、金融市场开放等领域与美国、英国等其他储备货币发行国仍有一定差距,这都是阻碍人民币被更广泛使用、更好发挥储备货币功能的障碍。未来,我国应有序实现人民币资本项目可兑换,推进资本市场双向开放;同时,发展多层次的金融市场,拓展人民币资产市场的广度和深度。

(三)对我国金融监管提出更高要求

随着我国对外开放程度的提高,人民币跨境流动越加频繁,我国面临的经济金融环境也日益复杂,面临的风险也越来越多。人民币储备货币功能的发挥需要我国稳健的金融体系作支撑,这离不开有效的金融监管特别是宏观审慎管理,包括进一步提高监管标准、完善宏观审慎框架下的外债和资本流动管理体系等,从而在开放的宏观经济格局和更趋复杂的金融市场环境下增强我国金融管理的主动性和有效性。

(四) 对我国综合宏观调控能力提出更高要求

国际社会将人民币作为外汇储备是对我国综合国力的认可。随着人民币储备货币地位的提升,中国也需逐步承担起一个储备货币发行国的责任。在新形势下,国际社会将对我国政府行为模式、治理机制、思维方式、人才培养等方面有更高的预期,期待中国能够更加与国际接轨,更加开放和透明。

三、对完善国际货币体系的影响

历史经验表明,过度依赖单一主权货币的国际货币体系都是内在不稳定的。2008年爆发的国际金融危机就深刻地反映了现行国际货币体系过度依赖美元的内在缺陷。人民币加入SDR后,其国际储备货币地位进一步强化,未来可能出现美元、欧元、人民币"三足鼎立"的局面,这将有助于促进国际货币体系的多元化,提高国际货币体系的稳定性和韧性。同时,人民币加入SDR意味着自20世纪80年代以来,第一次有新兴市场货币进入SDR货币篮子,这有助于改善以往单纯以发达国家货币作为储备货币的格局,增强SDR本身的代表性和吸引力。此外,人民币加入SDR还有助于提高SDR的稳定性,提升它在国际货币体系中的地位,增强它作为超主权储备货币的功能,这也会进一步改善国际货币体系。

总的来说,人民币加入SDR及相关改革对中国和世界都影响深远、意义重大。短期来看,人民币加入SDR会产生一些立竿见影的影响。

但更深远的意义在于，对中国来说，这为人民币国际化注入了新的动力，并且有利于促进国内进一步的改革开放；对世界来说，这反映了国际金融体系正向更加合理、均衡和公平的方向发展，并将推动国际货币体系的进一步完善。中国应以加入 SDR 为契机，进一步激发市场活力，释放改革红利，为促进全球经济增长、维护全球金融稳定、完善全球经济治理作出积极贡献。

第三篇
人民币国际化的宏观演进

导论：本篇共三章，从宏观视角分析了人民币国际化与中国经济发展、国内金融改革的关系，并对人民币国际化的前景进行了展望。其中，第八章主要阐述了人民币国际化的重大意义及面临的风险，以及人民币国际化与"一带一路"建设、国际货币体系改革的关系。第九章着重分析了人民币国际化与资本项目可兑换、汇率形成机制改革的关系，并认为通过推进相关领域的改革，可以形成三者协调发展的局面。第十章对人民币国际化的未来进行了展望，认为人民币国际化既面临新的机遇，也有新的挑战，要遵循"积极有为、扎实推进、顺势而为、水到渠成"的指导原则，在发挥市场驱动力、完善政策框架和基础设施、推进离岸和在岸市场的良性互动以及防范人民币跨境资金流动风险四个方面继续做好功课。

第八章
人民币国际化与中国经济

近年来,随着发展中国家的不断崛起,世界经济格局逐渐转变,发展中国家的国际地位明显提升,但许多原来完全由发达国家所掌控的国际规则亟待改变。经过数十年经济高速增长,我国综合国力大幅增强,国际地位显著提升,逐步由世界大国向世界强国迈进。推进人民币国际化具有重大的战略意义:有利于建立经济调整成本的分担机制,有利于加快国际金融中心建设并提升金融机构的国际竞争力,有利于增强世界对中国经济的信心并增强预防经济金融危机的能力,有利于提升人民币的国际地位。

第一节 人民币国际化的意义

一、有利于建立经济调整成本分担机制

对于不同层次的国家,货币国际化的利益和成本是不对称的。货币

国际化的收益取决于不同国家的具体条件，这种不对称性表现在不同国家金融开放后面临的政策约束效应不一样，资本流动的稳定性不一样等多方面，因此，本币国际化以及随之而推进的金融对外开放，并不是"零和博弈"，金融开放的利益和风险难以在不同类型国家之间公平、合理分配。在金融全球化过程中获得较多收益的国家和地区具有一定共性。一方面，这些国家具有稳定的宏观经济、稳健的金融体系、弹性的汇率制度、完善的经济规则、较高的宏观调控能力等。另一方面，这些国家在国际金融规则的制定过程中拥有较高的话语权，具有对规则的引导权。

二、有利于加快国际金融中心建设，提升金融机构的国际竞争力

对于大国而言，推动本币国际化，并不断推进金融业对外开放，是全球化背景下打造金融优势、增强综合国力的必然选择。金融开放是推动金融业增强竞争力、实现自身升级发展的必然要求。美国金融业自20世纪60年代末走向国际市场，为美国金融业成为全球引领力量确立基础。英国金融自由化改革吸引大量外国金融机构和优秀金融人才的流入，有力地提升了英国金融全球竞争力。以金融开放助推全球金融中心战略，成为大国掌控全球经济金融话语权的普遍战略选择。美国、英国、德国等发达国家均以金融全面开放的姿态，全力打造纽约、伦敦、法兰克福等全球金融中心，以金融优势打造经济优势、国力优势。

三、有利于增强对中国经济的信心

"货币是一个国家的名片"，美国的国际地位一部分是由在全球各地自由流通的美元支撑起来的，可见货币国际化对国家形象提升的重要意义。过去人民币仅在境内流通，境外没有人民币，因此世界对中国

的认识也是片面和偏颇的，而现在随着人民币国际化的不断推进，以及人民币加入 SDR 货币篮子，人民币的国际地位空前提升，人民币在境外的流通量也不断增加，全球投资者在离岸人民币市场投资人民币计价的金融产品，并通过 RQFII、"沪港通"、"债券通"等方式使用人民币，也因此熟悉人民币、了解人民币，对中国经济的认识更加清楚，提升了对中国经济的信心。

四、有利于增强预防经济金融危机的能力

本币国际化和金融开放有利于增强金融稳定性。限制本币国际使用，采取金融封闭政策，并不意味着无风险。英国 1979 年前实施严格的金融管制，但依然在 1967 年、1976 年两次发生英镑贬值危机，1979 年发生英镑升值危机。金融开放可以引入先进的经营管理理念，促进市场竞争，有利于降低国内金融风险。英国金融业对外开放，在提升本国金融系统全球竞争力的同时，金融系统稳定性显著增强。金融开放过程中出现的短时金融波动更多是源于对原来封闭条件下扭曲金融要素的重新纠偏，是市场机制逐步确立的体现。巴西金融开放历经金融危机冲击而螺旋上升，其间更多是体现金融要素市场化配置的逐步回归，最终建成开放格局。

五、有利于提升人民币的国际地位

无论是在布雷顿森林体系还是在牙买加体系，美元都在国际货币体系中占据优势地位，但随之而来的则是"特里芬难题"，美元一方面依赖优势地位获得了诸多经济利益，另一方面也成为全球经济波动的来源，给世界经济制造不稳定因素。人民币国际化有利于提升人民币的国际地位，进而对美元"嚣张的特权"形成实质性外部约束，无论对中国经济还是全球经济都有稳定器的作用。

第二节 人民币国际化风险可控

一、开放经济条件下本币国际化面临一定考验

在经济全球化、金融一体化不断深化的背景下，适时的改革开放为我国经济增长注入了新的动力，对外贸易快速增长，国外投资资本加速流入，为我国积累了大量的外汇储备，强化了我国与世界的联系，也提升了我国在国际上的地位。但随着我国与世界经济联系的日益紧密及国内金融体制改革的推进，金融开放度提高，国内经济金融受外界影响的可能性也在不断增加，我国的宏观调控及金融市场稳定将不可避免地受到一定的冲击。

（一）跨境资金流动和汇率、资产价格波动风险

2014年前，我国面临长期的国际收支"双顺差"和人民币升值压力。2014年下半年以来，经济增速放缓，资产价格相对较高，企业杠杆率水平上升，企业和居民持有外币和向境外配置资产的需求增加，部分国内资金流向境外，将带来货币贬值压力。另外，由于国际流动性充裕，不排除英国正式退出欧盟、美国新一届政府进一步采取保守经济政策等突发性事件影响，导致国际投资者风险偏好逆转，使资金流向我国，影响我国经济和金融稳定。

（二）宏观调控的难度和复杂性增加

跨境资金短时间内单向流动，一方面可能加大经济运行的不确定性，另一方面也导致国内利率水平和货币供应量增速更加受到跨境资

金流动因素的影响。同时，随着人民币逐渐被国际社会所接受，部分人民币跨出国门在国际金融市场上流通，由于无法准确掌握境外人民币现金需求，监测和调控境外人民币流通量，对国内实施的宏观调控政策也将受此影响。

（三）部分经济主体的对外负债规模或币种错配风险

随着人民币国际化的推进，企业对外举债更加便利，但一些不审慎的企业有可能过度举债，丧失偿付能力，一些企业还可能存在币种结构错配带来的偿付风险。

（四）跨境金融衍生品交易风险

金融衍生品可用来管理和降低风险，但由于产品设计复杂，一般投资者很难辨别风险所在，一些复杂衍生品可能成为投机工具。随着国内外金融市场联系加深，国外风险有可能会向国内"传染"，风险管理能力较弱的企业和金融机构可能受到较大影响。

二、人民币国际化的风险总体可控

针对本币国际化的过程中面临的这些风险和问题，应抓住有利时机，通过加强宏观审慎管理、稳妥推进金融开放来积极应对和防范。

（一）我国综合实力、经济基本面和内外部条件仍有较多有利因素

全球范围内的民粹和保护主义思潮有所抬头，全球经济的不确定性上升。相对而言，我国政治稳定，社会环境安全，对国际投资者仍有较大吸引力，经济增速虽有所下降，但在全球大国中仍处于较高水平，财政状况相对稳健，外债水平相对较低，经常账户仍保持顺差，外汇储备较高，国内市场对外开放程度逐步提高，这些因素都对稳定人民币汇

率和跨境资本流动形成了有力支撑。

（二）国内杠杆率较高等风险有缓释空间

国内企业杠杆率较高，但企业现金比率总体上高于其他国家水平。地方政府掌握的资产较多，且我国负债主要是国内负债，对外偿付压力不大，债务风险仍有缓释空间。

（三）国内金融改革稳步推进

一是我国资本项目开放有序推进。基于我国当前经济社会发展的现实，有选择、分步骤地推进资本项目开放。二是制定灵活的货币政策。在人民币国际化条件下，中央银行灵活运用公开市场操作、利率政策以及其他间接的调控手段，促进经济增长，并保持人民币币值稳定。三是健全宏观审慎管理制度。从逆周期、宏观的角度采取措施，防范金融体系的顺周期波动与跨部门间传染的系统性风险，最终实现金融体系宏观和微观的稳定，减少或避免由于金融不稳定造成的宏观经济成本。

（四）风险监测、评估、预警和应对工作机制不断完善

2009年以来，针对跨境资金流向复杂和规模加大、市场主体便利化需求不断增长的现实，有关部门加快了管理理念和方式的转变，不断简政放权，加强事中事后监管，跨境资本流动监测分析和预警能力得到明显提升。一是加强与境外金融监管机构的合作，从数据信息共享、跨境资金流动监测、监管政策协调和风险防范处置经验交流等方面完善相关合作机制，进一步提高合作的广度和深度。二是继续完善国际收支统计，进一步加强跨境资本流动监测分析，防范跨境资本流动风险。三是提高反洗钱与反恐怖融资工作的战略定位，做好洗钱与恐怖融资风险监测、评估、预警和应对工作，维护涉外经济金融环境稳定。

第八章 人民币国际化与中国经济

第三节 人民币国际化与"一带一路"建设

一、人民币国际化有利于推动"一带一路"建设

在"一带一路"建设中,使用本币开展投融资具有许多优势:一是有利于动员当地储蓄和全球资金。"一带一路"建设必须充分利用当地和全球资源。使用本币开展对外投融资,可调动当地储蓄资源,通过合理的回报形成示范效应,撬动更多的当地储蓄和国际资本,形成正反馈。二是有利于降低换汇成本。资金接受国可直接使用他国本币购买本币发行国的产品,节省换汇成本。随着资金接受国和资金提供国的联系越来越密切,本币收入越来越多,未来也可直接使用资金提供国的本币偿还融资债务,节省换汇成本。三是有利于维护金融稳定。更多地使用本币会逐渐增强对本币的信心,提升本币吸引力;有助于发展本币计价的资本市场,丰富投资工具和风险管理手段,维护金融稳定。同时,本币的使用会逐渐减少对美元等主要货币的依赖,降低因汇率波动而引发的风险。

通过使用本币开展投融资推动"一带一路"建设已有不少可以借鉴的经验,中国也进行了一些有益尝试。2008年以来,中国先后与30多个国家和地区签署了本币互换协议,其中包括22个"一带一路"沿线国家。中国还与23个国家实现了货币的直接交易,其中包括8个"一带一路"沿线国家,并与2个沿线国家实现了货币的区域直接交易,有效降低了汇率风险,便利了贸易和投资。中国还在23个国家和地区建立了当地的人民币清算安排,指定了当地的人民币清算行,其中7个为"一带一路"沿线国家。中国大力发展人民币跨境支付系统

(CIPS),参与者有不少是来自"一带一路"沿线国家的金融机构。境外人民币清算行和CIPS为境外市场主体提供了更多的跨境清算选择,有助于节省资金清算时间,提高清算效率,促进贸易和投资的便利化。中国愿与沿线国家分享经验,共同探索扩大本币在投融资中的使用,更好地满足市场的需求和经济发展的需要。

▼ 专栏13

利用本币资金带动本国企业"走出去"和提升本币地位的国际经验

国际经验表明,对外提供本币资金在带动本国企业"走出去"、提升本币国际地位方面的战略重点,根据国家和本币地位不同,主要分为"开拓市场→输出本币→主导秩序"三个层次。本国经济国际化程度处于成长期,企业处于大规模海外扩张期,本币国际地位有限的国家,主要以援助性资金带动本国企业"走出去";本币国际化地位较高的国家,主要以输出本币、巩固本币国际地位为主;本国在国际经济金融中处于主导地位(如美国),则主要以强化本国主导的国际货币秩序为战略重点。

法国模式("开拓市场"模式):本币国际地位不高,或本国企业海外扩张需求较大的国家,一般都将对外援助性资金和具体项目相结合,并规定受援项目必须由本国企业承包,或必须采购一定比例的本国产品。法国、西班牙、意大利等国历史上本币国际地位不高,政府对外提供优惠贷款一般附有采购限制,加入欧元区后,继续沿用上述限制。另外,日本20世纪50~70年代提供的日元贷款,当前瑞典、科威特等国的政府贷款也都附有采购限制。这种规定可以拓展本国企业和产品在受援国的市场份额,同时增加本币在国际贸易中的计价和结算。

德日模式("输出本币"模式)。德国马克在欧元形成前就具备了较高的国际地位,欧元形成后德国也在欧元区处于主导地位。因此,德国对外援助性资金主要侧重于对外输出本币,促进本币的国际交易。德国提供的政府贷款不附有采购限制,受援国得到资金后,可以兑换成其他国际货币使用。另外,20世纪80年代日元国际地位提高后,日本政府也取消了对日元贷款附加的采购限制。上述策略客观上增加了本国货币在国际金融市场上的交易,能够提升本币的国际地位。但是,这一般需要本币资本项目可兑换。

美国模式("主导秩序"模式)。第二次世界大战后,美国建立了"布雷顿森林+关贸总协定"双重体系,取得了西方国家货币和贸易主导权。其后美国的对外援助(包括1947年推出的"马歇尔计划")的目的主要侧重于强化美元作为国际货币的制度安排。其特点是:(1)援助资金不与项目挂钩,允许美元在受援国之间调剂,以此促进美元在欧洲各国之间的流动。(2)以援助为条件促使受援国接受美国主导的秩序。例如,1946年7月美国一次性给予英国37.5亿美元的巨额贷款,但提出了苛刻的条件,主要包括:贷款以英国批准《布雷顿森林协定》为先决条件;要求英国对美国在贸易上实行无差别待遇;英国应在贷款生效一年后取消英镑区的外汇管制,允许英镑区各国实现英镑与美元的自由兑换。(3)建立专门组织,强化美国的领导地位。为了执行"马歇尔计划",美国设立了经济合作总署(ECA),"马歇尔计划"的各个参加国建立了欧洲经济合作组织(OEEC)。所有资金由受援国政府和ECA共同管理,OEEC负责援助国之间的款项分配和调剂。通过ECA和OEEC,美国促使各受援国在经济政策上接受其领导,向美国产品和资金开放本国市场。

二、"一带一路"建设为人民币国际化创造了新的发展机遇和动力

(一)"一带一路"建设促进人民币需求

"一带一路"沿线国家占世界总人口的六成,经济总量占比近三成,但近年来多数沿线发展中国家经济增长放缓,都希望依靠中国来发展本国经济,通过完善基础设施、加强互联互通,赢得更多发展机会。我国与沿线国家在基础设施、能源资源、贸易投资等领域合作潜力巨大。通过以我国为主的基础设施建设及相关投融资合作,扩大中国对沿线国家的投资和贷款份额,将显著增强跨境人民币直接投资和贷款的吸引力,推动人民币"走出去"。此外,"加强货币流通"是我国"一带一路"建设的重要组成部分,近年来美元币值波动较大,给能源产品计价及贸易带来一定汇兑损失。我国既是能源进口大国,又是贸易大国,为了避免汇率损失,增强抵御金融风险能力,提高本地区经济的国际竞争力,越来越多的沿线国家和企业愿意在能源计价和贸易结算中选择币值更稳定的人民币。

(二)"一带一路"建设有助于提高人民币认可度

"一带一路"建设的推进使我国能够借助贸易渠道、投资渠道、货币互换及贸易结算渠道向沿线国家输出人民币,推动人民币在相关国家的使用和储备。而"一带一路"东连亚太经济圈、西接欧洲经济圈,沿线国家对人民币的认可也将在一定程度上影响这些经济圈内其他国家的看法。因此,"一带一路"建设可以为扩大人民币跨境需求提供实体经济支撑,进一步提高人民币的国际吸引力,使人民币被国际上更多的经济主体所认可和接受,逐步实现周边化、区域化、国际化。

（三）"一带一路"建设将助推人民币成为结算货币、投资货币和储备货币

在人民币成为结算货币的进程中，应充分利用中国作为贸易大国的有利条件，通过区域贸易、双边贸易等推进人民币国际贸易结算。在此过程中，"一带一路"建设可以提供关键平台，有助于扩大亚欧国家特别是广大新兴市场经济体使用人民币进行跨境贸易和投资结算的需求，推动人民币贸易结算份额继续提高。从人民币成为投资货币的进程看，在目前中国资本账户尚未开放、人民币还不能完全自由兑换的情况下，人民币作为投资货币主要局限在香港离岸市场。而"一带一路"建设依托我国贸易优势，扩大中国与周边区域的贸易与投资往来，有助于扩大人民币直接投资和对外信贷需求。投资需求的扩大将催生更多对外金融服务，如签署货币互换协议、建立人民币清算系统、成立国际投资银行等，从而进一步促进资本项目开放，从货币职能角度助推人民币国际化。从人民币成为储备货币的进程看，马来西亚、韩国、柬埔寨、菲律宾、尼日利亚等国已将人民币作为外汇储备的一部分，还有更多国家的中央银行表示愿意持有人民币。"一带一路"建设有助于进一步稳定人民币币值、提升人民币国际地位，推动中国金融市场逐步完善，促进人民币资本项目可兑换的稳步审慎前行，为人民币国际化奠定扎实的基础。

第四节　人民币国际化与国际货币体系

国际金融危机期间，由于多方面的原因，全球对人民币的需求上升。中国人民银行经过深入研究，及时抓住机会，与多个国家和地区的中央银行或货币当局签订了货币互换协议，顺应海外对人民币的需求，

同时促进在跨境贸易和投资中使用人民币。对我国来说，人民币是本币，企业在贸易和投资领域使用人民币，有助于减少兑换环节，节约交易成本，是一个有效的安排。对金融机构来说，这是一个新的业务增长点和利润增长点，它们积极性也很高。对此，我国官方的态度，是顺应市场需求，解除不必要的正常障碍，逐步推动人民币跨境使用。

2009年以来，我国从金融服务实体经济的角度出发，逐步建立了人民币跨境使用的政策框架，为进一步拓宽人民币跨境流动渠道、推动实现人民币跨境良性循环、促进境内外人民币市场协调发展提供了政策保障，有效地促进了贸易和投资自由化和便利化。近几年，人民币国际使用保持稳健发展，人民币国际地位稳步提升。人民币已成为我国跨境收付的第二大币种，2016年人民币跨境收付总额占全口径收付的比例约为25%。据环球银行金融电信协会（SWIFT）统计，目前人民币是全球第三大贸易融资货币、第六大外汇交易货币，第六大国际银行间贷款货币，2016年6月，人民币全球接受度升至40%，较两年前上升22个百分点。汇丰银行最新发布的人民币国际化调查显示，人民币在全球的使用率已有明显提升，从2015年的17%上升至2016年的24%。据不完全统计，目前已有56个国家和地区将人民币纳入外汇储备。特别重要的是，离岸人民币市场平稳发展，存款、债券、衍生产品等各类金融产品不断涌现，以香港为核心、多个金融中心并行发展的人民币离岸市场格局初步形成。为了使离岸市场更为有效，中国人民银行已经在23个国家和地区建立了人民币清算行，覆盖了全世界的主要地区。

与此同时，我国顺应经济全球化潮流，加强宏观经济政策国际协调，促进全球经济平衡、金融安全和经济稳定增长。支持发展中国家平等参与全球经济金融治理，促进国际货币体系和国际金融监管改革，推动国际经济金融秩序朝着平等公正、合作共赢的方向调整。积极参与全球经济金融治理和公共产品供给，提高我国在全球经济金融治理中的制度性话语权和国际性影响力。我国推动成立金砖国家新开发银行、亚洲基础设施投资银行,推动实施"一带一路"建设,在世界银行、国际货币基金组织中的份额提高,我国参与全球治理能力增强,国际地位进一步提高,人民币在国际上的使用份额和声望进一步提升。2016年10月1日,人民币正式加入国际货币基金组织特别提款权(SDR)货币篮子,体现了国际社会对于我国综合国力和改革开放成效,特别是人民币国际使用功能的认可,成为人民币国际化的重要里程碑。

▼ 专栏14

对国际货币体系改革的几点提议

在2010年5月11日IMF于苏黎世举办的国际货币体系改革的高层研讨会上,周小川行长作了发言,从实际操作的角度提了四个方面的建议:

第一,IMF改革应更多地使用SDR。可以用SDR作为IMF自身资产负债表、损益表的报告货币,同时可要求成员国的报表、各项主要经济指标的报表用SDR作为核算单位,并以此进行国际比较。这样做会带来一系列的好处。

第二,IMF可以代理各成员国管理部分储备。在G20伦敦峰会期间及会后、G20匹兹堡峰会之前,"金砖四国"所达成的协议就是采用中国的方式,即各自用外汇储备资产购买IMF债券。这一方式使成员国能向IMF出资,也能获得合理的回报率。同时,这笔资金在直接动用之前IMF是可以经营的,这样可解决IMF的运营费用问题,还可以提高SDR的地位。更重要的是,有助于IMF在实施救助时提高决策效率,在需要时能快速决策,决定资金的使用。现在的做法是,IMF只按借款新安排(New Arrangements to Borrow,NAB)的规则动用了很少一部分。但从中长期看,这个建议对IMF是有好处的。

第三，可以在大宗商品定价中试行发挥 SDR 的作用。这并不意味着一开始就要在大宗商品领域全面实行 SDR 计价结算，而是有个逐步发展的过程，开始时可以找若干小的产品试行。实际上一直都有人考虑要改变大宗商品的计价货币，比如，有人提出用欧元定价，俄罗斯则希望石油和天然气用卢布定价。建议一部分大宗商品可试行用 SDR 计价、结算。

第四，在中长期 IMF 可以研究建立由成员国中央银行共同决定的 SDR 发行机制，目前还不需要考虑这个问题。可考虑港元模式，中国香港发行港元是要用美元发行准备来作为兑付保证的，类似地，SDR 的发行或可以若干具有硬通货性质的储备货币的某种组合为兑付保证，按一定的比例关系作为发行准备。

从定义看，储备货币的职能除了储备外，还应包括核算单位、定价、交易结算等方面；在使用范围上除商品和服务贸易外，还涵盖金融交易和投资活动。所以储备货币这个词具有较为广泛的含义，概括了所有上述功能。因此，上面的这几条建议，也是既包括了储备货币作为报告货币的职能，也包括了其作为储备、结算、交易和投资等方面的功能。

总体而言，国际货币体系的改革不可能走得太快，但正如 IMF 也认可的那样，很多相关的问题值得进一步研究、探讨，也是要在中长期内予以解决的。对我国而言，不仅这方面的问题需要深入研究，尽早准备，同时还要认识到，当前我们正在推进的跨境贸易和投资人民币结算试点工作也与国际货币体系改革有关系，这涉及中长期内国际货币体系的走向和结构问题，以及人民币的地位问题，这方面也需要大家抓紧研究。

——摘自周小川行长 2010 年 5 月在中国人民银行高级研修班上《国际货币体系改革：背景、关联与建议》的讲话

第九章
人民币可自由使用的发展

2016年10月1日，人民币成为SDR篮子货币，这是人民币国际化的里程碑，是对中国经济发展成就和金融业改革开放成果的肯定。根据国际货币基金组织的标准，SDR货币必须是"可自由使用货币"，人民币已经满足了相关要求。由于人民币利率市场化已经实现，与"可自由使用"密切相关的两个重要工作是"资本项目可兑换"和"提高人民币汇率灵活性"。可自由使用不意味着可自由兑换，但可兑换程度是影响货币可自由使用的重要条件。推动人民币资本项目兑换是中国改革开放的既定方针。同时，人民币汇率形成机制改革是与"可自由使用"紧密结合的一项工作。在国际货币基金组织宣布人民币加入SDR货币篮子之后的媒体吹风会上，中国人民银行副行长易纲表示，加入SDR后我国的汇率制度不会变，市场化机制改革会不断推进。

人民币走向国际化

第一节 人民币国际化与资本项目可兑换、人民币汇率

一、人民币国际化、汇率灵活性、资本项目可兑换的关系

（一）人民币国际化

人民币国际化是我国参与国际贸易投资活动程度不断提高、金融市场深度广度不断扩大的结果。在经济全球化的今天，逐步放宽资本管制并最终实现人民币资本项目可兑换，从根本上有利于扩大人民币使用的范围和广度，深化人民币的国际货币职能。但是，即便在自由浮动汇率、资本自由流动、本币自由兑换的条件下，本币国际化也并非必然实现。本国货币国际化，一般取决于其他国家是否愿持有、使用、储藏该货币，并非主观愿望所能推动。间接而言，它取决于该国在国际贸易和投资中的地位，国际市场用该国货币进行结算和投资的比例，该国金融市场的广度和深度等。比较而言，小国货币往往难以成为国际货币。当然，从理论上看，一国货币如果长期不可兑换，其国际化进程也会受到一定限制。但是也不排除在货币可兑换之前可实现一定程度的国际化或区域化。

（二）提高人民币汇率灵活性

"健全汇率市场决定机制"是中国未来五年进行金融市场体系建设的重要内容，这一表述已写入《"十三五"规划纲要》。不断完善市场化的人民币汇率形成机制，进一步提高人民币汇率灵活性是中国人民银行一直以来的工作重点。但是，提高汇率灵活性并不等同于其

他几个概念。从国际机构的观点看，国际货币基金组织将185个成员经济体的汇率制度安排，从固定到浮动，按照干预程度的不同，划分为无独立法定货币、货币局制度、传统固定盯住、水平区间盯住、爬行盯住、爬行区间、有管理的浮动、自由浮动等八个层次。总的来看，在货币可兑换与汇率制度之间，在资本流动管理与汇率制度之间，并无固定的相互对应关系，存在选择搭配的空间。从国际货币经验来看，汇率升值或贬值本身并不是决定货币国际化的主要因素。2014年下半年，随着美元进入加息周期，国际环境发生较大的变化，特别是2016年6月以来英国脱欧、意大利公投等事件频出，全球汇率出现明显波动，人民币兑美元汇率的贬值预期有所上升，但人民币对一篮子货币基本保持稳定。目前，人民币仍是国际上较为强势的货币，中国经济的基本面决定了人民币不存在长期贬值的基础。随着中国经济稳步发展，国内金融市场开放程度逐步提高，人民币使用者会建立汇率风险的对冲机制和渠道，汇率升贬对人民币使用意愿的影响会越来越小。

（三）人民币资本项目可兑换

资本项目可兑换不是一个非黑即白的概念，国际上也没有严格和统一的标准。从各国实践看，发达国家资本流动并非是完全自由的。许多国家宣称实现了资本项目可兑换，但其自由程度并不一致。从美元、英镑等国际货币发展历程看，这些货币是在资本项目不完全可兑换情况下充当国际货币的，因此，货币国际化并不必然以资本自由流动为前提。发达国家逐步放宽资本管制是20世纪70年代以后的事情，新兴市场经济体在80～90年代也开始了这一进程，目前仍在进行中。从世界范围看，很少有国家资本流动绝对自由、完全没有限制。即便是美国等成熟市场经济体，在实现可兑换后，仍然需要监测资本流动，以反恐怖融资、反洗钱等名义管制个别资本流动。技术上，往往通过对开立账户的管理及对账户变动的监控来实现。2008年国际金融危机爆发以来，国际社会对资本管制的作用进行了重新思考，认为资本自由流动并非没有弊端，临时性资本管制对于维护金融稳定是必要的。一般认为，制定资本项目可兑换的政策目标时有三个原则需要考虑。一是有必要对私人和公共债务实行宏观审慎性管理，防止出现大的货币错配。二是有必要对金融跨境交易进行必要的监控。目前，有三个方面的监控是国际上认可并达成共识的：反洗钱、反恐怖融资和防范过度使用避税天堂。三是有必要对短期投机性跨境资本流动进行适当的管理。

二、人民币国际化、汇率机制改革、资本项目可兑换可以协调推动

人民币国际化、汇率机制改革、资本项目可兑换三者之间紧密相连，相辅相成，既相互制约又相互促进，并与居民和企业的经济金融活动休戚相关。如不能建立相对有效和成熟的汇率市场化形成机制，过快放开资本管制，易导致频繁、大规模的跨境资本流动，对经济金融稳定产生冲击。但如果严格限制资本流动，割裂境内外市场之间的有机联系，汇率也无法完全反映真实的市场供求，汇率的市场化形成机制难免打折扣。从系统性的角度出发，应统筹考虑汇率市场化改革、资本项目可兑换和本币国际化进程，不断提高汇率决定的市场化程度，稳步推动人民币资本项目可兑换和人民币国际化，形成三项改革同步动态、渐进推动、相互促进的良好局面。

第九章　人民币可自由使用的发展

第二节　有序推进人民币资本项目可兑换

一、人民币资本项目可兑换是改革开放的既定方针

人民币资本项目可兑换是开放型社会主义市场经济体制的重要内容，是改革开放的既定方针。党中央、国务院多次就人民币资本项目可兑换作出重要部署。1993年党的十四届三中全会首次明确提出要"逐步使人民币成为可兑换的货币"。2002年党的十六大提出"逐步实现资本项目可兑换"。党的十六届三中全会、十七大、十七届三中全会、十八大均强调了"逐步实现人民币资本项目可兑换"。2015年党的十八届三中全会明确提出"加快实现人民币资本项目可兑换"。2016年3月通过的《中华人民共和国国民经济和社会发展第十三个五年规划纲要》明确要求："有序实现人民币资本项目可兑换，提高可兑换、可使用程度，稳步推进人民币国际化，推进人民币资本走出去。逐步建立外汇管理负面清单制度。放宽境外投资汇兑限制，改进企业和个人外汇管理。"这些重要文件为推进人民币资本项目可兑换指明了方向、明确了要求。

▼ 专栏15

加快实现人民币资本项目可兑换

2013年11月12日，中国共产党第十八届中央委员会第三次全体会议通过了《中共中央关于全面深化改革若干重大问题的决定》，明确提出"加快实现人民币资本项目可兑换"。

完善人民币汇率市场化形成机制,加快推进利率市场化,健全反映市场供求关系的国债收益率曲线。推动资本市场双向开放,有序提高跨境资本和金融交易可兑换程度,建立健全宏观审慎管理框架下的外债和资本流动管理体系,加快实现人民币资本项目可兑换。

　　——摘自《中共中央关于全面深化改革若干重大问题的决定》

　　2013年11月19日,中国人民银行行长周小川在《十八届三中全会辅导读本》发表署名文章《全面深化金融业改革开放　加快完善金融市场体系》,对党的十八届三中全会提出的"加快实现人民币资本项目可兑换"进行了具体的解读和阐述。周小川行长提出,应抓住人民币资本项目可兑换的时间窗口,在统筹国内需求与国际形势的基础上,加快实现人民币资本项目可兑换。

加快实现人民币资本项目可兑换

　　推进人民币资本项目可兑换,是构建开放型经济新体制的本质要求,其根本目的在于促进贸易投资便利化,为扩大企业及个人对外投资、确立企业及个人对外投资主体地位创造有利条件,是进一步加快发展各项跨境金融业务、体现金融支持实体经济发展、落实走出去战略、加快经济结构调整和产业转型升级的要求。应抓住人民币资本项目可兑换的有利时间窗口,在统筹国内需求与国际形势的基础上,加快实现人民币资本项目可兑换。

　　转变跨境资本流动管理方式,便利企业走出去。进一步转变外汇管理方式,推动对外投资便利化。减少外汇管理中的行政审批,从重行政审批转变为重监测分析,从重微观管制转变为重宏观审慎管理,从"正面清单"转变为"负面清单"。方便企业走出去过程中的投融资行为,逐步提高境内企业向境外提供人民币和外币信贷及融资担保的便利程度,加大支持企业走出去的力度。

推动资本市场双向开放,有序提高跨境资本和金融交易可兑换程度。进一步扩大合格境内机构投资者(QDII)和合格境外机构投资者(QFII)主体资格,增加投资额度。条件成熟时,取消合格境内机构投资者、合格境外机构投资者的资格和额度审批,将相关投资便利扩大到境内外所有合法机构。研究建立境内外股市的互联互通机制,逐步允许具备条件的境外公司在境内资本市场发行股票,拓宽居民投资渠道。在建立相关管理制度的前提下,放宽境外机构境内发行人民币债券资格限制。有序提升个人资本项目交易可兑换程度,进一步提高直接投资、直接投资清盘和信贷等的可兑换便利化程度,在有管理的前提下推进衍生金融工具交易可兑换。

建立健全宏观审慎管理框架下的外债和资本流动管理体系。建立健全针对外债和资本流动的宏观审慎政策框架,提高可兑换条件下的风险管理水平。综合考虑资产负债币种、期限等匹配情况,合理调控外债规模,优化外债结构,做好外债监测,防范外债风险。加强反洗钱和反恐怖融资方面的管理,保持对非法资金跨境流动的高压政策,同时防止过度利用避税天堂。加强对短期投机性资本流动特别是金融衍生品交易监测。在鼓励合理创新的同时,限制与实体经济严重脱节的复杂金融衍生品,坚持金融创新为实体经济服务的原则要求,同时按照最新的国际标准推动场外金融衍生品市场的监管改革。在紧急情况下,可以对资本流动采取临时性管理措施。建立健全相关监测体系,实现资本跨境流动便利化和收集有效信息的统一。

——摘自中国人民银行行长周小川《全面深化金融业改革开放 加快完善金融市场体系》一文

二、近年来我国汇兑便利性稳步提高

近年来，我国不断深化改革，较大程度地提高了汇兑便利性：一是直接投资实现完全可兑换，投资便利化程度显著提高。在对外直接投资方面，取消了境外直接投资外汇资金来源审查和资金汇出核准，实行登记管理；扩大境外直接投资的外汇资金来源；不断放宽前期费用管理程序，简化境外直接投资资金汇回管理；将针对银行境外直接投资的大多数管理措施调整为事后备案。在外商直接投资方面，多次大幅简化管理流程、优化业务办理程序、放宽相关限制，改为以事中和事后管理为主。二是跨境融资可兑换程度显著提高，大部分项目达到基本可兑换。对外债权各项均实现基本可兑换。金融机构提供对外金融信贷在汇兑环节一直没有限制；居民与非居民之间提供商业信贷，除保留比例限制外，已取消事前管制；对外担保项下，经过数次改革，居民与非居民之间提供对外担保已取消事前核准和规模管理，仅保留登记以及事后核查与违规处罚措施。对外债务领域可兑换程度明显提高。先后实施外债转贷款、直接外债、境内不良资产对外处置外汇管理改革，取消不必要的行政审核，除保留个别必要环节的真实性审核外，其他有关账户、汇兑等环节的行政许可全部取消，管理流程大大简化。2016年4月，中国人民银行将本外币一体化的全口径跨境融资宏观审慎管理试点扩大至全国，企业和金融机构在与其资本或净资产挂钩的跨境融资上限内，自主开展本外币融资。三是证券投资可兑换程度稳步提高，限制主要集中在一级市场。在二级市场上，跨境证券交易基本均已开放，汇兑管理不断放宽。目前，合格投资者跨境证券投资制度已开放合格境外机构投资者（QFII）、人民币合格境外机构投资者（RQFII）和合格境内机构投资者（QDII）三类。近年来，相继放宽对特殊类型QFII机构投资额度上限、QDII资金来源以

第九章 人民币可自由使用的发展

及相关汇兑方面的限制，汇兑管理已经比较宽松；国有企业境外期货套期保值业务项下的汇兑管理也已经比较宽松。在一级市场上，跨境证券发行各项有所差别。经过不断简政放权，境外上市企业已拥有境外募集资金境外留存及使用的自由选择权，结汇核准也已取消，实现完全可兑换。近年来，通过推动股票市场的"沪港通"，开通"深港通"，放宽对非居民买卖房地产的政策等，资本项目可兑换已日益靠近。

目前人民币在七大类共40项资本项目交易中，已实现可兑换、基本可兑换、部分可兑换的项目共计37项，占全部交易项目的92.5%（见表9-1）。

表9-1　　　　　　人民币资本项目可兑换逐步推进情况表

	项目			现状
1	一、资本和货币市场工具	1. 资本市场证券	A. 买卖股票或有参股性质的其他证券	非居民在境内购买	部分可兑换
2				非居民在境内出售和发行	不可兑换
3				居民在境外购买	部分可兑换
4				居民在境外出售和发行	部分可兑换
5			B. 债券和其他债务性证券	非居民在境内购买	部分可兑换
6				非居民在境内出售和发行	部分可兑换
7				居民在境外购买	部分可兑换
8				居民在境外出售和发行	部分可兑换
9		2. 货币市场工具		非居民在境内购买	部分可兑换
10				非居民在境内出售和发行	不可兑换
11				居民在境外购买	部分可兑换
12				居民在境外出售和发行	部分可兑换
13		3. 集体投资类证券		非居民在境内购买	部分可兑换
14				非居民在境内出售和发行	部分可兑换
15				居民在境外购买	部分可兑换
16				居民在境外出售和发行	部分可兑换
17	二、对衍生工具和其他工具的管制			非居民在境内购买	部分可兑换
18				非居民在境内出售和发行	不可兑换
19				居民在境外购买	部分可兑换
20				居民在境外出售和发行	部分可兑换

续表

	项目			现状
21	三、对信贷业务的管制	1. 商业信贷	居民向非居民提供	可兑换
22			非居民向居民提供	可兑换
23		2. 金融信贷	居民向非居民提供	可兑换
24			非居民向居民提供	部分可兑换
25		3. 担保、保证和备用融资便利	居民向非居民提供	部分可兑换
26			非居民向居民提供	部分可兑换
27	四、对直接投资的管制	1. 对外直接投资		可兑换
28		2. 对内直接投资		可兑换
29	五、对直接投资清盘的管制			可兑换
30	六、对不动产交易的管制		居民在境外购买	部分可兑换
31			非居民在境内购买	部分可兑换
32			非居民在境内出售	可兑换
33	七、对个人资本流动的管制	1. 贷款	居民向非居民提供	部分可兑换
34			非居民向居民提供	部分可兑换
35		2. 礼品、捐赠、遗赠和遗产	居民向非居民提供	部分可兑换
36			非居民向居民提供	可兑换
37		3. 外国移民在境外的债务结算		可兑换
38		4. 资产的转移	移民向国外的转移	部分可兑换
39			移民向国内的转移	可兑换
40		5. 博彩和中奖收入的转移		部分可兑换

三、稳步推动人民币资本项目可兑换

下一步，我们将按照服务实体、循序渐进、统筹兼顾、风险可控的原则，继续推进人民币资本项目可兑换，包括：进一步完善全口径跨境融资宏观审慎管理框架；提升国内证券市场的国际化程度，扩大合格境外机构投资者主体，增加投资额度；清理和完善相关配套法律法规等，促进资源在全球范围内更有效地配置。

一要与国家战略相衔接。"一带一路"涉及60多个国家，辐射范围广阔，是我国走向世界、开创区域合作的重要抓手，既要求企业和金融机构"走出去"以满足沿线国家的融资需求，也需要扩大金融市场开放,允许这些国家在我国金融市场融资。因此,可配合"一带一路"、国际产能合作等,稳步推动人民币资本项目可兑换。二要与国际合作需要相衔接。金融外交为本国经济社会发展服务,也在建立和发展国际金融体系、协调国际金融关系、解决国际金融争端、完善和改革国际金融秩序等方面发挥着重要作用。三要踏准金融市场对外开放关键节点。当前人民币是 SDR 中的高息货币,各国持有人民币作为储备货币的意愿明显较强。配合人民币加入 SDR、中国债券市场纳入国际债券指数等,适当放宽一些政策,扩大国内金融市场开放,推动人民币扩大国际储备货币功能。四要加强宏观审慎管理和防控风险。针对不同的资本项目,设置不同的风险管理权重。对于有利于企业占领国际市场主流和高端领域的、有利于吸引稳定资金进入中国市场的、有利于吸引国际顶尖企业和人才的,可采取相对宽松的政策。对于个人境外购房、与占领国际市场主流和高端领域关系不大的一般性企业并购可相对严管。对于完全不可兑换的关键领域,如衍生产品项下,建立可兑换通道,同时采用宏观审慎的方式进行严格管理。

第三节 稳步推动汇率形成机制改革

一、完善人民币汇率形成机制是健全宏观调控体系的重要内容

完善人民币汇率形成机制改革,是建立和完善社会主义市场经济体制、充分发挥市场在资源配置中的基础性作用的内在要求,也是深化经济金融体制改革、健全宏观调控体系的重要内容,符合党中央和国务院关于建立以市场为基础的有管理的浮动汇率制度、完善人民币汇率形成机制、保持人民币汇率在合理均衡水平上基本稳定的要求,符合我

国的长远利益和根本利益。"健全汇率市场决定机制"是中国未来五年进行金融市场体系建设的重要内容，这一表述已写入《"十三五"规划纲要》。不断完善市场化的人民币汇率形成机制是中国人民银行一直以来的重点工作。

回顾过去，中国人民银行不断完善汇率形成机制，取得了三次里程碑式的成果。2005年7月21日，中国人民银行宣布进行汇率机制改革，开始实行以市场供求为基础、参考一篮子货币进行调节、有管理的浮动汇率制度。2010年6月19日，中国人民银行宣布进一步推进人民币汇率形成机制改革，增强人民币汇率弹性。2015年8月11日，中国人民银行宣布调整人民币兑美元汇率中间价报价机制，经过不断完善，目前已形成"收盘汇率＋一篮子货币汇率变化＋逆周期因子"的人民币兑美元汇率中间价形成机制。

周小川行长在《十八届三中全会辅导读本》发表署名文章《全面深化金融业改革开放　加快完善金融市场体系》指出："使市场在资源配置中起决定性作用，客观上要求完善主要由市场决定价格的机制，凡是能由市场形成价格的都交给市场，政府不进行不当干预。利率和汇率作为要素市场的重要价格，是有效配置国内国际资金的决定性因素。稳步推进汇率和利率市场化改革，有利于不断优化资金配置效率，进一步增强市场配置资源的决定性作用，加快推进经济发展方式转变和结构调整。"

二、人民币汇率形成机制改革有序推进

自1994年汇率并轨以来，历经2005年汇率改革、2010年重启汇改和2015年"8·11汇改"完善中间价形成机制，我国已初步确立了以市场供求为基础、参考一篮子货币进行调节、有管理的浮动汇率制度，汇率弹性有了较大提升。一是中间价形成的市场基础进一步增强。2015

年8月11日后，人民币汇率中间价已初步形成了"收盘汇率+一篮子货币汇率变化"的形成机制，市场供求在中间价形成中的作用得到进一步强化。二是汇率波动幅度的限制已大幅放松。经过2007年、2012年和2014年的调整，目前银行间市场人民币兑美元汇率的波幅已扩大到中间价的±2%，人民币兑欧元、英镑等储备货币汇率的波幅已扩大到中间价的±3%，人民币兑俄罗斯卢布、马来西亚林吉特汇率的波幅则达到了±5%，人民币兑南非兰特、泰铢和哈萨克斯坦坚戈的波幅更是高达10%。排除市场急剧波动的特殊情况，目前国际市场上主要储备货币兑美元汇率日内波动一般在2%左右，因此当前±2%～±10%的波动幅度已基本能满足提高汇率灵活性的需求。

周小川行长在《十八届三中全会辅导读本》发表署名文章《全面深化金融业改革开放　加快完善金融市场体系》指出："完善人民币汇率市场化形成机制。继续完善人民币汇率市场化形成机制，发挥市场供求在汇率形成中的基础性作用，提高国内国外两种资源的配置效率，促进国际收支平衡。发展外汇市场，丰富外汇产品，拓展外汇市场的广度和深度，更好地满足企业和居民的需求。根据外汇市场发育状况和经济金融形势，有序扩大人民币汇率浮动区间，增强人民币汇率双向浮动弹性，保持人民币汇率在合理均衡水平上的基本稳定。进一步发挥市场汇率的作用，央行基本退出常态式外汇市场干预，建立以市场供求为基础、有管理的浮动汇率制度。"

2016年以来，人民币汇率灵活性进一步提高，总体略有贬值。截至2017年9月末，国际清算银行计算的人民币实际有效汇率较2016年底贬值1.34%，名义有效汇率贬值0.78%。外汇市场对人民币贬值的预期有所弱化。同时，离岸市场对人民币贬值的预期也有所弱化。从香港离岸市场数据来看，截至2017年10月底，离岸市场1年期人民币兑美元NDF汇率较即期汇率贬值2.38%，NDF隐含的贬值预期较2017年1月4%～5%的水平有所下降。

2017年5月底，中国人民银行在人民币兑美元汇率中间价报价模型中引入"逆周期调节因子"以增加人民币汇率的稳定性。目前，主要影响人民币汇率的三大因素是：收盘汇率代表的市场供求状况、一篮子货币汇率和逆周期调节因子。其中，市场供求状况是决定人民币汇率的最关键因素，"逆周期调节因子"的引入将进一步完善人民币汇率中间价形成机制，促进人民币汇率更好地反映经济基本面和货币供求状况。

三、人民币与非储备货币直接交易稳步推进

为促进双边贸易和投资，便利人民币和伙伴国货币在贸易投资结算中的使用，满足经济主体降低汇兑成本的需要，继续采取措施推动人民币直接交易市场发展。2016年，在银行间外汇市场先后挂牌人民币对南非兰特、韩元、阿联酋迪拉姆、沙特里亚尔、匈牙利福林、波兰兹罗提、丹麦克朗、瑞典克朗、挪威克朗、土耳其里拉和墨西哥比索直接交易，并将人民币对加拿大元交易模式改为直接交易。银行间外汇市场人民币直接交易成交活跃，流动性明显提升，买卖点差的减少降低了微观经济主体的汇兑成本，便利了双边贸易与投资。

▼ 专栏16

实行灵活汇率制度的国际经验

2015年底美联储加息前后，受本国经济形势下行压力和外汇市场变化影响，哈萨克斯坦、阿根廷、阿塞拜疆、埃及等国家相继取消了本国长期实行的外汇管制措施，转向实行更灵活的汇率制度。俄罗斯、土耳其和南非等此前已宣布实行浮动汇率制度的国家也未重拾外汇管制。

第九章　人民币可自由使用的发展

一、部分国家为应对资本流出压力加剧宣布实施更灵活的汇率政策

受美联储加息预期影响，2015年下半年以来，新兴市场经济体资本流动出现逆转，部分国家资本流出加剧。12月17日美联储首次宣布加息后，这些国家资本流出压力进一步加大，一些长期实行外汇管制的国家取消管制措施，宣布实行更灵活的汇率制度。

早在美联储宣布首次加息前，为应对日益加剧的本国货币贬值压力，哈萨克斯坦央行于2015年8月20日宣布取消汇率波动区间，转为实行自由浮动汇率制度。阿根廷长期的外汇管制导致比索汇率严重高估，美联储宣布首次加息当日，阿根廷央行宣布取消外汇管制措施，允许汇率自由浮动，比索汇率出现大幅调整后逐渐趋稳。在国际收支持续恶化和本币贬值压力增大的情况下，阿塞拜疆央行也于2015年12月21日宣布放弃其本币与美元和欧元挂钩的汇率制度，该国货币马纳特大幅调整后逐渐企稳。在本币贬值压力加大、外汇储备耗费严重的情况下，埃及央行也于2016年3月14日被迫宣布实行汇率制度改革，采取"更加灵活的汇率管理体制"，并采用一次性贬值的方式将官方汇率从1美元兑7.73埃及镑调整为1美元兑8.85埃及镑。

另外，前几年刚刚宣布取消外汇管制的部分国家，在此轮资本流出和本币贬值压力增大的情况下，也并没有重拾外汇管制。俄罗斯央行在2014年11月放弃了稳定汇率的目标，让卢布汇率自由浮动。在面临制裁和国际收支进一步恶化的情况下，尽管批评意见众多，俄罗斯仍没有试图用资本管制来稳定汇率，目前资本流动和外汇市场已基本稳定。土耳其央行早在2001年2月就宣布放弃固定汇率制度，允许汇率自由浮动，即使后来遭遇欧债危机也并未采取严厉的外汇管制措施，目前面临较大的资本流出压力也并未恢复外汇管制。南非央行于 2000 年正式宣布实行自由浮动的汇率制度，即使 2016 年以来汇率大幅贬值，也未采取临时资本管制措施。

二、主要原因

历史经验证明，在开放经济条件下长期实行外汇管制措施不仅是无效的，还可能引发信心滑坡，加快资本外流，并使本国经济扭曲，造成更大的损失。在经常项目开放的经济体中，可以通过其他途径规避外汇管制措施，管制效率较低。同时，在固定汇率制度下，本国汇率难以反映市场真实供需关系，会带来本国价格体系的扭曲。在本币严重高估或存在较大贬值压力时，不仅会诱发更多的投机力量，还可能迫使本国央行动用大量储备进行外汇市场干预以稳定汇率。

南非和阿根廷分别在 20 世纪 70 年代后期和 2002 年后实行严格的外汇管制。南非的管制措施对本国通胀、国际收支平衡和就业增长等方面带来了较大的负面效应，迫使南非政府不得不宣布进行汇率制度改革。阿根廷采取的严格外汇管制不仅无法遏制比索持续大幅贬值和国际收支恶化，还耗费了本国大量的外汇储备，同时也使本国的外商直接投资大幅缩减，通胀飙升。埃及在 2011 年重拾固定汇率制度后，在美联储加息预期导致的资本流出加剧背景下，尽管埃及央行加大了美元的市场供应量，并进一步加强了外汇管制措施，但未能守住币值，外汇储备从 2011 年逾 360 亿美元的峰值腰斩至汇改前的 165 亿美元，最终迫使埃及央行放弃外汇管制。俄罗斯在市场波动初期也动用了大量的外汇储备干预外汇市场，仅 2014 年其外汇储备就从 5 100 亿美元快速消耗至 3 500 亿美元。

哈萨克斯坦央行在美联储加息前就宣布实行自由浮动汇率制度，阿根廷央行在美联储加息当日即宣布放弃外汇管制，阿塞拜疆央行也随即宣布放弃固定汇率制度，既是出于对当时本国经济基本面恶化的考虑，也是为了更好地应对美元加息周期，对经济体本身和央行维持汇率稳定的成本而言，都是更好的选择。在资本流出加剧的背景下，俄罗斯、南非、土耳其等国继续坚持浮动汇率制度，很大程度上也是出于对外汇管制成本的考虑。一些国际组织和市场机构对这些国家央行的行为也普遍表示肯定，认为运用市场化方式解决问题是正确之道。

三、阿根廷的具体案例

2001年末，阿根廷主权债务违约引发经济危机，国内贫困率大幅上升，主张维护中下层平民利益的民粹主义逐渐占据主导。2003年上台的左翼政府推出一系列笼络选民的经济政策，包括扩大社会福利、大幅补贴物价、实行贸易保护等。这些政策虽在短期内稳定了经济局势，但过度预支和透支国家经济发展动力，长期难以为继。受2008年国际金融危机影响，阿根廷经济形势恶化。为安抚民众，阿根廷政府进一步加大上述政策力度，严重脱离经济基本面，超出该国承受能力。最终，阿根廷经济增长陷入停滞，通胀率高企，失业人口攀升，本币大幅贬值。

阿根廷外汇管制始于危机之后的2002年，同时阿根廷政府还放弃了盯住美元的货币局制度，实施有管理的浮动汇率制。随着经济形势再次恶化，阿根廷政府自2011年底起进一步加大了外汇管制力度。经常项目方面，截留出口外汇收入，企业出口外汇收入需于限期内汇回，并出售给阿根廷央行；拖延进口购汇，企业进口需经繁杂审批手续。资本项目方面，限制资本流出，企业分红、债务偿还、利润汇出等需经严格审批；留存境外投资，规定境外投资在1年后方可转出，且需将金额的30%存作无息保证金。此外，阿根廷政府还对居民及企业每月可兑换的外汇额度设置上限。

外汇管制不仅未能守住币值，反而带来高昂代价。比索兑美元自2011年的约4:1贬至2015年末放开管制前的逾9:1。与此同时，外汇储备大幅下降。因频繁大量干预外汇市场，阿根廷外汇储备自峰值时的逾500亿美元腰斩至2015年放开管制前的约250亿美元。黑市猖獗，黑市汇率长期远超官方汇率，兑美元汇率一度高达16:1。而且，外汇管制拖累经济运行效率，诸多经济活动面临层层关卡，企业经营和社会总成本显著上升。官方汇率价格扭曲，难以有效配置资源。

2015年12月，阿根廷新政府上台后，意识到应充分发挥市场在汇率形成和资源配置中的作用。因此，对内密集推出取消外汇管制、实行汇率自由浮动等一系列变革举措，推动建立市场经济秩序。比索兑美元汇率在一次性大幅贬值至黑市市场汇率后逐渐在15:1的水平上企稳，阿根廷外汇储备也有所增加。对外，积极寻求与"秃鹫基金"和解，努力与国际货币基金组织、巴黎俱乐部改善关系，撤换统计局长，通过多种场合向市场发出变革的积极信号，力求重返国际金融市场。国际社会普遍欢迎阿根廷新政府的政策举措，对阿根廷经济前景的信心明显回升。

四、埃及的具体案例

埃及2011年放弃有管理的浮动汇率制，转而实施固定汇率制度。从2013年起，美联储逐步退出量化宽松，美元急剧升值使维持埃及镑汇率的压力大幅增加。尽管埃及央行加大了美元的市场供应量，并进一步加强了外汇管制措施，但未能守住币值，外汇储备大幅下降。埃及镑兑美元自2011年的5.8:1贬至汇改前的7.7:1，贬值幅度达25%。外汇储备自2011年逾360亿美元的峰值腰斩至汇改前的165亿美元，仅能支付三个月的进口需求。埃及黑市汇率长期远超官方汇率，兑美元汇率一度近10:1。

2016年3月14日，埃及中央银行宣布汇改，采取"更加灵活的汇率管理体制"（more flexible exchange rate regime），并提出年底前将埃及外汇储备恢复至250亿美元的目标。当日，埃及央行将官方汇率从1美元兑7.73埃及镑调整为1美元兑8.85埃及镑，贬值幅度达12.7%。随后发表声明称，将使汇率在短期内反映出本国货币真正价值，同时将密切关注形势发展，动用一切可能手段维护外汇市场有序运转，确保中期价格稳定。作为本次汇改综合措施之一，埃及国民银行（National Bank of Egypt）宣布将推出埃及国债的一年期买入期权，为投资者提供汇率避险工具。为应对通胀抬头压力，3月17日，埃及央行宣布将基础利率和隔夜借贷利率分别提高150个基点至10.75%和11.75%。

埃及央行此次汇改既是不得已之举，也抓住了有利时机。2015年11月，"改革派"人士阿梅尔（Amer）在担任埃及央行行长后意识到，由于经济基本面持续恶化，埃及央行已无力继续动用外汇储备维持汇率稳定，死守固定汇率的道路走不通。因此，埃及央行逐步放宽基本物资进口商及个人外汇存取款限额。2016年2月，埃及通胀率降至9.1%，创半年来最低水平，埃及央行抓住通胀压力放缓的有利时机，于3月宣布汇改。此次汇改向市场传递出清晰信号，未来将更多依据市场和经济基本面决定汇率水平，并一次性释放了前期累积的大部分贬值压力。此举有效缓解了埃及央行动用外汇储备支撑币值的压力，提振市场信心，也有助于改善国际收支平衡，提升对外竞争力，有利于经济持续增长。同时，鉴于埃及70%的消费品依赖进口，本币大幅贬值在短期内会增加埃及输入型通胀风险，埃及央行立即提高基准利率有助于抑制通胀，促进资本项目下外汇回流。

埃及央行汇改获得市场和国际社会的正面响应。非阿拉伯国家投资者加大埃及股票买入，3月14日至21日，埃及股市EGX30指数持续上涨，累计涨幅达 13.6%。埃及镑黑市汇率也从近 10 下降到 9.2，与官方汇率的差价明显收窄。花旗银行等国际金融机构认为埃央行措施果断，最终目标是实施有管理的浮动汇率制度，是遵循市场化方式解决问题的正确之道。

第十章
人民币国际化的前景

　　跨境人民币业务是在2008年国际金融危机背景下，顺应市场需求起步的。启动前期，人民币币值稳定、具有升值预期、支付结算便利程度日益提高，一直是吸引境外主体持有人民币、推动人民币国际化的有利因素。2015年以来，随着美联储逐步退出量化宽松、美元加息，人民币单边升值预期出现了变化。从国际环境看，新兴市场仍被看衰，货币持续贬值；欧元区经济疲软，欧元、英镑面临较大不确定性；美国经济逐步复苏，国际社会已重拾对美元的信心。从国内环境看，我国正在进行供给侧结构性改革，去产能、去库存、去杠杆、降成本、补短板的任务艰巨，经济增速有所放缓，市场对人民币预期有所分化。在经济周期的影响下人民币国际化呈现出波浪式前进、周期性发展的特征。2017年政府工作报告提出"坚持汇率市场化改革方向，保持人民币在全球货币体系中的稳定地位"，2017年第五次全国金融工作会议指出要稳步推进人民币国际化，稳步实现资本项目可兑换，为下一步人民币国际化发展指明了方向。人民币国际化作为一个中长期战略，需顺应趋势有序扎实推进。

| 人民币走向国际化 |

第一节　人民币国际化面临的新机遇

一、人民币国际化的新动力：金融业双向开放

一国货币要成为国际货币，必须要在国际金融市场拥有一席之地。2017年第五次全国金融工作会议提出"稳步扩大金融业双向开放，金融开放要坚持自主、有序、平等、安全方针"。从金融开放的内涵看，一方面是对境外市场主体开放金融市场，准许其在国内金融市场从事交易和开展各种金融业务，即金融市场开放和金融机构及业务准入；另一方面是准许国内居民和机构参与国际金融市场上的交易。国际货币基金组织在评估SDR篮子货币时，将"在国际银行负债中的占比""在国际债务证券中的占比"以及"在国际外汇市场交易中的占比"三项指标纳入考核范围。人民币国际化要稳步向前推进，我国金融市场扩大对外开放是不可或缺的一环，同时我国的金融机构、企业和个人也要更多"走出去"对外投资，并同时顺应市场需要支持离岸人民币市场发展，增加在境外以人民币计价和交易的金融产品。

（一）从金融规则方面看

我国正在构建新常态下进一步开放的体制、机制，以开放促改革、促发展、促创新。通过深入开展国际金融服务规则体系研究，深入理解国际服务贸易协定（TISA）、跨太平洋伙伴关系协定（TPP）、跨大西洋贸易与投资伙伴关系协定（TTIP）、双边投资协定（BIT）等机制中的高水平金融服务新规则，并发起亚太自贸区倡议，推动建立和完善全球和区域贸易和投资合作机制，为"一带一路"建设实施搭起合作平

台。我国也积极参与全球经济治理，推进国际货币体系改革。这有利于在双边、区域和全球多个层次推进全球金融安全网建设，为我国金融业双向开放提供安全保障，构建具有竞争力的金融体系。同时，这也有利于厘清政府与市场的界限，推进简政放权，激发市场活力，释放经济增长潜力，最终有利于推动人民币国际化。

（二）从金融机构方面看

近年来，我国进一步放宽了外资金融机构准入限制，国内金融机构也正在努力完善海外布局。有序推进金融业对外开放，有利于形成公平、有序、良性的金融生态环境，也有利于更多金融机构在国际经贸往来和金融交易中使用人民币。

（三）从金融市场看

我国正在有序推动金融市场对外开放。近年来，我国扩大资本市场双向开放，提高股票、债券市场对外开放程度；推出"沪港通"、深港通、债券通，建立健全合格机构投资者制度；放宽境内机构境外发行债券，以及境外机构境内发行、投资和交易人民币债券限制，统筹解决市场对外开放过程中面临的会计、审计和税收问题；积极稳妥地推进外汇市场、黄金市场等开放。进一步完善支付结算制度。积极稳妥落实《金融市场基础设施原则》，加强和改进我国金融市场基础设施建设。金融市场双向开放程度的稳步提升，将为人民币国际化稳步推进打下坚实基础。

二、人民币国际职能的深化：充当储备货币的前景

我国强大的经济实力是人民币成为储备货币的坚实后盾。经历30多年的改革开放，我国经济取得了重大的成就，已经成为仅次于美国的

第二大经济体、全球第一大进出口贸易国，2013年我国是全球120多个国家和地区的第一大贸易伙伴。我国对世界经济增长的贡献率不断上升，特别是2008年国际金融危机爆发以来，我国对世界经济增长的贡献率已经超过美国、欧盟和日本，成为拉动世界经济增长的最大引擎，2016年我国对世界经济增长贡献率超过30%，2013—2015年对世界经济增长的贡献率平均约为26%。

更加灵活的汇率形成机制是人民币成为储备货币的基础。经过多次汇率体制改革，人民币汇率形成机制不断完善，弹性幅度进一步加大。2005年7月宣布实施以市场供求为基础、参考一篮子货币进行调节、有管理的浮动汇率制度，人民币汇率形成机制更富弹性。2012年4月将银行间即期外汇市场人民币兑美元汇率波动区间由0.5%扩大至1%，2014年3月进一步扩大至2%，人民币汇率弹性不断增强。从2015年8月11日起，我国进一步完善人民币兑美元汇率中间价报价制度，市场在配置资源中的决定性作用更加凸显，人民币汇率形成机制更加灵活。更加灵活和市场化的人民币汇率形成机制，有助于增强各国中央银行将人民币纳入外汇储备的意愿和信心。

加入SDR是人民币成为储备货币的重要推力。人民币加入SDR，意味着人民币的安全性和可自由使用性得到了国际货币基金组织的认可，人民币的国际地位和声望进一步提升，增强了各国中央银行及投资者对人民币的信心，也加大了世界持有人民币作为储备资产的愿望。

长期来看，由于我国经济仍然保持着稳健快速的增长，在全球化进程中，与各国交往更加密切，人民币的使用也将进一步上升，而且我国有能力也有意愿保持人民币汇率的相对稳定，人民币在国际上的地位还将进一步提升。因此，人民币加入SDR之后，随着境内金融市场的不断开放和国际金融市场上人民币金融产品的不断丰富，各国对人民币的信心会不断提升，持有人民币并将其作为储备货币的意愿将进一步增强。

三、配合"一带一路"建设推进人民币国际化

2017年第五次全国金融工作会议要求"推进'一带一路'建设金融创新，逐步把'一带一路'金融合作网络建立起来"，对人民币国际化提出更高的要求。"一带一路"建设与人民币国际化是相辅相成的，"一带一路"沿线国家基础设施薄弱、建设资金缺口巨大，而我国基础设施建设能力强大、资本相对充裕，具有对外投资的良好条件。双方经济互补性强，供求高度匹配，开展国际产能合作可以实现互利共赢。鉴于我国拥有明确的比较优势，在沿线国家迫切需求的基础设施项目建设中，我国可以提供较多的资金、设备技术、管理和劳务，这类项目使用人民币计价结算，有利于控制建设成本、降低汇率风险。除了基础设施的直接投资外，为基础设施项目提供人民币贷款融资，可最大程度减少汇率风险，有利于控制成本。

开展基础设施互联互通是为贸易畅通创造条件、实现"一带一路"倡议的重要举措。我国在国内基础设施建设方面积累了丰富的经验，在这方面的深层次合作可以突破贸易壁垒，构建以投资促进出口的新外贸格局，发挥产业聚集优势，搭建我国企业批量"走出去"的理想平台，同时也可成为人民币国际化的另一个突破口。另外，在"一带一路"沿线国家产业园区的规划和建设中，促进和引导市场主体选择使用人民币，推动人民币跨境资本运用及结算，形成人民币全球使用的交易网络，将会从各个方面形成合力，共同推进人民币的境外使用。

> 专栏17

开发性、政策性银行用市场化方式支持"一带一路"共赢发展

2017年5月14日，习近平主席在"一带一路"国际合作高峰论坛开幕式上发表主旨演讲，宣布国家开发银行、中国进出口银行将分别提供2 500亿元和1 300亿元等值人民币专项贷款，用于支持"一带一路"基础设施建设、产能、金融合作。

国开行"一带一路"专项贷款将充分发挥开发性金融优势和特点，通过市场化运作方式，重点支持"一带一路"基础设施建设、产能、金融合作，拟3年左右实现贷款承诺。专项贷款在运作上，坚持项目的自偿性和可持续发展原则，项目成熟一个运作一个。同时，在融资支持合作国经济社会发展中，特别关注运用普惠、绿色的理念和原则。截至2016年末，国开行在"一带一路"沿线国家已累计发放贷款超过1 600亿美元，余额超过1 100亿美元，重点支持了基础设施互联互通、产能合作、能源资源、社会民生等领域，在"一带一路"建设中发挥了积极作用。

进出口银行以市场化运作方式支持"一带一路"项目建设，侧重长期投资，注重控制风险，以实现保本微利和可持续发展。截至2017年5月末，进出口银行在"一带一路"沿线有余额的信贷项目1 200多个，分布于50多个国家，签约金额超过7 000亿元人民币，项目广泛覆盖交通、电力、水利、通信等基础设施互联互通，高新技术产品、大型成套设备和机电产品出口及能源资源开发等"一带一路"建设重点领域。从地域分布看，项目主要集中在东南亚、南亚和中亚地区。从涉及领域看，经贸合作类贷款占比最高，能源资源合作、基础设施互联互通和产业投资也占较高比重。

第十章 人民币国际化的前景

第二节 人民币国际化面临新的挑战

一、全球经济再平衡进程中，人民币国际化面临较多不确定因素

一是全球经济形势趋于复杂。主要发达经济体进一步分化，美国经济温和扩张，就业市场保持强劲势头，但通胀持续低于美联储2%的目标。欧元区经济出现积极信号，通胀水平仍较低迷，政治不确定性也可能对其复苏前景造成影响。日本经济尚未摆脱停滞局面。受大宗商品价格有所回升影响，部分新兴市场经济体形势有所好转，但结构单一、转型升级不及预期、金融市场深度不足等问题可能进一步制约其中长期增长前景。二是金融市场频繁震荡。2015年以来，受美联储加息预期、英国脱欧等因素影响，国际金融市场已发生多次巨幅震荡，黄金、美元等避险资产受到青睐，市场对包括人民币在内的新兴市场货币及其相关资产的需求有所下降。三是主要经济体货币政策分化。虽然加息进程谨慎而缓慢，但美联储货币政策回归正常化的方向不会轻易改变；日本、瑞典、欧洲中央银行等在加码传统货币政策的同时，还出台了"负利率"等非常规货币政策；俄罗斯、韩国、印度尼西亚、英国等中央银行也纷纷降息。四是地缘政治冲突频发，贸易保护主义有所抬头。欧洲难民危机、朝鲜半岛核危机、局部武装冲突等随时可能增添新的不稳定因素，部分国家和地区兴起的民粹主义、贸易保护主义思潮，可能对现有的世界贸易和投资格局造成影响。这些不确定、不稳定因素将对外部需求、国际资本流动产生的影响，进而对人民币汇率和人民币国际化进程可能产生的影响值得关注。

二、国内经济结构调整和转型升级,人民币国际化受到经济周期性影响

从历史经验看,一种货币的国际化接受程度与其贸易的广度和深度、国内经济强度和韧性、金融市场发展状况、相关制度设计及稳定性等都有很大关系。中国已成为全球第二大经济体和世界贸易大国,但尚未成为发达经济体,很多体制机制还不完善,人民币国际化面临着中国的特殊国情,没有太多的国际经验可借鉴,需要不断的试错和探索。随着中国改革开放的深入推进和经济持续多年的高速增长,境外对人民币的需求较强,市场接受度也有所提高。但受经济周期影响,叠加结构性改革和转型升级因素,经济增速有所下行,人民币的国际化需求可能有周期波动。虽然这种周期性的影响可以通过一些措施减弱,但不能彻底排除。

三、"三元悖论"约束下,人民币作为 SDR 篮子货币的职能转换面临挑战

"三元悖论"从宏观上揭示了货币政策独立、汇率稳定和资本自由流动三者之间相互制约的关系,对一国而言,不可能做到三者兼得,至多实现两个目标。国际经验表明,在货币国际化水平由低而高的变化过程中,必然要面对跨境资本流动和汇率制度的重大变化,需要对政策目标组合作出相应调整。德国和日本的货币国际化起点大致相似,但是由于各自选择的政策目标组合不同,对国内经济和金融运行产生了不同的深刻影响,致使两国的货币国际化成果大相径庭。中国要保持货币政策独立性,势必将在资本流动的自由度和汇率浮动的弹性之间寻求平衡。人民币成为 SDR 篮子货币,并不意味着它的国际接受度将会持续

提高，要想真正成为国际认可的储备货币，取决于货币政策的稳健和透明、货币可以自由跨境使用等一系列条件。人民币要承担更大的国际货币职能，需要加快资本项目开放进程，加大汇率市场化形成机制改革力度，提高货币政策调控的针对性和有效性，为实体经济发展营造适宜的金融环境，保持经济发展良好态势。

四、金融风险联动和传染性增强，人民币跨境资金流动监测管理难度提升

更加灵活的人民币汇率制度、资本项目的逐步放开，提高了跨境资本流动与金融市场、实体经济的关联度，使得外汇市场、货币市场、资本市场之间，以及离岸和在岸市场之间的价格联动和风险传染性增强，容易由单个市场或者局部风险引起连锁反应而导致系统性风险。

第三节　人民币国际化的新举措

人民币国际化是中长期战略，需要总体思路上的把握，也需要一点一滴去抓落实，一步一个脚印去推进。现阶段，人民币国际化将顺应经济发展新常态的要求，立足服务实体经济，夯实四个支柱，促进贸易投资便利化，扩大人民币国际使用。

一、发挥市场驱动的基础性作用

按照2017年第五次全国金融工作会议的要求，合理安排开放顺序，对那些有利于保护金融消费者权益、有利于增强金融有序竞争、有利于防范金融风险的举措，可以加快推进。对那些情况复杂、不确定性较大的举措，要慎重行事。加快中国金融体系对内改革的步伐，完善人民币汇率市场化形成机制，树立中国负责任的大国形象，增进国际社会对人民币的信任和认可，为人民币信用背书，扫清人民币国际化道路中思想观念及文化方面的障碍。扩大市场主体对人民币国际使用的认知，发动和运用"一带一路"在内的各种论坛、博览会、洽谈会等平台，聚合政府部门、商业机构、智库团体和高校科研单位等各方力量，宣传人民币在跨境贸易、投融资活动中使用所具有的核算便捷、减轻货币错配的优势，以及运用人民币参与中国金融市场投资和外汇市场交易可以实现的保值增值和避险目标。引导政策供给和市场需求更好衔接，培育可持续、有深度的需求，激活市场内在的原动力，使人民币应用于更多场景和领域。

二、发挥顶层设计的引领作用，完善政策框架和基础设施

在坚持本币优先基础上，进一步完善形成规则统一且有区别的本外币协调配合体系。建立完善由"部门规章＋规范性文件＋自律规定"构成的跨境人民币业务整体规范，形成以部门规章为统领、规范性文件为支撑、自律规定为底线的政策框架。研究起草《跨境人民币业务管理办法》，将现有规定上升到部门规章层面，并明确相应的法律责任。研究规范跨境电子商务人民币结算业务。进一步完善跨境双向人民币资金池、外商直接投资人民币结算业务管理规定。推动制定商业银行货物贸易、服务贸易、直接投资、跨境融资等业务展业自律规范。配合"一带一路"建设，稳步扩大人民币在国际产能和装备制造合作中的使用，促进贸易投资便利化。完善边境地区跨境人民币业务相关政策，促进双边本币合作，夯实人民币在周边国家使用的基础。支持自贸试验区等试点地区在风险可控的基础上研究探索新业务。

完善人民币国际化的基础设施，构建安全、高效的全球人民币清算

网络。在进一步完善现有清算渠道的基础上,加快 CIPS 二期建设。进一步研究推动引入合格的境外机构作为 CIPS 直接参与者。上线 RCPMIS 五期,完成《RCPMIS 操作和信息报送指引》出版发行,加强培训和信息报送管理,继续推动 RCPMIS 二代早日投产开发和上线。

三、发挥离岸市场的积极作用,推进离岸和在岸市场的良性互动

发挥离岸市场聚拢境外分散的人民币流动性、发现价格和压力测试的作用,促进人民币国际使用并提高交易的效率和活跃度。分布在不同时区的离岸人民币市场发展,尤其是人民币业务清算行的确立,形成了覆盖全球各时区工作时段的不间断人民币清算服务网络,大幅提高了人民币清算效率,促进了人民币交易的便捷性,扩展了人民币境外流通的时间和空间范围。同时,离岸市场具有与全球金融市场联通更直接的特点,其人民币交易价格形成过程和水平与境内不尽一致,为市场主体提供多样化的价格参考,有助于市场主体进行交易判断,提高人民币使用交易活跃度。引导人民币业务清算行切实发挥其在组织推动离岸人民币市场发展中的作用,积极参与当地外汇市场做市,丰富离岸市场人民币金融产品,提升离岸人民币市场的深度和广度。为境外机构在人民币成为 SDR 篮子货币后增加配置人民币资产、对冲风险等提供更多选择,使境外机构可以根据自身需求和操作便利程度在离岸和在岸之间相机切换,并相应促进两个市场互动。

四、发挥监督管理的保障作用,防范人民币跨境资金流动风险

2017 年第五次全国金融工作会议强调"要不断完善宏观审慎政策体系,保留紧急情况下的特定处置手段,把人民币国际化可能带来的风险降到最低"。因此,要加强信息收集,通过各类跨境、跨市场信息平

台，了解掌握跨境、跨市场交易信息，保证出台监督管理措施时决策依据充分。着力事中事后监管，完善相关监测预警指标体系，加强对跨境人民币资金流动的日常监测分析，密切关注人民币跨境资金异常流动情况。研究丰富政策工具箱，加强本外币政策协调，及时采取有针对性的措施，防范跨境资金流动风险。做好对商业银行跨境人民币业务风险管理情况的宏观审慎评估（MPA），引导商业银行审慎经营，促进业务均衡发展。加强跨境人民币业务自律机制建设，充分发挥自律机制的作用，构建"人民银行—商业银行—企业（个人）"的三级政策传导机制。坚持把银行挺在前面，通过银行将政策措施传导给企业和个人，发挥好政府监管与市场自律的合力，在提高便利化水平的同时提升监管效率。

附录一
大 事 记

2009 年

1月20日，中国人民银行与香港金融管理局签署规模为2 000亿元人民币/2 270亿港元的双边本币互换协议，有效期3年，经双方同意可以展期。

2月8日，中国人民银行与马来西亚央行签署规模为800亿元人民币/400亿林吉特的双边本币互换协议，有效期3年，经双方同意可以展期。

3月11日，中国人民银行与白俄罗斯央行签署规模为200亿元人民币/8万亿白俄罗斯卢布的双边本币互换协议，有效期3年，经双方同意可以展期。

3月23日，中国人民银行与印度尼西亚央行签署规模为1 000亿元人民币/175万亿印尼卢比的双边本币互换协议，有效期3年，经双方同意可以展期。

4月2日，中国人民银行与阿根廷央行签署规模为700亿元人民币/380亿阿根廷比索的双边本币互换协议，有效期3年，经双方同意可以展期。

4月8日，国务院第56次常务会议决定在上海市和广东省广州市、深圳市、珠海市和东莞市开展跨境贸易人民币结算试点。

4月20日，中国人民银行与韩国央行签署规模为1 800亿元人民币/38万亿韩元的双边本币互换协议，有效期3年，经双方同意可以展期。

6月29日，中国人民银行与香港金融管理局就内地与香港跨境贸易人民币结算试点业务签订《中国人民银行与香港金融管理局补充合作备忘录（三）》。

7月1日，中国人民银行、财政部、商务部、海关总署、国家税务总局和中国银行业监督管理委员会联合发布《跨境贸易人民币结算试点管理办法》。

7月3日，中国人民银行与中国银行（香港）有限公司签署修订后的《香港人民币业务清算协议》，配合跨境贸易人民币结算试点工作的开展。

7月3日，为贯彻落实《跨境贸易人民币结算试点管理办法》，中国人民银行发布《跨境贸易人民币结算试点管理办法实施细则》。

7月6日，上海市办理第一笔跨境贸易人民币结算业务；人民币跨境收付信息管理系统（RCPMIS）正式上线运行。

7月7日，广东省四城市启动跨境贸易人民币结算试点工作。

7月14日，中国人民银行、财政部、商务部、海关总署、国家税务总局、中国银行业监督管理委员会联合向上海市和广东省政府印发了《关于同意跨境贸易人民币结算试点企业名单的函》，第一批试点企业正式获批开展出口货物贸易人民币结算业务，共计365家，其中上海92家、广东273家。

8月25日，国家税务总局发布《关于跨境贸易人民币结算出口货物退（免）税有关事项的通知》。

8月27日，海关总署监管司发布《关于跨境贸易人民币结算试点有关问题的通知》。

9月10日，中国人民银行和国家税务总局签署《跨境贸易人民币结算试点信息传输备忘录》。

9月15日，财政部首次在香港发行人民币国债，债券金额共计60亿元人民币。

11月6日，中国人民银行批复国家开发银行开展境外项目人民币融资试点业务，这是我国金融机构首次开展此类业务。

12月22日，中国人民银行发布《跨境贸易人民币结算试点相关政策问题解答》。

2010年

2月11日，香港金融管理局发布《香港人民币业务的监管原则及操作安排的诠释》。

3月5日，在2010年政府工作报告中，温家宝总理提出"推进跨境贸易人民币结算试点，逐步发展境外人民币金融业务"。

3月8日，中国人民银行发布《人民币跨境收付信息管理系统管理暂行办法》。

3月19日，中国人民银行和海关总署签署《关于跨境贸易以人民币结算协调工作合作备忘录》。

3月24日，中国人民银行与白俄罗斯央行签署《中白双边本币结算协议》。该协议是我国与非接壤国家签订的第一个一般贸易本币结算协议，经双方同意可以展期。

6月9日，中国人民银行与冰岛央行签署规模为35亿元人民币/660亿冰岛克朗的双边本币互换协议，有效期3年，经双方同意可以展期。

6月17日，中国人民银行、财政部、商务部、海关总署、税务总局和银监会联合发布《中国人民银行 财政部 商务部 海关总署 税务总局 银监会关于扩大跨境贸易人民币结算试点有关问题的通知》，扩大跨境贸易人民币结算试点范围。

7月19日，中国人民银行与香港金融管理局在香港签署《补充合作备忘录（四）》，与中国银行（香港）有限公司签署修改后的《关于人民币业务的清算协议》。

7月23日，中国人民银行与新加坡金融管理局签署规模为1 500亿元人民币/300亿新加坡元的双边本币互换协议，有效期3年，经双方同意可以展期。

8月17日，中国人民银行发布《关于境外人民币清算行等三类机构运用人民币投资银行间债券市场试点有关事宜的通知》。

8月19日，经中国人民银行授权，中国外汇交易中心在银行间外汇市场完善人民币对马来西亚林吉特的交易方式，发展人民币对马来西亚林吉特直接交易。

8月25日，中国人民银行印发《关于试点地区银行申请人民币购售额度有关问题的通知》，明确境内参加行申请人民币购售额度的条件和程序。

8月31日，中国人民银行发布《境外机构人民币银行结算账户管理办法》。

10月12日，中国人民银行乌鲁木齐中心支行发布《新疆跨境直接投资人民币结算试点暂行办法》，在新疆率先开始跨境直接投资人民币结算试点。

11月22日，经中国人民银行授权，中国外汇交易中心在银行间外汇市场完善人民币对俄罗斯卢布的交易方式，发展人民币对俄罗斯卢布直接交易。

12月6日，经中国人民银行、财政部、商务部、海关总署、税务总局和银监会联合审定,参与试点的出口企业从365家扩大到6.7万家。

2011年

1月6日,中国人民银行发布《境外直接投资人民币结算试点管理办法》,允许跨境贸易人民币结算试点地区的银行和企业开展境外直接投资人民币结算试点,银行可以按照有关规定向境内机构在境外投资的企业或项目发放人民币贷款。

3月14日,第十一届全国人大第四次会议通过的《"十二五"规划纲要》明确:"扩大人民币跨境使用,逐步实现人民币资本项目可兑换。"温家宝总理在政府工作报告中也提出:"扩大人民币在跨境贸易和投资中的使用,推进人民币资本项下可兑换工作。"

4月18日,中国人民银行与新西兰储备银行签署规模为250亿元人民币/50亿新西兰元的双边本币互换协议,有效期3年,经双方同意可以展期。

4月19日,中国人民银行与乌兹别克斯坦央行签署规模为7亿元人民币/1 670亿乌兹别克斯坦苏姆的双边本币互换协议,有效期3年,经双方同意可以展期。

5月6日,中国人民银行与蒙古国央行签署规模为50亿元人民币/1万亿蒙古图格里克的双边本币互换协议,有效期3年,经双方同意可以展期。

6月3日,中国人民银行发布《关于明确跨境人民币业务相关问题的通知》,就跨境人民币业务有关事项的办理进行明确。

6月9日,昆明富滇银行与老挝大众银行共同推出人民币与老挝基普的挂牌汇率。

6月13日,中国人民银行与哈萨克斯坦央行签署规模为70亿元人民币/1 500万亿坚戈的双边本币互换协议,有效期3年,经双方同意可以展期。

6月23日，中国人民银行与俄罗斯央行签订新的双边本币结算协定，规定两国经济活动主体可自行决定用自由兑换货币、人民币和卢布进行商品和服务的结算与支付。协定签订后，中俄本币结算从边境贸易扩大到了一般贸易，并扩大了地域范围。

6月28日，中国工商银行广西分行和中国银行新疆分行相继推出人民币对越南盾、哈萨克斯坦坚戈挂牌交易。

6月30日，交通银行青岛分行、韩国企业银行青岛分行推出人民币对韩元的柜台挂牌交易。

7月12日，中国人民银行发布《关于明确跨境人民币业务相关问题的通知》，就跨境人民币业务有关事项的办理进行明确。

7月27日，中国人民银行、财政部、商务部、海关总署、国家税务总局、中国银行业监督管理委员会发布《中国人民银行　财政部　商务部　海关总署　税务总局　银监会关于扩大跨境贸易人民币结算地区的通知》，明确将跨境贸易人民币结算境内地域范围扩大至全国。

9月14日，中国人民银行印发《关于俄罗斯莫斯科银行间货币交易所人民币对卢布交易人民币清算有关问题的通知》，明确俄罗斯金融机构可在境内商业银行开立人民币特殊账户，办理莫斯科银行间货币交易所人民币兑卢布交易清算。

10月13日，中国人民银行发布《外商直接投资人民币结算业务管理办法》，对银行和境外投资者办理外商直接投资人民币结算业务进行规范。

10月14日，商务部发布《商务部关于跨境人民币直接投资有关问题的通知》，就跨境人民币直接投资的有关事宜进行明确。

10月24日，中国人民银行公布《关于境内银行业金融机构境外项目人民币贷款的指导意见》，明确了商业银行开展境外项目人民币贷款的有关要求。

10月26日，中国人民银行与韩国央行续签双边本币互换协议，互换规模由原来的1 800亿元人民币/38万亿韩元扩大至3 600亿元人民币/64万亿韩元，有效期3年，经双方同意可以展期。

11月4日，根据中国人民银行公告〔2003〕第16号确定的选择香港人民币业务清算行的原则和标准，中国人民银行授权中国银行（香港）有限公司继续担任香港人民币业务清算行。

11月22日，中国人民银行与香港金融管理局续签双边本币互换协议，互换规模由原来的2 000亿元人民币/2 270亿港元扩大至4 000亿元人民币/4 900亿港元，有效期3年，经双方同意可以展期。

12月12日，商务部发布《关于进一步完善外商投资性公司有关管理措施的通知》，对外商投资性公司的审批等问题进行规范。

12月16日，中国证券监督管理委员会、中国人民银行、国家外汇管理局联合发布《基金管理公司、证券公司人民币合格境外机构投资者境内证券投资试点办法》。

12月22日，中国人民银行与泰国央行签署规模为700亿元人民币/3 200亿泰铢的双边本币互换协议，有效期3年，经双方同意可以展期。

12月23日，中国人民银行与巴基斯坦央行签署规模为100亿元人民币/1 400亿卢比的双边本币互换协议，有效期3年，经双方同意可以展期。

12月29日，人民币对泰铢银行间市场区域交易在云南省成功推出，这是我国首例人民币对非主要国际储备货币在银行间市场的区域交易。

12月31日，中国人民银行发布《中国人民银行关于实施〈基金管理公司、证券公司人民币合格境外机构投资者境内证券投资试点办法〉有关事项的通知》。

2012 年

1月17日，中国人民银行与阿联酋央行签署规模为350亿元人民币/200亿迪拉姆的双边本币互换协议，有效期3年，经双方同意可以展期。

2月6日，中国人民银行、财政部、商务部、海关总署、税务总局和银监会联合印发《中国人民银行 财政部 商务部 海关部署 国家税务总局 中国银行业监督管理委员会关于出口货物贸易人民币结算企业管理有关问题的通知》。

2月8日，中国人民银行与马来西亚央行续签双边本币互换协议，互换规模由原来的800亿元人民币/400亿林吉特扩大至1800亿元人民币/900亿林吉特，有效期3年，经双方同意可以展期。

2月21日，中国人民银行与土耳其央行签署规模为100亿元人民币/30亿土耳其里拉的双边本币互换协议，有效期3年，经双方同意可以展期。

3月2日，中国人民银行、财政部、商务部、海关总署、国家税务总局和中国银监会联合发布《关于出口货物贸易人民币结算企业管理有关问题的通知》。

3月20日，中国人民银行与蒙古国央行签署了双边本币互换补充协议，互换规模由原来的50亿元人民币/1万亿蒙古图格里克扩大至100亿元人民币/2万亿图格里克。

3月22日，中国人民银行与澳大利亚央行签署规模为2 000亿元人民币/300亿澳大利亚元的双边本币互换协议，有效期3年，经双方同意可以展期。

4月3日，经国务院批准，香港地区人民币合格境外机构投资者（RQFII）试点额度扩大500亿元人民币。

6月1日，经中国人民银行授权，中国外汇交易中心在银行间外汇市场完善人民币对日元的交易方式,发展人民币对日元直接交易。

6月5日,中国人民银行、财政部、商务部、海关总署、国家税务总局和中国银监会联合发布《关于出口货物贸易人民币结算企业重点监管名单的函》。

6月26日,中国人民银行与乌克兰央行签署规模为150亿元人民币/190亿乌克兰格里夫纳的双边本币互换协议,有效期3年,经双方同意可以展期。

6月29日,中国人民银行印发《关于明确外商直接投资人民币结算业务操作细则的通知》。

7月31日,中国人民银行印发《关于境外机构人民币银行结算账户开立和使用有关问题的通知》。

8月31日,中国人民银行与台湾货币管理机构签署《海峡两岸货币清算合作备忘录》。

9月24日,中国人民银行与中国银行澳门分行续签《关于人民币业务的清算协议》。

11月13日,经国务院批准,香港地区人民币合格境外机构投资者(RQFII)试点额度扩大2 000亿元人民币。

12月11日,中国人民银行授权中国银行台北分行担任台湾人民币业务清算行。

2013年

1月25日,中国人民银行与中国银行台北分行签订《关于人民币业务的清算协议》。

2月8日,中国人民银行授权中国工商银行新加坡分行担任新加坡人民币业务清算行,并于4月与其签订《关于人民币业务的清算协议》。

3月1日,中国证券监督管理委员会、中国人民银行、国家外汇管理局联合发布《人民币合格境外机构投资者境内证券投资试点办法》。

3月7日，中国人民银行与新加坡金融管理局续签规模为3 000亿元人民币/600亿新加坡元的中新双边本币互换协议，有效期3年，经双方同意可以展期。

3月13日，中国人民银行发布《关于合格境外投资者投资银行间债券市场有关事项的通知》。

3月26日，中国人民银行与巴西央行签署规模为1 900亿元人民币/600亿巴西雷亚尔的中巴双边本币互换协议，有效期3年，经双方同意可以展期。

4月10日，经中国人民银行授权，中国外汇交易中心在银行间外汇市场完善人民币对澳大利亚元的交易方式，发展人民币对澳大利亚元直接交易。

4月25日，中国人民银行印发《关于实施〈人民币合格境外机构投资者境内证券投资试点办法〉有关事项的通知》。

6月21日，两岸签署《海峡两岸服务贸易协议》，允许台资金融机构以人民币合格境外机构投资者（RQFII）方式投资大陆资本市场，投资额度考虑按1 000亿元掌握。

6月22日，中国人民银行与英格兰银行签署规模为2 000亿元人民币/200亿英镑的双边本币互换协议，有效期3年，经双方同意可以展期。

7月9日，中国人民银行发布《关于简化跨境人民币业务流程和完善有关政策的通知》。

8月23日，中国人民银行办公厅发布《关于优化人民币跨境收付信息管理系统信息报送流程的通知》。

9月9日，中国人民银行与匈牙利央行签署规模为100亿元人民币/3 750亿匈牙利福林的双边本币互换协议，有效期3年，经双方同意可以展期。

9月11日，中国人民银行与冰岛央行续签规模为35亿元人民币/660亿冰岛克朗的双边本币互换协议，有效期3年，经双方同意可以展期。

9月12日，中国人民银行与阿尔巴尼亚央行签署规模为20亿元人民币/358亿阿尔巴尼亚列克的双边本币互换协议，有效期3年，经双方同意可以展期。

9月23日，中国人民银行发布《关于境外投资者投资境内金融机构人民币结算有关事项的通知》。

10月1日，中国人民银行与印度尼西亚央行续签规模为1 000亿元人民币/175万亿印尼卢比的双边本币互换协议，有效期3年，经双方同意可以展期。

10月8日，中国人民银行与欧洲中央银行签署规模为3 500亿元人民币/450亿欧元的双边本币互换协议，有效期3年，经双方同意可以展期。

10月15日，第五次中英经济财金对话宣布给予英国800亿元人民币合格境外机构投资者（RQFII）额度。

10月22日，中新双边合作联合委员会第十次会议宣布给予新加坡500亿元人民币合格境外机构投资者（RQFII）额度。

12月31日，中国人民银行发布《关于调整人民币购售业务管理的通知》。

2014年

3月14日，中国人民银行、财政部、商务部、海关总署、国家税务总局和银监会联合发布《关于简化出口货物贸易人民币结算企业管理有关事项的通知》。

3月19日，经中国人民银行授权，中国外汇交易中心在银行间外汇市场完善人民币对新西兰元的交易方式，发展人民币对新西兰元直接交易。

3月26日，中法联合声明宣布给予法国800亿元人民币合格境外机构投资者（RQFII）额度。

3月28日，中国人民银行与德国央行签署在法兰克福建立人民币清算安排的合作备忘录。

3月31日，中国人民银行与英格兰银行签署在伦敦建立人民币清算安排的合作备忘录。

4月25日，中国人民银行与新西兰央行续签规模为250亿元人民币/50亿新西兰元的双边本币互换协议。

6月11日，中国人民银行发布《关于贯彻落实〈国务院办公厅关于支持外贸稳定增长的若干意见〉的指导意见》。

6月17日，中国人民银行授权中国建设银行（伦敦）有限公司担任伦敦人民币业务清算行。

6月18日，中国人民银行授权中国银行法兰克福分行担任法兰克福人民币业务清算行。

6月19日，经中国人民银行授权，中国外汇交易中心在银行间外汇市场完善人民币对英镑的交易方式，发展人民币对英镑直接交易。

6月28日，中国人民银行与法国央行签署在巴黎建立人民币清算安排的合作备忘录，与卢森堡央行签署在卢森堡建立人民币清算安排的合作备忘录。

7月3日，中国人民银行与韩国央行签署在首尔建立人民币清算安排的合作备忘录，给予韩国800亿元人民币合格境外机构投资者（RQFII）额度；4日，中国人民银行授权交通银行首尔分行担任首尔人民币业务清算行。

7月7日，在德国总理默克尔来华访问期间，李克强总理宣布给予德国800亿元人民币合格境外机构投资者（RQFII）额度。

7月18日，中国人民银行与阿根廷央行续签规模为700亿元人民币/900亿阿根廷比索的双边本币互换协议。

7月21日，中国人民银行与瑞士央行签署规模为1500亿元人民币/210亿瑞士法郎的双边本币互换协议。

8月21日，中国人民银行与蒙古国央行续签规模为150亿元人民币/4.5万亿蒙古图格里克的双边本币互换协议。

9月5日，中国人民银行授权中国银行巴黎分行担任巴黎人民币业务清算行，授权中国工商银行卢森堡分行担任卢森堡人民币业务清算行。

9月16日，中国人民银行与斯里兰卡央行签署规模为100亿元人民币/2250亿斯里兰卡卢比的双边本币互换协议。

9月28日，中国人民银行办公厅发布《关于境外机构在境内发行人民币债务融资工具跨境人民币结算有关事宜的通知》。

9月30日，经中国人民银行授权，中国外汇交易中心在银行间外汇市场完善人民币对欧元的交易方式，发展人民币对欧元直接交易。

10月11日，中国人民银行与韩国央行续签规模为3600亿元人民币/64万亿韩元的双边本币互换协议。

10月13日，中国人民银行与俄罗斯央行签署规模为1500亿元人民币/8150亿卢布的双边本币互换协议。

11月1日，中国人民银行发布《关于跨国企业集团开展跨境人民币资金集中运营业务有关事宜的通知》。

11月3日，中国人民银行与卡塔尔央行签署在多哈建立人民币清算安排的合作备忘录，签署了规模为350亿元人民币/208亿元里亚尔的双边本币互换协议，给予卡塔尔300亿元人民币合格境外机构投资者（RQFII）额度；4日，中国人民银行授权中国工商银行多哈分行担任多哈人民币业务清算行。

11月4日，中国人民银行、中国证券监督管理委员会联合发布《关于沪港股票市场交易互联互通机制试点有关问题的通知》。

11月5日，中国人民银行发布《关于人民币合格境内机构投资者境外证券投资有关事项的通知》。

11月8日，中国人民银行与加拿大央行签署在加拿大建立人民币清算安排的合作备忘录，签署了规模为2 000亿元人民币/300亿加元的双边本币互换协议，并给予加拿大500亿元人民币合格境外机构投资者（RQFII）额度。

11月9日，中国人民银行授权中国工商银行（加拿大）有限公司担任多伦多人民币业务清算行。

11月10日，中国人民银行与马来西亚央行签署在吉隆坡建立人民币清算安排的合作备忘录。

11月17日，中国人民银行与澳大利亚央行签署在澳大利亚建立人民币清算安排的合作备忘录，给予澳大利亚500亿元人民币合格境外机构投资者（RQFII）额度；18日，中国人民银行授权中国银行悉尼分行担任悉尼人民币业务清算行。

11月22日，中国人民银行与香港金融管理局续签规模为4 000亿元人民币/5 050亿港元的货币互换协议。

12月14日，中国人民银行与哈萨克斯坦央行续签规模为70亿元人民币/2 000亿哈萨克斯坦坚戈的双边本币互换协议；15日，经中国人民银行批准，中国外汇交易中心正式推出人民币对哈萨克斯坦坚戈银行间区域交易。

12月22日，中国人民银行与泰国央行签署在泰国建立人民币清算安排的合作备忘录，并续签了规模为700亿元人民币/3 700亿泰铢的双边本币互换协议。

12月23日，中国人民银行与巴基斯坦央行续签规模为100亿元人民币/1 650亿巴基斯坦卢比的双边本币互换协议。

2015 年

1月5日，中国人民银行授权中国银行（马来西亚）有限公司担任吉隆坡人民币业务清算行，授权中国工商银行（泰国）有限公司担任曼谷人民币业务清算行。

1月21日，中国人民银行与瑞士央行签署合作备忘录，就在瑞士建立人民币清算安排有关事宜达成一致，给予瑞士500亿元人民币合格境外机构投资者（RQFII）额度。

3月18日，中国人民银行与苏里南央行签署规模为10亿元人民币/5.2亿苏里南元的双边本币互换协议。

3月25日，中国人民银行与亚美尼亚央行签署规模为10亿元人民币/770亿亚美尼亚德拉姆的双边本币互换协议。

3月30日，中国人民银行与澳大利亚央行续签规模为2 000亿元人民币/400亿澳大利亚元的双边本币互换协议。

4月10日，中国人民银行与南非央行签署规模为300亿元人民币/540亿南非兰特的双边本币互换协议。

4月17日，中国人民银行与马来西亚央行续签规模为1 800亿元人民币/900亿马来西亚林吉特的双边本币互换协议。

4月29日，人民币合格境外机构投资者（RQFII）试点地区扩大至卢森堡，初始投资额度为500亿元人民币。

5月10日，中国人民银行与白俄罗斯央行续签规模为70亿元人民币/16万亿白俄罗斯卢布的双边本币互换协议。

5月15日，中国人民银行与乌克兰央行续签规模为150亿元人民币/540亿乌克兰格里夫纳的双边本币互换协议。

5月25日，中国人民银行与智利央行签署在智利建立人民币清算安排的合作备忘录，并签署规模为220亿元人民币/2.2万亿智利比索的双边本币互换协议，给予智利500亿元人民币合格境外机构投资者

（RQFII）额度；同日，授权中国建设银行智利分行担任智利人民币业务清算行。

6月1日，中国人民银行发布《关于境外人民币业务清算行、境外参加银行开展银行间债券市场债券回购交易的通知》。

6月11日，中国人民银行发布《人民币国际化报告（2015）》。

6月27日，中国人民银行与匈牙利央行签署在匈牙利建立人民币清算安排的合作备忘录和《中国人民银行代理匈牙利央行投资中国银行间债券市场的代理投资协议》，给予匈牙利500亿元人民币合格境外机构投资者（RQFII）额度；28日，授权中国银行匈牙利分行担任匈牙利人民币业务清算行。

7月7日，中国人民银行与南非央行签署在南非建立人民币清算安排的合作备忘录；8日，授权中国银行约翰内斯堡分行担任南非人民币业务清算行。

7月14日，中国人民银行印发《关于境外央行、国际金融组织、主权财富基金运用人民币投资银行间市场有关事宜的通知》，对境外央行类机构简化了入市流程，取消了额度限制，允许其自主选择中国人民银行或银行间市场结算代理人为其代理交易结算，并拓宽其可投资品种。

7月24日，发布中国人民银行公告〔2015〕第19号，明确境内原油期货以人民币为计价货币，引入境外交易者和境外经纪机构参与交易等。

8月11日，中国人民银行发布关于完善人民币兑美元汇率中间价报价的声明。自2015年8月11日起，做市商在每日银行间外汇市场开盘前，参考上日银行间外汇市场的收盘汇率，综合考虑外汇供求情况以及国际主要货币汇率变化向中国外汇交易中心提供中间价报价。

9月3日，中国人民银行与塔吉克斯坦央行签署规模为30亿元人民币/30亿索摩尼的双边本币互换协议。

9月7日,中国人民银行发布《关于进一步便利跨国企业集团开展跨境双向人民币资金池业务的通知》。

9月17日,中国人民银行与阿根廷央行签署在阿根廷建立人民币清算安排的合作备忘录;18日,授权中国工商银行(阿根廷)股份有限公司担任阿根廷人民币业务清算行。

9月21日,中国人民银行批复同意香港上海汇丰银行有限公司和中国银行(香港)有限公司在银行间债券市场发行金融债券,这是国际性商业银行首次获准在银行间债券市场发行人民币债券。

9月26日,中国人民银行与土耳其央行续签规模为120亿人民币/50亿土耳其里拉的双边本币互换协议。

9月27日,中国人民银行与格鲁吉亚央行签署双边本币互换框架协议。

9月29日,中国人民银行与吉尔吉斯斯坦央行签署加强合作的意向协议。同日,中国人民银行与赞比亚央行签署在赞比亚建立人民币清算安排的合作备忘录;30日,授权赞比亚中国银行担任赞比亚人民币业务清算行。

9月30日,发布中国人民银行公告〔2015〕第31号,开放境外央行(货币当局)和其他官方储备管理机构、国际金融组织、主权财富基金依法合规参与中国银行间外汇市场。

10月8日,人民币跨境支付系统(一期)成功上线运行。

10月20日,中国人民银行在伦敦采用簿记建档方式成功发行了50亿元人民币央行票据,期限1年,票面利率3.1%。这是中国人民银行首次在中国以外地区发行以人民币计价的央行票据。

10月20日,中国人民银行与英格兰银行续签规模为3 500亿元人民币/350亿英镑的双边本币互换协议。

11月2日,中国人民银行办公厅发布《关于境外中央银行类机构在境内银行业金融机构开立人民币银行结算账户有关事项的通知》。

11月6日，中国人民银行、国家外汇管理局发布《内地与香港证券投资基金跨境发行销售资金管理操作指引》。

11月9日，经中国人民银行授权，中国外汇交易中心宣布在银行间外汇市场开展人民币对瑞士法郎直接交易。

11月18日，中欧国际交易所股份有限公司举行成立仪式，并挂牌首批人民币计价和结算的证券现货产品。

11月23日，人民币合格境外机构投资者（RQFII）试点地区扩大至马来西亚，投资额度为500亿元人民币。

11月25日，首批境外央行类机构在中国外汇交易中心完成备案，正式进入中国银行间外汇市场。

11月27日，中国银行间市场交易商协会接受加拿大不列颠哥伦比亚省在中国银行间债券市场发行60亿元人民币主权债券的注册。

11月30日，国际货币基金组织执董会决定将人民币纳入特别提款权（SDR）货币篮子，SDR货币篮子相应扩大至美元、欧元、人民币、日元、英镑5种货币，人民币在SDR货币篮子中的权重为10.92%，新的SDR货币篮子将于2016年10月1日生效。

11月30日，中国人民银行授权中国建设银行苏黎世分行担任瑞士人民币业务清算行。

12月7日，中国银行间市场交易商协会接受韩国政府在中国银行间债券市场发行30亿元人民币主权债券的注册。

12月14日，中国人民银行与阿联酋央行续签了规模为350亿元人民币/200亿阿联酋迪拉姆的双边本币互换协议。同日，双方签署了在阿联酋建立人民币清算安排的合作备忘录，并同意将人民币合格境外机构投资者（RQFII）试点地区扩大至阿联酋，投资额度为500亿元人民币。

12月17日，人民币合格境外机构投资者（RQFII）试点地区扩大至泰国，投资额度为500亿元人民币。

2016 年

1月20日，中国人民银行办公厅发布《关于调整境外机构人民币银行结算账户资金使用有关事宜的通知》。

1月22日，中国人民银行发布《关于扩大全口径跨境融资宏观审慎管理试点的通知》。

2月24日，中国人民银行发布2016年第3号公告，便利符合条件的境外机构投资银行间债券市场。

3月7日，中国人民银行与新加坡金融管理局续签了规模为3 000亿元人民币/640亿新加坡元的双边本币互换协议。

4月29日，中国人民银行发布《关于在全国范围内实施全口径跨境融资宏观审慎管理的通知》。

5月11日，中国人民银行与摩洛哥央行签署规模为100亿元人民币/150亿摩洛哥迪拉姆的双边本币互换协议。

6月7日，中国人民银行与美国联邦储备委员会签署在美国建立人民币清算安排的合作备忘录，并给予美国2 500亿元人民币合格境外机构投资者（RQFII）额度。

6月17日，中国人民银行与塞尔维亚央行签署了规模为15亿元人民币/270亿塞尔维亚第纳尔的双边本币互换协议。

6月20日，经中国人民银行授权，中国外汇交易中心在银行间外汇市场完善人民币对南非兰特的交易方式，发展人民币对南非兰特直接交易。

6月25日，中国人民银行与俄罗斯央行签署了在俄罗斯建立人民币清算安排的合作备忘录。

6月27日，经中国人民银行授权，中国外汇交易中心在银行间外汇市场完善人民币对韩元的交易方式，发展人民币对韩元直接交易。

7月11日，中国银行（香港）有限公司以直接参与者身份接入人民币跨境支付系统（CIPS），这是 CIPS 的首家境外直接参与者；同日，中信银行、上海银行、广东发展银行、江苏银行、三菱东京日联银行（中国）有限公司、瑞穗银行（中国）有限公司、恒生银行（中国）有限公司等以直接参与者身份接入 CIPS，CIPS 直接参与者数量增加至 27 家。

8 月 11 日，中国人民银行发布《人民币国际化报告（2016）》。

8 月 25 日，波兰共和国在中国银行间债券市场成功发行 3 年期人民币主权债券 30 亿元。

8 月 30 日，中国人民银行、国家外汇管理局发布《关于人民币合格境外机构投资者境内证券投资管理有关问题的通知》。

8 月 31 日，世界银行（国际复兴开发银行）首期特别提款权（SDR）计价债券在中国银行间债券市场成功发行。

9 月 12 日，中国人民银行与匈牙利央行续签双边本币互换协议，协议规模为 100 亿元人民币/4 160 亿匈牙利福林，有效期 3 年。

9 月 20 日，中国人民银行授权中国银行纽约分行担任美国人民币业务清算行。

9 月 23 日，经中国人民银行授权，中国外汇交易中心宣布在银行间外汇市场开展人民币对阿联酋迪拉姆和沙特里亚尔直接交易。

9 月 23 日，中国人民银行授权中国工商银行（莫斯科）股份有限公司担任俄罗斯人民币业务清算行。

9 月 23 日，加拿大国民银行获准在中国银行间债券市场发行规模不超过 50 亿元的人民币债券。

9 月 27 日，中国人民银行与欧洲中央银行签署补充协议，决定将双边本币互换协议有效期延长三年至 2019 年 10 月 8 日，互换规模不变。

10 月 1 日，国际货币基金组织宣布纳入人民币的特别提款权（SDR）新货币篮子于 10 月 1 日正式生效。人民币纳入 SDR 是人民币国际化的里程碑，是对中国经济发展成就和金融业改革开放成果的肯定，有助于增强 SDR 的代表性、稳定性和吸引力，也有利于国际货币体系改革向前推进。

11 月 4 日，中国人民银行、中国证券监督管理委员会发布《关于内地与香港股票市场交易互联互通机制有关问题的通知》。

11 月 29 日，中国人民银行发布《关于进一步明确境内企业人民币境外放款业务有关事项的通知》。

12 月 6 日，中国人民银行与埃及央行签署了规模为 180 亿元人民币/470 亿埃及镑的双边本币互换协议，有效期 3 年，经双方同意可以展期。

12 月 7 日，根据《中国人民银行与阿联酋中央银行合作备忘录》相关内容，中国人民银行决定授权中国农业银行迪拜分行担任阿联酋人民币业务清算行。

12 月 12 日，中国人民银行与突尼斯央行签署《中国人民银行与突尼斯央行合作谅解备忘录》。

12 月 21 日，经国务院批准，人民币合格境外机构投资者（RQFII）试点地区扩大到爱尔兰，投资额度为 500 亿元人民币。

12 月 21 日，中国人民银行与冰岛央行续签了双边本币互换协议，互换规模保持 35 亿元人民币/660 亿冰岛克朗，有效期 3 年，经双方同意可以展期。

12 月 26 日，中国人民银行办公厅印发《关于境外机构境内发行人民币债券跨境人民币结算业务有关事宜的通知》。

2017 年

1 月 13 日，中国人民银行印发《关于全口径跨境融资宏观审慎管理有关事宜的通知》，进一步完善了本外币一体化的全口径跨境融资宏观审慎管理框架。

5月11日，中国人民银行印发《人民币跨境收付信息管理系统管理办法》。

5月14日，中国人民银行行长周小川与捷克国家银行行长伊日·鲁斯诺克签署《中国人民银行与捷克国家银行合作谅解备忘录》。

5月16日，中国人民银行、香港金融管理局联合公告，开展香港与内地债券市场互联互通合作。

5月19日，中国人民银行与新西兰央行续签双边本币互换协议，规模保持250亿元人民币/50亿新西兰元，有效期3年，经双方同意可以展期。

5月24日，中国人民银行印发《完善人民币跨境收付信息管理系统银行间业务数据报送流程的通知》。

6月21日，中国人民银行发布《内地与香港债券市场互联互通合作管理暂行办法》。

7月2日，中国人民银行与香港金融管理局联合公告，香港与内地债券市场互联互通合作上线。其中，"北向通"于2017年7月3日上线试运行。

7月3日，内地与香港债券市场互联互通合作（简称"债券通"）正式上线试运行。

7月4日，香港人民币合格境外机构投资者（RQFII）额度扩大至5 000亿元人民币。

7月6日，中国人民银行与蒙古国央行续签双边本币互换协议，规模保持150亿元人民币/5.4万亿蒙古图格里克，有效期3年，经双方同意可以展期。

7月18日，中国人民银行与阿根廷央行续签双边本币互换协议，规模700亿元人民币/1 750亿阿根廷比索，有效期3年，经双方同意可以展期。

7月27日，中国人民银行与瑞士央行续签双边本币互换协议，规模保持1 500亿元人民币/210亿瑞士法郎，有效期3年，经双方同意可以展期。

8月10日，中国外汇交易中心宣布，将于11日起开展人民币对蒙古图格里克银行间市场区域交易。

附录二
相关重要文献选编

关于改革国际货币体系的思考[①]

周小川

此次金融危机的爆发与蔓延使我们再次面对一个古老而悬而未决的问题,那就是什么样的国际储备货币才能保持全球金融稳定、促进世界经济发展。历史上的银本位、金本位、金汇兑本位、布雷顿森林体系都是解决该问题的不同制度安排,这也是国际货币基金组织(IMF)成立的宗旨之一。但此次金融危机表明,这一问题不仅远未解决,由于现行国际货币体系的内在缺陷反而愈演愈烈。

从理论上讲,国际储备货币的币值首先应有一个稳定的基准和明确的发行规则以保证供给的有序;其次,其供给总量还可及时、灵活地

[①] 本文为周小川行长在 2009 年 4 月初二十国集团伦敦峰会召开前,于 2009 年 3 月 23 日发表于中国人民银行网站的文章,后收录于 2012 年 10 月出版的《国际金融危机:观察、分析与应对》。

根据需求的变化进行增减调节；再次，这种调节必须是超脱于任何一国的经济状况和利益。当前以主权信用货币作为主要国际储备货币是历史上少有的特例。此次危机再次警示我们，必须创造性地改革和完善现行国际货币体系，推动国际储备货币向着币值稳定、供应有序、总量可调的方向完善，才能从根本上维护全球经济金融稳定。

一、此次金融危机的爆发并在全球范围内迅速蔓延，反映出当前国际货币体系的内在缺陷和系统性风险

对于储备货币发行国而言，国内货币政策目标与各国对储备货币的要求经常产生矛盾。货币当局既不能忽视本国货币的国际职能而单纯考虑国内目标，又无法同时兼顾国内外的不同目标。既可能因抑制本国通胀的需要而无法充分满足全球经济不断增长的需求，也可能因过分刺激国内需求而导致全球流动性泛滥。理论上，特里芬难题仍然存在，即储备货币发行国无法在为世界提供流动性的同时确保币值的稳定。

当一国货币成为全世界初级产品定价货币、贸易结算货币和储备货币后，该国对经济失衡的汇率调整是无效的，因为多数国家货币都以该国货币为参照。经济全球化既受益于一种被普遍接受的储备货币，又为发行这种货币的制度缺陷所害。从布雷顿森林体系解体后金融危机屡屡发生且愈演愈烈来看，全世界为现行货币体系付出的代价可能会超出从中的收益。不仅储备货币的使用国要付出沉重的代价，发行国也在付出日益增大的代价。危机未必是储备货币发行当局的故意，但却是制度性缺陷的必然。

二、创造一种与主权国家脱钩并能保持币值长期稳定的国际储备货币，从而避免主权信用货币作为储备货币的内在缺陷，是国际货币体系改革的理想目标

超主权储备货币的主张虽然由来已久，但至今没有实质性进展。20世纪40年代凯恩斯就曾提出采用30种有代表性的商品作为定值基础建立国际货币单位"Bancor"的设想，遗憾的是未能实施，而其后以怀特方案为基础的布雷顿森林体系的崩溃显示凯恩斯的方案可能更有远见。早在布雷顿森林体系的缺陷暴露之初，国际货币基金组织就于1969年创设了特别提款权（以下简称SDR），以缓解主权货币作为储备货币的内在风险。遗憾的是，由于分配机制和使用范围上的限制，SDR的作用至今没有能够得到充分发挥。但SDR的存在为国际货币体系改革提供了一线希望。

超主权储备货币不仅克服了主权信用货币的内在风险，也为调节全球流动性提供了可能。由一个全球性机构管理的国际储备货币将使全球流动性的创造和调控成为可能，当一国主权货币不再作为全球贸易的尺度和参照基准时，该国汇率政策对失衡的调节效果会大大增强。这些能极大地降低未来危机发生的风险、增强危机处理的能力。

三、改革应从大处着眼，小处着手，循序渐进，寻求共赢

重建具有稳定的定值基准并为各国所接受的新储备货币可能是个长期内才能实现的目标。建立凯恩斯设想的国际货币单位更是人类的大胆设想，并需要各国政治家拿出超凡的远见和勇气。而在短期内，国际社会特别是国际货币基金组织至少应当承认并正视现行体制所造成的风险，对其不断监测、评估并及时预警。

同时还应特别考虑充分发挥SDR的作用。SDR具有超主权储备货

币的特征和潜力。同时它的扩大发行有利于国际货币基金组织克服在经费、话语权和代表权改革方面所面临的困难。因此，应当着力推动 SDR 的分配。这需要各成员国政治上的积极配合，特别是应尽快通过 1997 年第四次章程修订及相应的 SDR 分配决议，以使 1981 年后加入国际货币基金组织的成员国也能享受到 SDR 的好处。在此基础上考虑进一步扩大 SDR 的发行。

SDR 的使用范围需要拓宽，从而能真正满足各国对储备货币的要求。

建立起 SDR 与其他货币之间的清算关系。改变当前 SDR 只能用于政府或国际组织之间国际结算的现状，使其能成为国际贸易和金融交易公认的支付手段。

积极推动在国际贸易、大宗商品定价、投资和企业记账中使用 SDR 计价。不仅有利于加强 SDR 的作用，也能有效减少因使用主权储备货币计价而造成的资产价格波动和相关风险。

积极推动创立 SDR 计值的资产，增强其吸引力。国际货币基金组织正在研究 SDR 计值的有价证券，如果推行将是一个好的开端。

进一步完善 SDR 的定值和发行方式。SDR 定值的篮子货币范围应扩大到世界主要经济大国，也可将 GDP 作为权重考虑因素之一。此外，为进一步提升市场对其币值的信心，SDR 的发行也可从人为计算币值向有以实际资产支持的方式转变，可以考虑吸收各国现有的储备货币以作为其发行准备。

四、由国际货币基金组织集中管理成员国的部分储备，不仅有利于增强国际社会应对危机、维护国际货币金融体系稳定的能力，更是加强 SDR 作用的有力手段

由一个值得信任的国际机构将全球储备资金的一部分集中起来管理，

并提供合理的回报率吸引各国参与，将比各国的分散使用、各自为战更能有效地发挥储备资金的作用，对投机和市场恐慌起到更强的威慑与稳定效果。对于参与各国而言，也有利于减少所需的储备，节省资金用于发展和增长。国际货币基金组织成员国众多，同时也是全球唯一以维护货币和金融稳定为职责，并能对成员国宏观经济政策实施监督的国际机构，具备相应的专业特长，由其管理成员国储备具有天然的优势。

国际货币基金组织集中管理成员国储备，也将是推动 SDR 作为储备货币发挥更大作用的有力手段。国际货币基金组织可考虑按市场化模式形成开放式基金，将成员国以现有储备货币积累的储备集中管理，设定以 SDR 计值的基金单位，允许各投资者使用现有储备货币自由认购，需要时再赎回所需的储备货币，既推动了 SDR 计值资产的发展，也部分实现了对现有储备货币全球流动性的调控，甚至可以作为增加 SDR 发行、逐步替换现有储备货币的基础。

国际货币体系改革：背景、关联与建议[①]

周小川

今天和大家交流一下关于国际货币体系的管理和改革的问题。主要是想把这个问题的背景、关联问题及未来的走向作一介绍。这个题目与日常工作的联系比较密切。在很多场合，特别是国际场合，会讨论到这方面的问题，中国及中国中央银行在这一问题上的立场会受到较多的关注。另外，这个题目与跨境贸易和投资人民币结算试点等很多政策性问题也有比较大的关系。

一、背景情况

不妨从 2009 年 4 月召开的 G20 伦敦峰会讲起。伦敦峰会的一个背景是：从 2009 年初开始，国际上不少人试图将本轮国际金融危机的原因解释为中国和其他一些亚洲国家制造了全球不平衡。其逻辑是，中国和其他一些亚洲国家储蓄过剩、顺差过大、储备增长过快，使得美国长期利率提高不上去，导致其宏观经济政策调整无效，进而推动了房地产泡沫的积累，由此产生了一系列影响，以至于到 2008 年 9 月雷曼、AIG 等机构接连出现问题，并导致了金融市场出现自由落体式的危机。这是当时颇为流行的一种说法。实际上在此之前，在 2008 年末召开的 G7 会议上就很明显地传递出了这样的推理。

还有一个例子是，奥巴马当选总统后，2008 年 12 月提名盖特纳为

[①] 本文为周小川行长 2010 年 5 月 20 日在中国人民银行高级研修班上的讲话，后收录于 2012 年 10 月出版的《国际金融危机：观察、分析与应对》。

财政部长，有人对盖特纳提出了两个问题：一是关于他缴纳个人所得税方面的问题，这个问题不太大，盖特纳也作了解释；第二个问题是对其背景有所质疑，其中包括他曾在北大进修过一段时间，与中国的关系比较密切。当时有人向盖特纳提问，问他对人民币汇率问题的看法。盖特纳说，奥巴马总统认为中国操纵了人民币汇率。虽然他只是转述奥巴马的观点，而没有说这是他自己的观点，但媒体的报道就是说，盖特纳认为中国操纵了人民币汇率。此后，还出现了其他一些把中国因素说成是本轮金融危机主要原因的声音。

此外，还有一个很重要的相关问题。在伦敦峰会（2009年4月1~2日）召开前的2009年3月，美元下跌比较明显。美元地位很重要，美元下跌导致国际上对美国处理金融危机的方式、美联储的货币政策提出了一些疑问。对中国而言，美元下跌带来的另外一个问题是，中国作为世界上第一大外汇储备国，很多人关心中国的外汇储备是否会缩水。

当时，我国正在准备参加G20伦敦峰会的筹备工作中，一方面，我们力求客观地分析危机产生的原因和背景；另一方面，也感到应防止把金融危机的原因指向以中国为主的亚洲国家。因此，领导人责成财政部和人民银行，要在G20峰会之前发出一点声音。随后，财政部和人民银行通过不同的形式发表了一些观点，并在国际上引起了比较大的反响。

在伦敦峰会十多天之前（2009年3月14日）召开了G20财政部长和中央银行行长会，会议地点选在伦敦南边的一个叫West Sussex的比较僻静的小地方。会上，部分经合组织（OECD）国家、国际货币基金组织（IMF）等都提出了对金融危机的分析意见。

为此，在伦敦峰会之前一个星期，人民银行网站连续刊登了四篇文章①，其中三篇是以我的名义发表的，还有一篇以人民银行金融研究所的名义发表。

这四篇文章具有内在的逻辑联系，在发表顺序上也是有考虑的。有两篇是讲对本次金融危机原因的看法，包括对下一步改革的思考，其目的是要说明，把金融危机的原因往中国和亚洲国家推是不对的，真正的原因还要从西方国家自己身上找。下面分别介绍一下四篇文章和有关问题的背景。

储蓄率问题

从逻辑上来讲，应该先说储蓄率问题。国际上的批评意见在于，是不是因为亚洲国家特别是中国储蓄率过高、资本输出过多，导致了美国宏观调控失灵？中国储蓄率过高是不是主要因为人民币估值过低、出口导向型发展战略导致贸易顺差很大，再加上资本项目也有顺差，致使外汇储备增长过猛？关于这个题目，正好我们之前做过研究。在2009年2月的春节前，马来西亚中央银行召开该行成立60周年暨BIS和亚太中央银行行长会议，会议规模比较大，很多中央银行行长和经济学家包括诺贝尔经济学奖获得者斯蒂格利茨等都参加了。各国中央银行行长们搞了一个论坛，我第一个讲，题目就是"对亚洲高储蓄率的观察和分析"。

演讲的一个要点是，亚洲高储蓄率既有结构性的原因，也可能有文化、传统、家庭、发展阶段等各种各样的原因。其中还有一个原因就是亚洲国家在亚洲金融风波期间受到的冲击很大，教训很深刻。当时对冲基金对东南亚国家的投机性攻击非常凶猛，包括后来对中国香港、韩国

---

① 这四篇文章分别是《关于改革国际货币体系的思考》（2009年3月23日）、《关于储蓄率问题的思考》（2009年3月24日）、《关于改变宏观和微观顺周期性的几点思考》（2009年3月26日）和《对改革国际金融监管体系的几点认识》（2009年3月27日）。

和马来西亚的攻击都很厉害，投机资本在股票市场、外汇市场、期货市场以及期指市场之间进行联手操作。为应对攻击，马来西亚在一段时间内还不得不实行了资本管制；中国香港则干脆由香港外汇基金直接入市干预，主要是买进蓝筹股。到1998年9月，危机转到了俄罗斯、巴西，投机力量在中国香港没有坚持下去。这场风波导致了部分亚洲国家对投机资本十分憎恶。

《关于储蓄率问题的思考》一文提出的第一个议题是：亚洲国家储蓄率高与国际货币基金组织对亚洲金融风波的救助安排有关系。当时亚洲国家深受金融危机之苦，而IMF救助不及时，在救助条件上IMF和世界银行的意见也不统一。亚洲国家认为不能完全依赖国际组织，后来自己之间签订了《清迈协议》，同时开始增加本国储蓄，更多积累外汇储备，加强自我保护，以抵御可能发生的下一轮金融危机。也有人把亚洲国家的这些做法称为"自我保险"。可以说，由于亚洲金融风波期间全球没有一种机制来实施积极有效的救助安排，很大程度上促使了亚洲国家对外汇储备的积累。

亚洲国家的这个策略起到了一定的效果，至少从韩国的例子看是这样。这一轮金融危机最开始对韩国的冲击也比较大，韩国一度感到资本出逃非常厉害，可能会有问题。为此，韩国成为第一个提出和中国进行货币互换的国家。在亚洲金融风波期间，当时韩国的资本外流也很厉害，外汇储备很快就不够用了，没能挺过去，IMF对韩国出手救援，附加了不少条件，好在韩国已经成为OECD国家，IMF出手援助的力度也比较大。相比之下，中国在亚洲金融风波期间，持有1 300亿～1 400亿美元的外汇储备，应对起来情况就好些。在这次国际金融危机中，韩国有2 000多亿美元的储备，加上与美国、日本、中国签订了货币互换协议，对巩固信心、减少资本外逃起了积极的作用，经受住了这次危机的冲击，在2009年下半年以后就开始恢复了。

文章提出的第二个议题是：亚洲储蓄率的上升和美国储蓄率的下

降并不是同步发生的。美国家庭储蓄率到本次金融危机之前下降到零左右，而早先是10%左右。这个过程是发生在什么时期呢？主要是从20世纪90年代中期开始，直到2007年、2008年，差不多用了十几年的时间。对亚洲国家而言，1997年、1998年普遍处于深受亚洲金融风波冲击的状况下，一些国家出现经济衰退、通货紧缩，储蓄率根本上不去。亚洲国家储蓄率开始普遍增加是在亚洲金融风波后期，具体是从2001年、2002年开始的，中国的一些经济数据也是从2002年夏天开始出现了比较明显的恢复。中国的外汇储备在亚洲金融风波期间是大致停滞在1 400亿美元左右，没有明显的增加。从2002年夏天以后，中国外汇储备开始增加，下半年就增加了几百亿美元左右，之后每年增加1 000多亿美元。

从中可以清楚地看到，亚洲国家包括中国与美国储蓄率的变化在时间段上是不相对应的，美国储蓄率在亚洲国家储蓄率上升之前早就开始下降了。数据显示这一点非常明确。当然，从全球储蓄增量的角度看，中国的贡献确实比较大，产油国和部分其他亚洲国家贡献也比较大，而经常项目赤字主要来自美国，其他国家占的比重比较小。不管怎样，不能把全球储蓄过量归结于中国，问题恐怕还是要从美国自身来寻找。

这篇文章很大程度上是提出了警示，要更多地自省，而不能过于自满。20世纪90年代初苏东剧变后，美国成为唯一的超级经济大国。它一度在经济上曾受到日本的挑战，但20世纪90年代初以后，日本由于泡沫破裂，进入了所谓"失去的十年"，实际上可能已成为"失去的二十年"，经济增长一直未有起色，因此美国不必担心来自日本的挑战了。同时，美国又赶上20世纪90年代的科技革命，依靠互联网和生物工程等高科技极大地提高了劳动生产力，推动了从20世纪90年代一直持续到2006年的经济繁荣。对此，格林斯潘有过比较深入的观察和分析。

改革国际货币体系

国际货币体系本身也存在问题。虽然有些国家的储蓄率偏高,但为什么多余资本都流向了美国?当然还是因为美元是主要储备货币,所以其他国家有了顺差和国际货币积累,就需要购买美元作为外汇储备。虽然美国为防止泡沫提高了短期利率,但长期利率还是保持在低位,所以泡沫一直在积累,最后导致了次贷危机。假设美元不是国际储备货币,全球过剩的储蓄还可以流向其他国家。全球发展中国家普遍缺钱,很多地方极度贫困,亟须发展,为什么不想办法把资本配置到那些真正需要资金的地方?可见,资本流动与美元作为储备货币的地位有关系。

与此同时,美国救助金融危机的做法也有自相矛盾之处,其中包括理论上提到的"特里芬难题",一国主权货币作为国际储备货币,是存在这种矛盾的。这就是说,美方坚持美元作为储备货币而不愿意放弃,同时又抱怨中国的储蓄过剩导致了美联储货币政策的失灵,这有些缺乏自我批评精神,要看到其背后是美元作为储备货币的问题。当然这个问题由来已久,也不能指望很快就得到解决,但至少要认识到,如果要深究危机成因的话,储备货币是其中的一个重要因素。

国际货币体系改革的方向是什么?显然,恢复过去金本位制的可能性很低。在一段时期内,全球也很难找到比美元更稳定的储备媒介了。华尔街这次出了问题,但不可否认美元还在发挥很大的作用。国际货币体系应该向国际化方向发展,应该考虑发挥特别提款权(SDR)在国际货币体系中的作用,我们认为SDR有这个潜质和可能性。

微观和宏观顺周期性

《关于改变宏观和微观顺周期性的几点思考》一文是从货币政策及相关宏观政策的角度指出,全球经济金融中存在很多顺周期性因素:在景气周期,人们都很乐观,政策上也是支持泡沫扩张;在下降周期,各种因素都一起收缩,从而在宏观层面上助长大起大落。

国际金融监管

最后一篇文章讨论的是国际金融监管失效问题。有许多国家的金融监管都被证明是失效的,同时许多国际组织对金融市场的预警也是失效的。比如说,IMF过去把过多精力放在发展中国家预警的问题上,对发达国家失衡的问题警惕性不够,事前没有提出明确的预警,发达国家自身对监管也有所放松。在理论层面上,一部分人认为有很多金融问题是监管不了的,美联储前主席格林斯潘最近还在讲这样的观点。从根本上讲,还是由于监管者的知识结构和实践知识滞后于金融创新,导致监管不到位。

此外,亚洲金融危机以来,新兴市场国家特别是部分亚洲国家普遍强调要加强对对冲基金和高度投机性交易的监管,而美国和欧洲(特别是美国、英国)作为金融创新的主导力量却主张不监管,或者认为是监管不了的。通过这次危机也看到,对冲基金对于打压一些金融机构,包括雷曼、AIG以及差点出问题的摩根斯坦利,都起到了助推作用。在最近一轮的欧洲主权债务危机中又可以看到,对冲基金对希腊、欧元进行投机的力度开始加大。我曾经讲到过金融市场交易的频率特性问题,试图说明现在金融市场中有很多做法是非常鼓励短期投机性操作的。短期投机性的操作是华尔街擅长的领域,欧美国家不愿实行严厉监管,而多数亚洲国家在这方面没有太大的优势。但在这次危机中,对冲基金反而对华尔街的金融机构造成了很大冲击,可以说是欧美反受其害。

直到2008年9月,美国政府和监管当局为了抑制高度投机活动,先禁止了对100多家机构的裸卖空,后来干脆限制部分机构的其他卖空操作,这实际上是开始对对冲基金加以限制了。尽管现在在对冲基金的监管问题上仍有争议,但实践中已经提上日程了。有意思的是,在最近希腊愈演愈烈的主权债务危机中，希腊总统在议会推动了通过财政紧缩计划，以便获得IMF、欧盟以及欧元区国家的救助，同时也对国际力量特别是对冲基金打击希腊政府债券的做法提出了谴责。另外，5月18日，德国宣布，禁止市场对德国多家金融机构进行"裸卖空"操作。

关于国际金融监管制度改革的这篇文章，表达了我们对监管失误以及监管应该如何改革的看法，这方面的问题也是金融危机的重要原因。

依靠私营部门救助

发达国家的这些做法都验证了，在亚洲金融危机之后，亚洲国家提出加强对短期投机性力量和国际资本流动监管的呼吁是有道理的。事实上，亚洲金融危机期间，国际投机力量不仅在1997年冲击了亚洲，在1998年还冲击了俄罗斯和巴西，最后还把美国的长期资本管理公司（LTCM）也给冲倒了。对LTCM，也不得不采取有力措施加以应对，如果不救，可能会导致很大的问题。解决LTCM靠的是政府和监管部门指挥、私人部门出手救助，当时是得意之作。这个过程表面看是金融机构联手出资救助，实际上是纽联储在背后主持开会。在救助LTCM时，会议都是在纽联储大楼里开的，当时财政部、美联储也有官员在现场，纽联储是真正操刀的。

在本轮经济危机中，还想采用这种办法。因为在是否能动用财政手段救助私人机构的问题上，没有明确的授权，政府直接救助受到了很大限制。在2008年9月7日危机开始深化时，美国财政部花了1 000多亿美元救助"两房"，之后整个市场质疑不断，形成了很大的压力。事隔一周，市场攻击的目标转向雷曼和AIG，紧接着是美林等。当时，美林和美洲银行仓促合并，暂时摆脱了困境，但在9月14日、15日的时候连正规合并程序都没走完。那是个周末，财政部和纽联储还想复制当年救助 LTCM 的做法，把所有的相关各方都召集到纽联储大楼，让大家一起想办法救助，盖特纳和保尔森也亲临现场。

当时，雷曼的资产负债表大概是 6 000 亿美元左右，救助所需资金的规模很大。此间，本来有意作为主收购方的英国巴克莱银行提出，收购雷曼的条件是要剥离一部分有毒资产。对此，财政部表示政府无意承担，美联储也觉得没有授权，因此只能呼吁私人部门顾全大局，共同出资来分担。当时在座的美国私人金融机构也普遍认识到雷曼倒闭将可能产生不利影响，权衡之下同意参与救助，最终大概凑齐 370 亿美元，同时同意整合不良资产，以帮助雷曼能够顺利被收购。但到最后主收购方放弃收购了，雷曼不得不在 15 日凌晨宣布破产保护，并随后引发了全球金融市场动荡。

G20 伦敦峰会取得的进展

联系起来看，上述多数争议都不是新近才有的，有些指责显然也是不合理的，确实需要防止把金融危机的原因和政策调整的主要压力都加给中国和其他亚洲国家。应该说，我们的努力发挥了一定的作用，G20 伦敦峰会的讨论比较务实、平衡。法国提出了关于金融机构高管的薪酬问题；IMF、英国和美国等提出要增加一笔资源且足够大，以保证 IMF 对问题国家能够提供足够的救助，从而减少金融危机的负面冲击。同时建立一种新机制，使得各国不需要进行太多的自我保险，出现问题可以找 IMF。

在会上，各国都在观察别人的立场。美方当然认为保持美元国际货币的地位是重要的，所以不希望议论 SDR 和国际货币体系改革的问题。中方的口径是，强调美国作为全球储备货币的主要发行国，必须保证本国在制定财政政策、货币政策时把全球的利益考虑在内，不能只考虑本国利益，为此要求美元保持基本稳定。在 2009 年第一季度以及第二季度初美元下滑的局面下，中方特别强调这个观点，提醒美国要重视美元储备货币的地位，要求美国必须对全球负责。这意味着后面还可以提出一个问题：如果美国做不到这一点的话，那美元是不是还具备储备货币的资格和条件？如果不够格，总有人还会提 SDR 或者其他替代方案。

总体上看，伦敦峰会取得了进展，实现了相互之间的妥协和让步。暂时未过多指责危机的主要原因出自中国，也未坚持全球不平衡是金融危机的主要原因，而把强调的焦点回归到监管不足、顺周期性等方面的问题。在此基础上，伦敦峰会达成共识，把"金融稳定论坛"升级为"金融稳定理事会"，加强金融市场的宏观审慎性管理，特别是强化在资本、杠杆率、流动性方面的逆周期管理。不过也要看到，2010 年年初有关人民币汇率方面的批评声音又开始多起来了，特别是 3 月份我国"两会"结束后，美国又有 130 名众议员联名，再次计划提出所谓中国操纵人民币汇率的议案。因此，这方面的争议还是会持续，还需要继续跟踪研究这些问题，一是要掌握动向，二是要进一步深化这方面的研究。

二、国际货币体系改革是个多面体

下面着重介绍国际货币体系改革问题。这个问题不是 2009 年伦敦峰会之前突然冒出来的，回顾历史，实际上是个由来已久的问题。布雷顿森林体系解体以后，美国有一段时期通货膨胀率比较高，美元一度不被人们看好，比如，IMF 和一些欧洲国家就对美元持怀疑态度。这次提出国际货币体系改革的观点后，就有很多人呼应，表示支持。实际上早在 20 世纪六七十年代就有人怀疑美元，提议搞替代账户，支持过去凯恩斯所提倡的用混合货币体替代美元的方案。只不过由于美元有一段时间十分稳定，人们觉得用得还不错，不一定要废除，替代账户的研究后来就一度停滞了。持这类观点的人表示，强调 SDR 作用的改革方向是对的,并又把很多过去的论据、方案拿出来表示支持。此外,欧洲很多国家对美元独大的地位也不是特别满意,在国际储备货币问题上有自己的想法。

从背景来看,除了前面介绍的一些争议以及对替代账户的讨论外,有两个背景很重要,且都发生于2006年。

"格林斯潘之谜"

2006年在北京召开了一个研讨会,格林斯潘通过视频作了演讲,第一次提出了他所担忧的一个重要问题。他讲到,当时出现了一个和以前不一样的情况:美联储每次按0.5个百分点的幅度连续提高利率,但几次加息后发现长期利率并不相应提高,这是过去没有出现过的现象。这个问题怎么看?一些人批评格林斯潘实行低利率的时间太长,最后导致了房地产泡沫。但格林斯潘回应说,2004年起就已经开始上调联邦基金利率了,但环境变了,未能达到目的。

不妨简单回顾一下美国近年的货币政策。2000年夏天纳斯达克指数开始崩盘,这促使美联储降低利率,以缓解崩盘造成的影响。如果出现股市崩盘,市场恐慌情绪蔓延,就需要尽快下调利率,释放流动性。这是正常的,也是美联储应对美国1987年股灾的经验,实际上现在伯南克也在这么做。之后,2001年发生了"9·11"事件,人们普遍非常担心金融系统还能否正常运转,美国人的信心受到了比较严重的打击。为此,"9·11"事件之后美国的货币政策保持了一段时间的相对宽松,以帮助经济恢复,提升人们的信心。之后,2002年年底美国又发生了安然事件,我国则在2002年早一些时候出现了银广夏事件。两起事件都是公司丑闻,但影响大不一样,银广夏事件影响有限,安然事件则暴露出巨大的公司治理问题,为此美国出台了《Sarbanes-Oxley法案》。此外,安然事件也容易导致市场信心缺失,进而甚至有可能拖累整个美国经济。在这种背景下,2003年后美联储继续实行了一段时间的低利率政策。

通过宽松的货币政策，美联储可能更快地控制了这几个连续性灾难事件的影响。按理说，等这些影响消失之后，美联储就应该开始提高利率。从这个角度说，现在来看如果早一年行动情况就会更好，比如可以在 2003 年夏天或秋天开始提高利率。当然，美联储也不是主观上就要把低利率水平调得那么低、持续那么长的时间，可能在当时没有把握，因此不敢贸然行动。

美联储开始真正提高利率是在 2004 年，每次货币政策委员会开会都提高 0.5 个百分点。这表明美联储对过去的低利率是有担忧的。2005 年秋天，G20 财政部长和中央银行行长会议在北京召开，美联储主席格林斯潘和时任美国财长约翰·斯诺都来了。格林斯潘在午餐讲演中说，经济运行不是一帆风顺的，现在一定有潜在的问题，形势随时都可能出现变化，要增强经济的抵抗力和活力，政策方面要有所准备，掉头要快，保持灵活性，不要再往市场里增加刚性。在利率上，格林斯潘强调要一个台阶、一个台阶地上调利率，每开一次会都可能加息 0.5 个百分点。可见，当时格林斯潘并不是没有意识到经济存在泡沫。

在前面提及的 2006 年北京研讨会上，格林斯潘进一步谈到了他的忧虑，即长期利率并没跟着美联储的加息而上升，甚至还有所下降，并表示这是从未出现过的。如果长期利率能够跟着上行，这些泡沫就有可能会减小，但如果长期利率不上升，就会出问题，意味着加息的政策效果不大。之后，对这个问题的讨论就与亚洲、与中国的情况联系起来了。一些人认为，美国长期利率之所以上不去，就是因为这一轮的全球经济调整与以往不一样，以往货币政策基本上都是在本国起作用，没有这么大的全球性资本流动，也没有这么多的全球性储备积累，由此就把问题归因于中国和亚洲地区的储蓄过剩（Saving Glut）、外汇储备积累和全球的储蓄率变化，以及由此导致的资本流动。

IMF 资源改革

与此同时,2006 年发生的另外一件事,表面上看与这个题目关系不大,但深究起来则可以发现也是与这个题目有关系的。当时 IMF 经费不足,发不出工资,要裁员。时任 IMF 总裁是拉托,拉托在任时,有一段时期世界上很少有国家出问题,因此也很少有国家向 IMF 借钱。那时候 IMF 主动提出要借钱给一些国家,但应者寥寥,几乎没有国家愿意接受。IMF 上一次对成员国借钱已经是 2002 年左右的事情了。一旦没有国家向 IMF 借钱,就意味着 IMF 没有利息收入。虽然有很多成员国向 IMF 出资,但是这些资金平常都放在各自国家的账户中,只有要大规模使用时才提交给 IMF。

IMF 运转的成本不低,在华盛顿的各项费用开支甚巨,其工作内容又经常遍布全球各地,员工差旅等费用也很大。由于缺钱,IMF 就成立了一个解决收入问题的名人(专家)委员会。有的专家建议 IMF 裁员,也有专家建议 IMF 出售一些黄金弥补支出。2006 年 6 月在巴塞尔中央银行行长会期间又开了一次名人委员会的晚餐会,我建议拉托总裁比较一下 IMF 和国际清算银行(BIS)在这方面的做法,这种比较有助于发现 IMF 存在的问题。

第一个区别是,BIS 所有的资产负债表、损益表,以及涉及分红、中央银行间交易的财务处理都是用 SDR。其实 SDR 是 IMF 的产物,而不是 BIS 的产物。那么,为什么 IMF 不用 SDR 作为核算和会计单位,也不要求成员国使用 SDR 作为核算单位呢?是否使用 SDR 作为财务核算单位实际上是有很大区别的。如果使用 SDR,基本上可以避免欧元波动造成的问题,成为一个很大的优势。否则,如果使用美元作为核算单位,一旦美元大幅升值,就会导致所有持有欧元头寸的金融机构发生账面损失,甚至在会计上会让一些机构出现财务危机。尤其是在报告年度财务报表的时候,如果出现这个问题,影响就很大。格林斯潘就曾提出，到 2009 年第一季度，也就是 2008 财政年度结束的时候，很多大型金融机构当时由于寻求美元资产作为避风港，导致美元在 2009 年前两个月大幅走强，对于持有大量的欧元等非美元头寸，按照盯市会计原则，金融资产账面价值大幅缩水，财务状况额外恶化，引发了一系列的问题，加重了危机。

第二点区别在于，不少中央银行都把一部分资产放在 BIS，由 BIS 负责经营，这部分资产的规模大概有 2 000 亿 SDR 左右。而 IMF 平时不掌管大量资产。在传统上，各国中央银行在 BIS 存放资产是与 BIS 的清算功能相联系的：BIS 作为中央银行的银行，负责给各国中央银行做清算业务，各国中央银行在 BIS 开户并存放一些头寸，这些头寸都是以 SDR 作为核算单位，BIS 也给这些头寸分红。相比之下，IMF 没有这样的机制。各国对 IMF 的出资实际上都存在各自国内，只有很少一部分用时才给 IMF。不论一国在 IMF 有多大股权，或者答应认购多少 IMF 的债券，实际上都没有把相应的资金存放到 IMF。比如，在伦敦峰会期间，全球各国筹集了 1.1 万亿美元用于救助金融危机，当时中国也答应了，随后宣布购买 500 亿美元的 IMF 债券。这些钱通常情况下并不是存放在 IMF 账户里的，而是要等到需要使用的时候，由 IMF 向各国提取。因此，IMF 不像 BIS 那样为各国中央银行经营资产，也就没有这种获取收益的途径。反之，如果能像 BIS 那样获得日常的经营性收益，从中拿出很小的一部分就足够维持 IMF 运转了，但 IMF 没有这么做。

IMF 与 BIS 有这两个差别，其实也是可以一致起来的。但如果要做，就必然涉及一个核心问题，即 IMF 必须更多地发挥 SDR 的作用，全部的资产负债表、各国报送的主要经济数据，都要使用 SDR 作为核算单位。同时，考虑到各国在 IMF 都开有 SDR 账户，因此可尽量保留一部分 SDR 现金资产在其账上，这样就能解决收益问题，同时也避免了全球经济波动对汇率的影响。对此，IMF 实际上是愿意的，也希望 SDR 能更好地发挥作用，所以 IMF 的多位前总裁（如康德苏、科勒）

都明确表态支持这一建议，IMF 还于 2010 年 5 月 11 日在苏黎世专门就此问题召开了一个高层研讨会。

强势美元和美元相对贬值

还需要研究美国方面的反应。美方说，注意到了中国人民银行于 2009 年 3 月底发表的几篇文章，有比较大的影响，也对美元走势产生了影响，鉴于现在正在危机期间，希望先暂时搁置这个问题。人们会问：美方认为国际货币体系的长远出路到底在哪里？这段时间美元是怎么走强的？还有一个疑问是，奥巴马提出美国实行出口倍增计划，出口要在五年内翻番，怎么才能实现这个目标？对此，很多人猜测，美方希望通过美元贬值来刺激出口，但同时又不想放弃美元国际储备货币的地位。这个猜测对不对？很有可能是对的。美国国家经济研究局局长马丁·费尔德斯坦就给出过相关的强势美元的观点。马丁·费尔德斯坦同时也是全美经济协会主席，是发布美国经济形势分析的权威人士。他在次贷危机早期就曾明确指出，形势绝对不能乐观，并警告房地产的问题不是小事，危机会深化，会导致整个经济出现问题。

费尔德斯坦提出了一个解释强势美元的理解，其大意是，在美国走出这次危机前的较长一段时期内，必须提高美国储蓄率，纠正双逆差状况，其中，经常项目逆差的纠正主要靠扩大出口，为此美元需要对欧元、日元等主要货币贬值。同时，新兴市场国家的汇率最好都能浮动，这样才能实现美元对这些国家货币的贬值，否则美元贬值时，这些国家的货币也都跟着贬，效果不大。但在这个过程中，美元作为国际储备货币的地位不会丢，还必须坚持强势货币。这就让人产生了疑问，美元既要贬值，又要保持强势货币地位，两者不矛盾吗？费尔德斯坦解释了什么叫强势美元。他提出，美国保持低通货膨胀率就意味着强势美元，因为美元价值不会贬低，持有美元的购买力没有受到损失，但这不妨碍美元相对其他货币要贬值。

对此，有人曾向美方有关权威人士求证，但对方不作评论，强调就是要实行强势美元政策。有评论说，美方对这一轮欧元兑美元的贬值可能不满意：一方面，这对美国的出口倍增计划和结构调整愿望是不利的；另一方面，按照会计准则要求，私人部门需要对汇差造成的损失予以减记，这将导致美国的一些金融机构面临难关。

美元作为储备货币的好处

在2009年IMF春季年会期间，我们与华盛顿的彼得森国际经济研究所进行了交流探讨，希望对方能解释清楚：为什么一直声称要坚持强势美元策略，但实际上却总是要人民币兑美元升值？美方还认为，人民币应该升值的一个很重要的理由是亚洲乃至其他地区的新兴市场国家都在盯着中国，如果人民币不升值，其他国家也不愿意其货币升值，这将影响美国推动出口倍增和结构调整的效果。问题是，如果多数新兴市场国家的货币都对美元升值，怎么体现强势美元的地位呢？这又与"特里芬难题"有关。

我方的主题发言认真分析了美国如坚持美元作为储备货币，至少有以下五个方面的好处。

一是美元作为储备货币，使得美国可通过印钞并向全球发行，获得大量的铸币税，这无疑是对美国有利的。

二是美元作为储备货币，对于本国的贸易发展是有利的。美国企业在开展国际贸易时，进出口大都以美元计价、结算，这可以减少货币的兑换费用和汇率风险。当前我国正在推动跨境贸易和投资人民币结算试点，其中一个好处就是可以帮助中国企业降低汇兑风险。美元的储备货币地位能够给美国的进出口企业带来多大的好处？并不太大，约是销售额的1%到2%，这是可以计算的。如果有一天全球贸易用SDR来计价和结算，对美国的差别也不是太大，因为SDR中美元的比重很大。

三是美元作为储备货币，美国基本不用担心经常项目逆差而可能导致的外汇平衡问题。其他国家在国际收支不平衡，特别是经常项目出现顺差或逆差时，都必须用外汇结算。比如，中国目前顺差比较大，挣来不少美元，但在国内并不能用，只能用到国外去。对美国而言，就没有这个问题，企业和个人开的账户都是美元账户，进出口一般都是以美元结算，如果出现国际收支逆差，美联储是可以印票子的。同时我们也提出，虽然短期内美国可以不用太担心贸易逆差问题，但如果累积的赤字越来越大，大到一定程度时美国也是要担心的。美国每年都有几千亿美元的经常项目逆差，经过数年的累积，美国的对外负债就会越来越多，就会成为其他国家庞大的美元外汇储备，相应地积累到高达数万亿美元时，才对美国形成很大的压力。美国逆差问题有点类似于"温水煮青蛙"，短期内看起来问题不大，但问题逐渐积累，最后可能不好收拾。彼得森研究所方面也认同这个观点。正因为如此，美国从这次金融危机汲取教训，也强调要促进经常项目平衡。

四是美元作为储备货币，有助于美国保持国际金融中心的地位。除了美国之外，伦敦、东京、新加坡、迪拜等试图建设国际金融中心的城市都有个货币选择的问题。正因为美元的地位，纽约、伦敦成为了世界金融中心；欧洲大陆想方设法抢占金融中心的高地也未能成功；日本下了很多工夫试图建设国际金融中心，但成效还不如中国香港和新加坡；中国香港比较典型，直接实行美元联系汇率制。中国香港与中国内地的经济联系非常紧密，但由于金融市场交易、往来大都是国际性的，所以港元还是要与美元挂钩。迪拜建设国际金融中心时明确提出，所有交易都使用美元。从这个角度看，美元作为国际储备货币，对美国维护其国际金融中心的地位是有利的。

五是美元作为储备货币，可以帮助美国保留一些应付危机的非正常手段。比如转嫁危机，或者将来以某种方式逃避债务，让储备过剩的国家替美国承担债务等。

上述意见提出后，彼得森国际经济研究所作了回应。他们认为，第一点是不对的，只是一点儿小钱。第二点是对的，美元的国际货币地位的确有利于美国的贸易发展。第三点有道理，由于美方不担心经常贸易赤字，反而造成了矛盾的积累。对第四点，与会美方学者也认同美元作为储备货币有利于金融中心的稳定。至于第五点，认为阴谋论是站不住脚的。

关于货币互换

还有一个相关的问题是，为什么要积极推进货币互换？从2008年末到2009年夏天之前，我国在较短时间内签订了近1 000亿美元的货币互换协议。之所以各方对此比较积极，是因为各方看到了货币互换在应对金融危机时是能够起到积极作用的。但也有问题，就是如果中国用美元与其他国家进行货币互换，就等于用外汇储备支援其他国家，这在国内就不太好解释。这与美国的情况截然不同。美国率先与墨西哥、瑞士、新加坡、韩国等签订了货币互换协议，其前提是这四个国家在危机中缺乏美元流动性，迫切需要美元，而美国用来实施货币互换的美元是可以印出来的，在某种程度上说可以源源不断地提供。但在我国，我们所持有的美元是出口商品和劳务换回来的，如果把挣到的美元拿出来与其他国家互换，在情理上就有点说不过去。何况我国受金融危机的冲击并不小，对外部环境的变化也没有把握，在这种情况下，直接用美元与其他国家进行货币互换不利于增强自身应对危机的实力。因此，中国提出用本币进行互换。目前人民币虽然还没有实现资本项目可自由兑换，但用人民币互换意味着对方国家可以用互换得到的人民币购买中国的商品，从而替代美元支出并缓解美元的流动性紧缺。此外，如果与当前正在推进的跨境贸易人民币结算试点结合起来看，用人民币进行货币互换的意义就更广泛些。总之可以看出，这也与储备货币的议题紧密相关。

三、对国际货币体系改革的几点提议

总体上看，关于国际货币体系改革目前已有不少理论研究。在2010年5月11日IMF于苏黎世举办的国际货币体系改革的高层研讨会上，我方作了发言。从实际操作的角度看，我们主要提了四个方面的建议：

第一，IMF改革应更多地使用SDR。可以用SDR作为IMF自身资产负债表、损益表的报告货币，同时可要求成员国的报表、各项主要经济指标的报表用SDR作为核算单位，并以此进行国际比较。这样做会带来一系列的好处。

第二，IMF可以代理各成员国管理部分储备。在G20伦敦峰会期间及会后、G20匹兹堡峰会之前，"金砖四国"所达成的协议就是采用中国的方式，即各自用外汇储备资产购买IMF债券。这一方式使成员国能向IMF出资，也能获得合理的回报率。同时，由于这笔资金在直接动用之前IMF是可以经营的，这样可解决IMF的运营费用问题，还可以提高SDR的地位。更重要的是，有助于IMF在实施救助时提高决策效率，在需要时能快速决策，决定资金的使用。现在的做法是，IMF只按NAB的规则动用了很少一部分。但从中长期看，这个建议对IMF是有好处的。

第三，可以在大宗商品定价中试行发挥SDR的作用。这并不意味着一开始就要在大宗商品领域全面实行SDR计价结算，而是有个逐步发展的过程，开始时可以找若干小的产品试行。实际上一直都有人考虑要改变大宗商品的计价货币，比如，有人提出用欧元定价，俄罗斯则希望石油和天然气用卢布定价。建议一部分大宗商品可试行用SDR计价、结算。

第四，在中长期IMF可以研究建立由成员国中央银行共同决定的

SDR发行机制，目前还不需要考虑这个问题。可考虑港元模式，中国香港发行港元是要用美元发行准备来作为兑付保证的，类似地，SDR的发行或可以若干具有硬通货性质的储备货币的某种组合为兑付保证，按一定的比例关系作为发行准备。

  从定义看，储备货币的职能除了储备外，还应包括核算单位、定价、交易结算等方面；在使用范围上除商品和服务贸易，还涵盖金融交易和投资活动。所以储备货币这个词具有较为广泛的含义，概括了所有上述功能。因此，上面的这几条建议，也是既包括了储备货币作为报告货币的职能，也包括了其作为储备、结算、交易和投资等方面的功能。

  总体而言，国际货币体系的改革不可能走得太快，但正如IMF也认可的那样，很多相关的问题值得进一步研究、探讨，也是要在中长期内予以解决的。对我国而言，不仅这方面的问题需要深入研究，尽早准备，同时还要认识到，当前我们正在推进的跨境贸易和投资人民币结算试点工作也与国际货币体系改革有关系，这涉及中长期内国际货币体系的走向和结构问题，以及人民币的地位问题，这方面也需要大家抓紧研究。

关于人民币跨境使用和走出去的若干问题[①]

周小川

前不久中央刚刚召开了新疆工作座谈会。这次中央新疆工作座谈会出台了很多新的政策，作出了多项重大部署，对金融工作也提出了若干要求。对金融工作的要求，其中有一部分是过去就已经在做，现在要加大力度进一步做好的，这些工作应该说有一定基础。也有一部分是金融系统若干年来始终在努力解决的，属于薄弱环节，进展也比较慢，像中小企业融资等，这次希望能够切实提速。再有就是比较新的内容，特别是在跨境贸易和投资中使用人民币的问题。这项工作在中央新疆工作座谈会上，党中央和国务院领导同志在讲话中都明确提出来了。跨境贸易和投资使用人民币结算本质上是加大新疆对外开放，特别是对中亚等国的开放，加大"走出去"力度，并藉此带动整个经济发展的措施之一。传统的开放政策，如边贸、一般贸易、开拓邻近国家的市场、"走出去"、吸引外部资金，也要不断发展。当前，推动在跨境贸易和投资中使用人民币可以使对外开放取得进一步的新进展。跨境贸易和投资人民币结算是一项比较新的工作，今天重点讲一讲这方面的内容，作为一次动员，同时希望不断加深认识、不断研究、不断完善相关政策和操作。

需要说明的是，这项工作以新疆为重点，但不是仅仅针对新疆一个区的政策，它也涉及相当多的其他省（区、市），还有相当多的省（区、市）也在开展这方面的试点工作。因此，有必要对其由来、可

[①] 本文为周小川行长2010年6月1日在中国人民银行乌鲁木齐中心支行专题报告会上的讲话，后收录于2012年10月出版的《国际金融危机：观察、分析与应对》。

行性、意义、困难、今后发展的前景、未来政策的可能演变等问题作个较为全面的介绍。先说明一下，目前不能执行的政策并非到此为止，以后还是会推动的，这项工作试点还不到一年，整体的发展变化是很快的。

一、国际背景：国际货币竞争格局的变化

当前许多工作都离不开国际金融危机的大背景。此次国际金融危机和以往不一样，以往经常发生在新兴市场国家，比如亚洲金融风波，以及后来蔓延到俄罗斯、巴西、阿根廷的危机。发达国家比如西班牙在20世纪60年代，瑞典、芬兰、挪威在1990年前后也曾出现过危机，但都是局部危机，都没有波及美国、英国和整个欧洲大陆主体。此次国际金融危机不同，导致世界上主要的硬通货波动加剧。次贷危机在美国爆发后先是美元出现波动，随后危机蔓延到欧元区，引发欧元区大量避险资金涌向美元，导致美元明显升值，到2009年上半年美元又明显贬值。欧元也未能置身事外。欧洲主权债务存在不少问题，特别是希腊危机出现以后，欧元大幅贬值，最低达1.19美元/欧元，和年初及2009年底相比贬值了15%以上。可以说，在世界日益多元化以及金融风险不断释放的情况下，主要硬通货的稳定性有所下降。

国际货币体系的格局变化历来存在。早期的国际货币体系是黄金本位制，后来因黄金供给有限，满足不了世界经济发展需要，金本位基本就崩溃了，就需要建立一个新的国际货币体系。当时美国经济一家独大，在全球中占比很大，而且在经过一段时间通货膨胀治理之后美元比较稳定，于是全球就把美元当做黄金的替代品，视为一个相对稳定、可靠的货币，作为开展跨境贸易和投资最主要的货币。在美元占据主导地位的同时，英镑慢慢衰落，但仍是一个占一定比重的国际货币。随后得益于日、德经济日益强盛，币值比较稳定，国际社会普遍接受，日元和

德国马克开始崛起。日本经济在1990年以后长期处于低利率甚至零利率的状态，所有持有日元资产的客户都只能得到极少利息，日元的吸引力大幅减弱。应该说，日元影响力下降存在多种原因，但主要不是因为日本经济经历了"失去的十年"，关键在于日元的低利率。1999年，根据欧元区计划，德国马克和其他欧洲多国货币合并成欧元，并希望欧元能成为重要的国际储备货币。欧元区整体经济实力雄厚，人口规模庞大，欧元势头也一度很好，但这次危机显示，欧元的稳定性也不能令人满意。

国际货币的这些变化，提醒我们有必要考虑：如果世界上不再具有充分稳定的货币提供定价、交易、投资、储备的功能，那么，与其继续依赖这些货币，不如尝试使用本国货币。特别是，中国作为一个经济大国，如果在更多场合使用人民币，那么就有助于回避其他货币波动带来的各种影响，特别是能够回避对贸易、投资活动造成的不必要的汇率风险。这是推动跨境贸易和投资人民币结算试点的国际大背景。

二、国内背景：解除本币歧视，尊重市场选择

推动人民币作为跨境贸易和投资的结算货币，总体而言并不是一个政策上的主观愿望，而主要是对过去不合理状况的一种纠正。长期以来，我们的政策是把人民币同美元、欧元、日元等硬通货区别开来，存在着变相"歧视"人民币的政策。从相关贸易投资协定到各种文件，从宏观政策到公司内部经营规章，我们过去实际上是把美元、欧元、日元等视为可用于国际贸易与投资的硬通货，而把人民币的使用范围仅限于国内交易。国力强弱暂且不论，过去就是硬性禁止在国际贸易和投资中使用人民币，不仅禁止我们自己使用，也禁止外国人使用，并且还禁止国际正规市场挂牌交易人民币。因此，实际上把人民币"歧视"为比较次等的货币。

话说回来，这些政策在当时是基本符合国情的。当时人民币确实还没有得到国际社会认可，中国也面临着保持国际收支平衡、逐步积累储备从而不断增强国家实力的要求。在这种情况下，外汇被当做一种特别宝贵的资源，一个例证是，过去一说到"出口创汇"，就觉得是一种贡献、一种荣誉，就觉得应给予奖励，起码是口头表扬，如果是出口"创人民币"，好像贡献就低一档了。这就是说，在当时情况下，外汇的确是比人民币更有用、更珍贵。

回顾过去，国家于1980年末决定实行汇率体制改革，实行贸易汇率和非贸易汇率双重汇率，并对贸易汇率予以大幅贬值，其原因就在于计划经济时期采取的是高估本币政策。这不是中国才有的问题，前苏联、东欧等各个中央计划经济体都明显高估本币。高估本币不利于本国出口，但有利于中央计划部门使用便宜的外汇来支持国家重点关注的进口。在本币高估、外汇便宜的情况下，必然要求集中分配外汇，购汇需要提出申请，而不能在市场上自由买卖。中国在较长一段时期都难以维持国际收支平衡，因此外汇总是短缺，外汇的黑市价格总是明显高于官方价格。因此，在放开出入境旅游以后，立刻就面临一个问题：旅游者换汇究竟用黑市价格还是官方价格？这必然又引致发放兑换券的需要，兑换券的价格和官方价格不一样。这个历史背景，今天不详细展开说了。

中国在1980年开始汇率改革，1985年又做了一次汇率调整，1986年、1988年再度对人民币官方汇率贬值，并于20世纪80年代后期开始正式实行外汇留成制度。所谓外汇留成制度，就是企业"创汇"以后，留成部分的外汇实行市场价格，非留成部分的外汇实行官方价格。为解决汇率双轨制问题，中国在1993年开始设计，并于1994年1月1日正式推出汇率并轨改革，把外汇的市场价格和官方汇价合二为一，同时取消兑换券。1994年4月1日银行间外汇市场即上海外汇交易中心正式挂牌运行，由此市场交易开始影响汇率价格。

当然，把人民币定为一种稍微次等的货币，包括1994年规定全国各地不允许使用人民币以外的货币进行国内交易，也可以理解成是对人民币采取的一种保护措施。1994年以前，在深圳、海南等不少地方，很多商店都可以直接使用美元、港元，高级宾馆、饭店的定价牌上都有美元标价。这就是说，如果本国货币比较弱，国内货币流通就可能出现美元化倾向。当时，人民币偏弱，因此暂时需要加以保护，于是禁止在国内使用美元等外币。现在人民币变强以后，就会发现这个政策也有缺点，会给国际旅客带来不便，商户的经营也会受到影响。比如说，从俄罗斯、哈萨克斯坦来的旅游者拿着卢布或坚戈，不兑换成人民币就不能使用。现在，中国经济的实力和人民币的强度都大为增强了，让这些旅游者在境内使用其本国货币不会有太大影响，人民币的地位不会因此改变，不用过于担心。比如，如果某地俄罗斯人往来频繁，商户如果愿意可以考虑允许在人民币标价之外，添加一个卢布标价，这样不至于造成混乱。

在这段时间，如果对比当时各种文件关于人民币和其他硬通货的规定，就可以看出对人民币的"歧视"。直到现在有些规定实际上仍来自那个年代，还没有得到清理。因此，当人民币跨境使用的条件已经成熟了，很多人也愿意接受人民币时，首先需要改变以前的思维方式，清理各种"歧视"人民币的政策、法规、文件以及微观层面的规章制度。如仔细观察，会发现一些公司有关贸易、直接投资、贸易融资的内部规定等都涉及币种歧视，都需要清理。这些清理工作，就是要求不能人为地裁定各种货币的等级高低。

与此同时，还要尊重市场参与者的自主选择。在工作推进中，我们从未要求哪些单位、哪些交易必须使用人民币，而是顺应市场需求，让市场自主选择。当国际货币格局变化、中国经济和人民币强大以后，部分市场主体会发现使用人民币更加便利。如果硬性强制推行，就缺少一种尊重自主选择的市场机制，同时也缺少一个反馈机制。通过观察自主选择的过程，就可以发现，哪些人愿意使用美元？哪些人愿意使用人民币？为什么是这样？究竟我们在哪些政策、哪些服务上做得不够？这样就可以得到反馈，并进行改进。

人民银行在这次金融危机期间开始推动跨境贸易人民币结算试点，大家可能注意到，各类报刊媒体、学术文章都在使用"人民币国际化"的提法。对此，人民银行内部是比较慎重的，大多数情况下，不用"人民币国际化"的提法，而是说在贸易、投资的跨境交易中允许使用人民币。不提"人民币国际化"，一是目标尚远，二是要考虑国际反响，避免误解。对于我们推行人民币结算试点，有些国家乐见其成，并帮助宣传，有些国家则略有担心，对中国的快速发展抱有防备心理。从这个角度说，我们暂不宜提人民币国际化。事实上，我们也没有硬性推动所谓人民币国际化，而主要是解除歧视，清理不合理的各项政策，强调市场参与者有权自主选择，而且要尊重其选择结果，如果参与者选用美元而不是人民币，我们不作特别的政策规定或限制。展望未来，相信一些市场参与者会感到使用人民币比使用其他货币具有某种优越性。

三、人民币定价、结算、簿记带来的好处

如果世界上各种货币之间的比价比较稳定，那么使用哪种货币差异其实不大，最多就是会有一些兑换或转换差价。但如果是在比价波动比较大的情况下，币种选择就变成一个很重要的问题。中国是一个有13亿人口的庞大市场，既然企业的生产、发工资、纳税、购进原材料是用人民币，那么其产品使用人民币定价就是最方便、最稳定的。更进一步，企业希望用人民币定价，当然也希望用人民币结算，以节省兑换成本和管理汇率风险的成本。

另外，公司的簿记即资产负债表和损益表等财务报表，如都能用人民币记录和报告，也将为大量中国企业带来便利。要知道，许多企业在

编制资产负债表和损益表时,汇率波动经常会带来一些意外的、不必要的干扰。特别是,在按盯市价格原则进行财务处理时,汇率波动会对资产负债和损益计量带来相应的变动,有时对企业财务状况会构成较大的冲击。

上述好处在常规情况下不是很大,只占销售额的一到两个百分点。具体来说,在正常的贸易活动中,如不考虑汇率短期的异常波动,用美元、欧元、日元结算的兑换成本(包括买卖差价)一般只占销售额的1%~2%。如果将汇率风险(还取决于期限)考虑在内,好处要略高一些。因为使用外币时,企业需要支付额外的费用去做规避汇率风险的交易如套期保值,特别是期限较长的合同更需要做套期保值。当然,所有这些好处加起来,可能也不是特别大。

从这个角度说,人民币跨境结算必须要达到一定规模,否则企业的收益可能难以覆盖成本。企业做第一笔结算时,各项政策还没走通,交易对手方也需要有个接受过程,要付出时间、精力做说服工作。对企业而言,这也是成本。结算成功后,能获得多少好处呢?可能是刚才说的占销售收入的1%~2%,至多不超过3%,不管怎么样还是一个较小的比重。在人民币跨境结算的起步阶段,企业甚至可能会觉得事倍功半、得不偿失。所以,这项工作要系统地推进,全面增加企业的便利程度,减少其额外成本,这样企业才能感到使用人民币具有相对优势。

四、出口退税方面的配套政策

推动在跨境贸易和投资中使用人民币,不仅银行体系要做工作,还需要各方面提供配套政策支持。人民银行本身主要是提供中央银行服务,既不做贸易,也不做投资。人民币由人民银行印制发行,政策的制定与中央银行有关,但政策的具体执行和应用不在中央银行层面。人民银行对人民币跨境结算的态度是尽量开绿灯,凡是涉及歧视人民币的规章制度，不管是外汇管理方面，还是贸易协定方面，都应改掉。但即便如此，还是不够。跨境贸易和投资涉及其他很多部门，只有这些部门也作相应的规则修改，这项工作才能顺利开展。

以出口退税政策为例。出口退税一直是我国的一项重大政策，出口退税改革也是20世纪八九十年代增值税改革以来，中国一项重大的改革政策。为什么说重大呢？因为对出口企业而言，百分之十几的退税是很大利益，可以说至关重要，只有获得退税，才能与外国企业在国际市场上平等竞争。如果出口商品价格是含税的，企业就没法参与国际竞争。出口企业对退税的高度关心，也表明微观企业对价格的敏感性非常高。

过去，中国曾经通过外汇管理协助增值税出口退税体系。在1994年全面推行增值税时，也开始全面地实行出口退税制度，与之配套，当时也对外汇管理体制作了相应改革。为什么汇率体制改革和增值税改革需要配套进行？不配套是不行的。中国外汇管理体制演进的相关情况，我于2009年10月在上海市金融学会专门作过报告，这里不再作具体展开。在退税凭证的手续操作上，最开始我们没有足够的经验，出现一些出口骗退税的现象。增值税体系本是一个非常严密的体系，是通过进项发票、销项发票核算增值税的。制造业产品的生产从上游、中游到下游，最后到出口，会经历很多环节，这一连串的环节都会产生增值税发票，其中，最后环节的发票体现了所有前序环节交过的增值税，出口时应将其全部退还给出口商。操作中，不是由出口商自己报一个价，比如说，这杯子10元钱，里面含17%的增值税，再把17%的税退还，而是凭进项发票上标识的已纳增值税办理退税。

在办理增值税出口退税之初，有些地方对操作流程不够熟悉，出现一些出口骗退税现象。为此，国家后来要求加强出口退税时的凭证管理：一是增值税发票由人民银行印钞系统负责印刷，增加发票造假难度；二是加强出口退税所需凭证的两道管理，一个是海关凭证，另一个就是必须收到外汇。其中，外汇局系统帮助税务部门核查收汇是否真实，逐渐减少出口骗退税。实际上纵观国际，海关凭证都是必需的，而很少有国家核查收汇凭证。其原因是，增值税体系自身可以具有退税的严密性，凡是实行增值税的国家，这套管理系统都已逐步健全，此时只需提供增值税发票即可，无须核查出口收汇凭证。对中国而言，1993年、1994年外汇体制改革时外汇短缺，通过上述措施，税务和外汇局互相配合，各自减轻了所面临的压力。

问题是，如果不做调整，这套体制可能演变成歧视人民币的政策。现在跨境贸易可以用人民币结算，出口收回的是人民币，没收到外汇，如果不予办理退税，企业就得不偿失。出口得到的好处就是刚才所说的很小的百分比，虽然不大，但企业也很重视，企业为降低成本，一分钱、一滴水、一滴油都严格核算，所以还是希望通过人民币结算来获取这个很小百分比的好处。但是如果所有制造业企业出口收到人民币以后，无法办理出口退税，就会承受百分之十几的损失，远大于使用人民币结算的好处。所以推进跨境人民币结算，必须要有配套的税务操作，也就是回收人民币的出口也一定要退税。可以有不同的改法，一种改法是收人民币和收美元一样对待；另一种改法是按全球通行的办法实行增值税出口退税，就是凭进项发票和海关凭证两项即可，不用再出具收汇核销。去年为推动这方面的配套政策改革作了很大努力，税务部门也比较支持我们的工作，对系统作了调整，允许为出口企业人民币结算办理退税。但也要认识到，一个系统运行久了往往惯性很强，因此歧视性的政策改起来也不是那么容易，不可能一蹴而就。这里举这个例子，是想说明推进一项新工作需要做大量工作，相关的配套政策非常重要。除此之外，还会涉及其他配套政策。在实践工作中要进一步去发现并推动改革。

五、人民币输出

在工作推进上,我们愿意先从出口方面考虑推动跨境贸易和投资人民币结算工作,因为扩大出口,有助于增加 GDP 和就业。这里的问题是,即便贸易对手进口中国商品时,同意用人民币定价并结算,但前提是对方要有足够的人民币。如果对方没有足够的人民币的话,怎么办?

跨境贸易人民币结算是从边贸开始取得进展的,因为对方边贸区域如越南、缅甸等地的贸易商手中有一定数量的人民币。不过,多数邻国的人民币不多。此外,中国香港地区还有一定数量的人民币。香港 2003 年开通了个人人民币业务,当地开始有了人民币,此后旅游者赴香港时可以携带人民币,接着信用卡可以在香港使用,再接着投资、发债都可以使用人民币,这样港人手里就积累了一定数量的人民币。据香港公布的数据,港人手里已有 500 亿~600 亿元人民币。不过,总体来说,进一步推广人民币结算业务时,发现很多潜在客户手里还没有人民币。

人民币输出有几种途径。一种是经常项目下的常规输出途径,就是可以由旅游者携带出去,通过侨汇汇出去,进口时用人民币支付流出去。通过这些途径可以输出一部分人民币,但量比较小。海外的进口商和出口商往往不是同一家,旅游公司跟进口商也不是一家,如果它们不能相互串换人民币,会对人民币业务的开展构成很大制约。因此,人民币输出还需要有其他更多途径。

再有一种途径是贸易融资。如果对方银行有需要,我方银行可以向其借出人民币,这样当地的进口商可以从银行买人民币用于贸易支付。另外,在与很多毗邻国家签订边贸协定时,可以要求用人民币开展贸易融资。

此外，中国储蓄率较高，储蓄大于国内总投资，是一个对外净投资国。中国有2.5万亿美元的外汇储备，长期而言，人民银行希望藏富于民，不希望多余储蓄都放到外汇储备里。居民、企业都可以留有一部分外汇，都可以对外投资。这样，如对方国家和地区接受，国内居民可以用人民币进行直接投资或开展其他投资，也会带动人民币的海外循环。比如用人民币进行直接投资之后，其中一半资金可能用于买场地、买厂房，这样人民币就被兑换出去，之后就可以在当地循环，将来这些国家从中国进口商品时，当地贸易商就有人民币可用于支付了。可见，对外投资也是一个输出渠道。正因为如此，我们这次试点文件的提法是，要在贸易与投资领域使用人民币结算。不过，目前人民币对外投资的规模还不够大。

美元有大规模输出的渠道。美元是世界上主要的储备货币和结算货币，各国货币当局储存了大量的美元。如果美国国际收支一直逆差，就不断有美元输出到全球各地，而且这些美元并不全部流回美国，有欧洲美元、亚洲美元，海外流转的规模很大。也就是说，当美国出现经常项目和资本项目双逆差时，就等于把美元输出去了。在本次危机中，海外美元流动性出现紧张，美联储就与其他货币当局进行货币互换，这也会把美元提供出去。美元的国际地位决定了需要保证全球有充裕的美元流动性，否则有些国际贸易和投资会停止。所以在本次金融危机中，美联储很快就和墨西哥、瑞士、欧洲中央银行、韩国签订了货币互换协议，补充美元流动性。

中国的情况是，自20世纪90年代中期开始，在相当长的一段时间都处于经常项目和资本项目的双顺差格局，在此背景下，我们不断地积累美元，没有输出人民币。

再来看日元输出的渠道。日本和美国不同，在推行日元国际化战略时，日本是贸易顺差国，也有日元出不去的问题。当时为促进日元的输出，日本实行了几项举措：一是建立海外协力基金（Oversea Economic

Cooperation Fund, OECF);二是建立输出入银行(Export – Import Bank of Japan, JEXIM);三是在 20 世纪 80 年代开展了"黑字环流"计划。现在的情况已有所不同,这几项措施有所合并。20 世纪 80 年代中国使用了日本海外协力基金和"黑字环流"贷款,也用了不少输出入银行的资金。除此之外,日本通过亚洲开发银行的日元贷款或援助等途径也可向外输出日元。

总之,要让海外使用人民币,需要运用一些金融上的输出机制。输出机制也不完全是为人民币贸易结算专设,同时也是促进国际收支平衡的需要。既然中国是双顺差,必然要有人民币"走出去"的相关策略。从这个角度说,中国现在的情况和日本当年近似,中国也需要有类似海外协力基金、输出入银行这些输出本币的机构。现在中国进出口银行、国家开发银行等机构所开展的业务,就对人民币在贸易、投资、结算方面的应用提供了一些支持。当然,人民币"走出去"有宏观上的合理性,更有现实需求,因此的确也是在客观上需要建立相应的人民币输出渠道,需要在贸易融资、对外投资等方面,使人民币"走出去"有路可走。

六、为什么开展本币互换

中国企业出口愿意直接用人民币收汇,主要是希望藉此规避汇率风险和兑换成本。同时,我们要考虑到人民币跨境使用是双向的,除了出口外,还有进口。中国企业进口时,对手方为什么愿意接受用人民币付款呢?这就要站在对方的角度考虑如何才能促进"双赢"。任何事都不可能单向一直做下去,否则会不平衡。人民币跨境使用必须要循环起来,而且应是大循环,而不是简单的小循环。

为什么这次金融危机期间中国和一些国家签订了本币货币互换?开展本币货币互换有多种原因,最直接的触发因素是 2008 年第四季度美国金融市场的崩溃,虽然出发点不是要推进人民币跨境使用,但两者存在联系。当时,全球经济金融形势急转直下,商务信心、消费者信心急剧下挫,一度陷入混乱。同时,商业银行惜贷,金融出现了严重的流动性困难。当时,商业银行也是自身难保,囤积现金以求自保。2008年9月下旬的时候,高盛之所以比摩根斯坦利状况稍好,就是因为高盛囤积了更多现金,即便如此,也几乎垮掉。解决别国美元现金短缺的办法之一,就是美联储和瑞士、欧盟、墨西哥、韩国、新加坡、澳大利亚等国开展货币互换,以保证国际经济不进一步恶化。在这种情况下,世界上的大国都应负起一定责任。G20形成决议,要共同携手抵御危机。

中国是G20的重要成员,有义务对周边国家提供一定支持。当时提出几种支持方式。一种是中国能否向IMF承诺,提供500亿~1 000亿美元。坦白地说,中国到底能不能很好地应对金融危机,当时也没有绝对把握。并且,中国是发展中国家,富裕程度远不如其他G20国家,让我们出资救助它们不合情理。

再一种方式就是开展货币互换。当时中国有近2万亿美元的外汇储备,是不是可以用外汇储备与其他国家进行货币互换呢?难度很大。美国开展货币互换所用的美元是自己发行的,是可以印出来的,而我们的美元是挣来的,两者存在性质上的不同。中国用美元进行货币互换,其他国家当然愿意,但对我国而言恐怕不太合适,民意也会不赞同。为此,我们考虑用本币与其他国家和地区进行互换。首先是和韩国签订互换协议,紧接着是中国香港,规模大概都在2 000亿元人民币左右,之后是马来西亚、印度尼西亚、阿根廷、白俄罗斯等。在危机高峰过后,我们开展货币互换的速度有所减缓。

在开展货币互换时,我们始终在考虑,将来也要允许单方使用,既可以用于贸易,也可以用于投资,特别是可以用于贸易。所谓单方使用是指,不管我方是否使用对方货币,对方都可以单方面使用人民币。

中国用人民币与其他国家开展货币互换,比如说与韩国互换,韩方会问：兑换这些人民币能做什么？当然，一个作用是宣示信心。当时，韩国资本大量外流，外汇储备下降，韩元贬值，此时中韩两国宣布开展货币互换，能够提振信心。除此之外，韩方也想知道：换来的人民币将来有没有实际用处？中方的回答是肯定的，因为将来韩国从中国进口商品时可以使用这些人民币来支付。这会给韩方带来实实在在的好处，韩国进口中国商品时，本来要用美元支付，现在可用互换来的人民币直接付了，这样就等于帮韩国节约了美元。基于此，中国和韩国成功开展了本币互换。同时，中韩之间的经贸投资联系非常密切，大量韩国人员在华工作、旅游，用人民币开展互换也会给企业和人员往来提供方便。所以说，这些货币互换虽然源自应对金融危机需要，但同时也为将来的实际使用埋下伏笔。

此后，又有若干国家提出与中国开展货币互换的要求，有些互换成功了，有些没有成功。在新疆周边的中亚地区，哈萨克斯坦、吉尔吉斯斯坦、塔吉克斯坦都提出过货币互换要求。中亚各国的经济情况差异较大，有些国家拥有丰富的石油、天然气资源，比较富有；也有些国家相对贫穷，这些国家在与中国商讨本币互换事宜时有不同需求。

总体来说，后来开展的这些货币互换主要不是为了在市场恐慌时提振信心，而是为跨境贸易与投资使用本币提供便利。也就是说，后来的货币互换在很大程度上与日本海外协力基金、输出入银行的做法类似，相当于对外提供本币贷款。此外，在签订货币互换协议时，中国也允许对方采用单方使用的形式，以促进人民币输出。可以看到，跨境贸易和投资人民币结算工作与双边本币互换是有联系的。今后，货币互换可能会继续推进，其他形式的人民币输出方式也要完善。

七、欠的人民币怎么还

在近中期逐步提升人民币在贸易投资结算领域的可接受性过程中，

对手国或对手商户会考虑资金回流的问题。比如说，周边国家和地区的贸易商通过贸易融资借了一笔人民币用于进口支付，或者其中央银行将互换得到的人民币通过商业银行贷款的方式提供给其国内商户，用于进口中国商品，此时，贸易商或商户会担心，将来如何归还这笔人民币贷款？当然，还款可以有个时间差，特别是在危机应对时期，对手国或对手商户外汇短缺时，可先用人民币进口，但将来还是要考虑如何归还人民币的问题。

那么，人民币的"借"和"还"如何循环下去？在推动人民币跨境结算工作中，对手国必然会在磋商中提出这类问题。这涉及境外人民币业务如何平衡的问题。这个平衡当然可以搞一笔一清的小循环，但更应该建立大循环，而且是没有太多规则限制的大循环。对不同时间、不同的商户而言，人民币的借和还，存在多少、长短之分，总会有不平衡，此时就会有各种各样的循环，包括贸易项目、旅游项目和投资项下的循环，也包括金融机构相互之间的金融交易，甚至还可以发展其他的金融产品丰富循环渠道。所有这些渠道就构成了大循环。即便有了大循环，也会有一部分头寸暂时无法平衡，此时可以用硬通货换双边本币实现平衡。只有建立起包括各种渠道的、混合性的大循环，人民币跨境结算业务才能慢慢做大，才能更好地服务于经济贸易发展。

在这个大循环中，不必过于计较暂时的不平衡问题。当然，大循环的结构与货币强弱有关，会发展变化。如果人民币是强势货币，对手国和对手商户持有人民币的意愿会比较强，会选择多持有一段时间。如果某个国家通货膨胀率比较高，本币币值不断下降，同时利率水平又相对较低，此时，其他国家及其商户持有该国货币的愿望就会比较弱，会减少持有时间。也就是说，强势货币在整个大循环中所占的比重会越来越大，弱势货币的占比会越来越小，这种平衡的变化也是正常现象。

八、让持币者有保值机会

在推动跨境投资和贸易中使用人民币时，要考虑建立给予沉淀在国外的人民币一些获得收益或投资保值的渠道。在人民币跨境的使用中，双方不可能同时都花光用尽，总会有一段时间的货币沉淀。通常而言，货币主要是沉淀在银行，并体现为银行头寸。个人和企业只会持有很少量现金，因为持有现金不安全，也没有利息。持有人民币头寸的银行需要给客户提供保值机会，至少要支付一定利息，否则就会降低客户持有人民币并沉淀到银行的积极性。因此，应丰富人民币投资品种，适当开放并允许金融机构或个人参与某些市场。目前看，持币者也不会对人民币回报有过高要求。

香港个人人民币业务试点已有多年，从其业务发展过程可以体会到这种保值要求。香港的人民币持有者都要求其存款有一定的利息收入或有一些投资渠道，当然对人民币利息的要求也不可能太高，因为在大环境上港元利率较低，香港的人民币集中存入深圳的利率也只有 0.99%，之后进一步调到 0.72%。除存款外，香港人还要求增加一些投资渠道，以获得比存款利息稍高的回报，比如提出在香港发行以人民币计价的国债和金融债。有了这些保值机会，港人就不急于兑换手中的人民币；有了这些人民币，当地贸易商或投资者的人民币需求可以一定程度上得到满足。

部分外国中央银行也持有人民币，也需要考虑其保值问题。菲律宾中央银行是第一个正式宣布把人民币作为外汇储备的中央银行，之后是白俄罗斯中央银行。2008 年，白俄罗斯提出，白方视人民币为硬通货，作为其储备货币之一，并愿意在其外汇储备中持有一定比例的人民币。总之，要给各类人民币持有者提供必要的投资工具，满足其合理的保值需求，增强持有人民币的积极性。

九、对国际收支统计的影响

中国在过去相当长的时期里都面临外汇短缺,因此传统上一直非常重视对国际收支的统计和分析。那么,我们是以何种标准区分国内收支和国际收支,并编制国际收支平衡表呢?

中国在20世纪90年代中期以前,主要是依据币种来区分境内交易和境外交易。如果是人民币交易,即便在境外发生也计入境内交易;如果是外币交易,即便在境内发生也可能被计入跨境交易。直到1996年中国宣布经常项目可兑换,同时不断跟IMF磋商研究,进一步明确国际收支统计的标准,才逐渐变为采用"居民"和"非居民"的区分标准,即境外交易一般发生在居民和非居民之间,境内交易一般发生在居民与居民之间。

其实,没有一种方法是没有漏洞的。现在中国已有大量的非居民账户。非居民如何界定?一种界定是,将在国内居住半年以上的人算作居民,但人们会问:为什么以半年为界?以一年为界不行吗?对此,尚有争议。在经济高度全球化的今天,一些人在不同国家和地区间频繁流动、来回穿梭,各国经济你中有我,我中有你,在这种情况下,居民与非居民的区分也不是一个绝对精准的统计口径。因此,不管采用何种标准,都要进行一些校正,辅以一些估算。实践中,国际收支统计中确实也有一定的估算成分。

对人民银行和外汇局系统而言,如何更好地做好国际收支的统计分析工作,是一项挑战。人民币可用于跨境贸易与投资以后,会增加统计分析工作的难度,但这些国际收支数据背后体现的是实体经济的真实利益,不能因为统计上有困难就限制实体经济的需求。所以,应当改进国际收支统计和分析的方式方法,适应实际需要。

此外,中国目前还存在一定程度的外汇管制,有一些管理规定和实践中的管理措施。这些规定和措施的依据往往也是标准不一,有的依据居民、非居民,有的依据本币、外币,也有的依据境内、境外。推行人民币跨境使用之后,现有的管理规定和措施会受到一定挑战,有些条款需要重新审理,思路需要调整。总之,不应被过去的概念、理念束缚手脚。我们根本上是要让人民富起来、奔小康,要抓住这个龙头,如果有些制度束缚了手脚,应该可以与时俱进。

十、与资本项目可兑换的关系

党的十四大提出中国要实行社会主义市场经济,要让市场在资源配置中起基础性作用。党的十四届三中全会提出"逐步使人民币成为可兑换的货币",并于1994年实现了汇率并轨。由于当时没有将"三资"企业纳入这项改革,所以在汇率并轨时没有同步实现经常项目可兑换。等到各相关法规得到清理、外商投资企业被纳入到这项改革之中、各项条件都比较成熟之后,1996年我国宣布人民币经常项目可兑换,并同时提出中国要走向资本项目可兑换。但此后不久就经历了1997年亚洲金融危机,资本项目可兑换进程受阻,被搁置了一段时间。直到2003年10月党的十六届三中全会再次明确提出,要"逐步实现人民币资本项目可兑换"。

应该看到,之所以讨论人民币输出、循环的大平衡问题,就是基于资本项目尚未实现可兑换这个背景。如果资本项目是可自由兑换的,对手方可以随时兑换持有的人民币,可以方便地汇入、汇出,也就没有太多困难值得研究、讨论。如果一些居民手中既有人民币,又有美元,又有欧元,且随时可兑换,兑换时只是承担少量的买卖差价,那么他们就未必会去兑换。但如果强制不允许兑换,那么就容易形成以弱势货币换取强势货币的单向需求。

我们距离资本项目可兑换究竟有多远?是远不可及?还是差不多了?人民银行和外汇局正在开展对这一问题的研究。初步结论是,我国目前还存在三个大的方面的管制。一是对资本市场的管制。在证券等组合类投资中，外资进入国内市场必须通过 QFII，国内投资国外市场必须通过 QDII；金融机构不受此限制，处于半管制状态。二是对外币外债存在管理，中长期外币外债由发展改革委管理，短期外币外债由外汇局管理，以控制企业大量举借外币外债。三是资本流入必须说明用途，本外币兑换须经允许，未允许兑换的外汇只能趴在账上。除了这三个大的方面，不少小的科目还存在管制，虽然每个小科目涉及的金额都不大，但加总起来数量不小。不过，解除这些管制的难度不太大。如果将来证券市场增加国际板，届时企业在国际、国内上市就没有太大差别，也会为多排除一项可兑换的管制创造条件。

迄今为止，国际上关于资本项目可自由兑换没有一个统一的标准。现在一些国家宣称资本项目可兑换，主要是出于提振本国居民信心的考虑。比如，20 世纪 90 年代波兰发生了恶性通货膨胀，当时人们领到工资后立刻就会兑换外汇或购买实物以求保值，导致大量资金外流并存到瑞士或其他欧洲国家。为遏制这种现象，波兰当局宣布本币兹罗提与硬通货挂钩并可自由兑换，此举相当于给当时脆弱的信心打了一剂镇静剂，通胀随后得以稳定，人们也不急于将本币兑换外汇了。所以一些国家称货币可自由兑换，其实是出于自身内部满足某方面需要的考虑，因此选择性地用有关标准来进行衡量，认为其货币已实现可兑换，但实质上其外汇管理有可能比中国还严。

近年来，资本项目可自由兑换的整体标准有所放松，即不强调百分之百的自由可兑换。这有几个方面的原因。首先，是出于反恐融资的需要。"9·11"事件后，美国高度重视反恐融资和反洗钱管理，美国资本项目虽然是可兑换的，但对汇入汇出、外资账户等进行了严格监控。其次，是强化反避税的需要。反避税是 G20 伦敦峰会强调的内容，现在发达国家积极推动加强对避税和"避税天堂"的管理，要求从严监管。再次，是加强宏观审慎管理的需要。日前 IMF 专家也发表工作论文认为，对短期资本过量流动进行适当管理在宏观上是有合理性的，并建议采用某些宏观审慎性政策工具达到此目的。在亚洲金融危机中，亚洲多国都高度关注对冲基金对经济金融带来的重大负面影响，强化对短期资本异常流动进行监控的力度。

此外，从宏观审慎管理角度，一国对外债的管理有助于防止货币结构错配。如借外债、还本币就是货币错配，货币错配达到一定程度，就会形成巨大的系统性风险。1997年泰国金融危机、此次欧洲债务中的拉脱维亚和匈牙利等都暴露出这一问题。因此，必须防止本外币之间出现高度错配，要将国家对外资产负债表的风险管住。

可见，资本项目可兑换并不意味着绝对意义上的资本进出自由，在某些方面还是会加以管理。与此同时，虽然保留对某些资本项目的管制是合理的，但并不是说要在这些方面"一刀切"地禁止兑换。现存的有些管理措施还可以延续，但不应该用外汇管制的名义，而要用其他有合理依据和客观要求的方式来管理。总体而言，人民币走向可兑换的进程，尽管路比较长，但也在不断前行，纵览这么多年的发展历程，可以发现进步还是不小的。现在国际上可兑换的标准并不高也不严，可以说，中国距离资本项目可自由兑换这一目标，并不是太远。

当前，我国要处理好人民币跨境贸易和投资结算工作的推进与资本项目可兑换的先后顺序之间的关系。是先推进贸易投资结算，再推进人民币资本项目可兑换？还是可尝试在一段时间内同时推动、相互促进？这些还需要进一步研究和探索。

以上选了十个方面介绍了一下关于推进贸易投资便利化、在贸易和投资结算中使用人民币的有关国际国内背景、政策基础、逻辑关系、发展变化以及进一步需要拓展的工作。总体看，这一政策的进展尚在中途，当前的现状和一些具体的做法并不是终点，未来能走到何处？有哪些工作需要加快推进？这取决于我们的认识和实践所能达到的程度，因此需要我们认真、扎实地研究和探索，为这项工作的进一步开拓创新、取得更大成效打下良好的基础。

人民币资本项目可兑换的前景和路径[①]

周小川

摘要

人民币资本项目可兑换涉及国内国际多方面的问题，是一个达成共识的过程。我国可以在多维区间内拟定目标，有计划、有步骤地推进人民币资本项目可兑换。自1996年宣布实现经常项目可兑换以来，我国已经在对外贸易、投资及其他多方面为实现资本项目可兑换打下了基础，为更有预见性地推动这一进程，还需要正视改革需要付出的代价，正确认识套戥行为，妥善解决双重价格问题，争取做到利大弊小，顺利推进。

一、问题的提出

最近，人民币资本项目可兑换的提法有一些积极的变化。在第十七届全国人大第四次会议审议通过的《"十二五"规划纲要》中提到，要"逐步实现人民币资本项目可兑换"；在2011年的《政府工作报告》中，总理讲了要"推进人民币资本项目可兑换"。这些用词是经过反复推敲的，与对形势的判断密切相关。

首先，从内容看，实现"人民币资本项目可兑换"牵扯面非常广，

[①] 本文为周小川行长2011年3月24日在中国人民银行第70次学术讲座上的讲话，后发表于2012年第1期《金融研究》。

涉及方方面面的问题。我主要着眼于有助于大家研究思考的相关问题，也涉及下一步如何制定工作计划，其中会讲到几个过去可能没有得到足够重视的问题。对"人民币资本项目可兑换"这一课题，以前大家关注和研究较多的是利弊比较、必要条件、国际经验等。关于各国经验的比较研究，相关的材料和文章非常多。此外，这个问题还涉及亚洲金融风暴和这次国际金融危机所带来的一些新的启示。

其次，从进度看，落实"人民币资本项目可兑换"有很大的弹性。尽管《"十二五"规划纲要》里已经提出要"逐步实现人民币资本项目可兑换"，政府工作报告也明确了要"推进人民币资本项目可兑换"，但都没有作详细的描述，留有比较大的余地。说明这项任务至少是个中期计划，不像有些工作，当年落实多少、明年落实多少，有详细的进度安排。

第三，从难度看，推进"人民币资本项目可兑换"是一项十分复杂的工作，既与学术界的分析研究进展有很大的关系，也与国际、国内的环境、条件等密切相关。因此，这项工作涉及很多方面，需要进行广泛深入的研究、设计和论证工作，需要开展必要的模拟测试。更需强调的是，这是一个各方面达成共识的过程。

二、人民币资本项目可兑换问题的背景

（一）人民币可兑换的提出

总体而言，我国推进人民币可兑换工作，是从1993年党的十四届三中全会首次提出要"实现人民币可兑换"开始的。1992年，党的十四大提出要建立社会主义市场经济体制，让市场在资源配置中起基础性作用。在当时情况下，外汇也是稀缺资源，很多人视之为生产要素，因此也应处在由市场配置起基础性作用的范围之内。1993年，党的十

四届三中全会通过了《中共中央关于建立社会主义市场经济体制若干问题的决定》,其中有两项内容涉及到人民币可兑换:首先是在第19项"加快金融体制改革"中明确提出,"逐步使人民币成为可兑换的货币";其次是在第36项提出,要"发展开放型经济,使国内经济与国际经济实现互接互补"。

既然要搞社会主义市场经济,这个市场经济是开放型的还是封闭型的?或者保护型的?回答这个问题非常重要。当时的状况和现在大不一样。现在,我国年进出口、外商直接投资、人员国际交往的数量都非常大,对外开放程度和"走出去"程度都比较深。比如,利比亚发生内乱,我们发现有3万多中国人在利比亚;日本发生地震和海啸后,发现有几十万中国人在当地。20世纪90年代初的状况与现在差别很大,对外开放与国际交流还相对有限,但中央果断提出要发展开放型经济,与此相对应的就是人民币要走向可兑换。

在研究、提出这一政策方向的过程中,就已经并行设计了相关的改革措施,体现为1993年12月国务院正式颁布的《关于进一步改革外汇管理体制的通知》。这一《通知》明确提出,从1994年1月1日开始,实施人民币汇率形成机制改革,实现人民币官方汇率和外汇调剂价格并轨;建立以市场供求为基础的、单一的、有管理的浮动汇率制;取消外汇留成,实行结售汇制度;建立全国统一的外汇交易市场等。1994年4月,中国外汇交易中心在上海成立,形成了全国统一的外汇市场,并由此开始推进有管理的浮动汇率制度。在此之前,我国实行官方汇率与市场调节汇率并存的双重汇率制度。

这应该说是人民币可兑换最早的源头。当然,最初还谈不到资本项目可兑换,第一步要考虑的是经常项目可兑换。实现经常项目可兑换不是我们自己说做到了就实现了,需要向国际货币基金组织(IMF)提出正式的官方声明,表明中国接受IMF第八条款,成为所谓的IMF第八条款国,并经过IMF的评估认可,才能真正算是经常项目可兑换。中国早在1980年就恢复加入了IMF，当时中国是以所谓的第十四条款国身份加入的。什么是IMF的第十四条款？如果说IMF第八条款规定了成员国在经常项目可兑换方面的一般义务，第十四条款则规定了尚不能接受第八条款义务的成员国的过渡办法，并由基金组织对成员国履行这些义务进行监督。但相当长一段时间内，我国都没有实现经常项目可兑换。为什么？因为还有很多工作要做。

(二) 经常项目可兑换的实现

我国本来计划在1994年汇率改革后实现经常项目可兑换，成为IMF第八条款国，但当时并没有实现这一目标，而是到1996年底才真正实现。主要原因是，将官方汇率和市场调剂汇率并轨时涉及到了一些利益调整问题。当时的"三资"企业，即外商独资、合资、合作企业根据法律可以享受100%的外汇留成，而汇率并轨以后，外汇留成就显不出政策优惠了，这样"三资"企业认为其利益受到了相对损害，因此对改革持观望态度。当然，当时"三资"企业对于中国能顺利实行单一汇率制尚不太有把握。出于吸引外资的考虑，当时一些部门对此也予以了容忍，最后的结果是，1993年12月下旬暂定"三资"企业不参加1994年汇率改革，汇率改革主要是针对国内企业和居民开展。由于缺少外资企业的参与，在国际上就没法声明我国接受IMF第八条款，IMF也不认可我国实现了经常项目可兑换。汇率改革一年以后，外资企业发现并没有什么损失，也不愿意留在新体制之外，便主动要求参加汇率改革。所以直到外资企业加入汇率改革并修改完"三资"企业的有关法规后，我国才于1996年正式宣布实现经常项目可兑换。

在此期间，我国还清理了一系列的法律法规和规章制度，直至最后所有条文与第八条款都没有差距了。可见，即使实现经常项目可兑换，也是一个比较复杂的过程，在下一步推进资本项目可兑换过程中，也涉及到大量的法律法规的清理工作，许多相关工作需要提前开展，需要率先达到标准。

(三) 亚洲金融风暴的影响

1996年实现经常项目可兑换以后,如何进一步推进资本项目可兑换?是不是拿出一个时间表?我们内部研究过,认为马上给出个时间表可能太仓促了,先缓一缓。但要不要有个大致的工作目标?比如争取在五年左右实现人民币资本项目可兑换。之所以这么提也是基于国际经验,IMF可以提供很多数据资料和国别经验。

一方面,大多数国家在实现经常项目可兑换以后,如果实施比较顺利,就有条件逐渐迈向资本项目可兑换。

另一方面,一国在实现经常项目可兑换以后,外汇管制的有效性就开始明显下降,各种政策漏洞会越来越多,各类进出口商、投资商、居民、侨民等涉外经济主体会采取很多办法逃避外汇管制。

实际上,如果经常项目实现了可兑换,要严格管制资本项目的确是不大容易,所以多数国家都会在经常项目可兑换后,经过一段时间便逐步实现资本项目可兑换。对于部分转轨国家和发展中国家货币可兑换经验的一篇相关研究显示,样本国家在实现经常项目可兑换后,平均用七年左右的时间过渡到了资本项目可兑换,过渡时间太长会出现若干问题。

我国在1996年宣布实现经常项目可兑换以后,当时也有记者问及我国什么时候进一步实现资本项目可兑换,但我们没有给出具体的时间表。正当我们研究这个问题的时候,1997年4月份开始,泰国金融市场开始出现问题,亚洲金融风暴爆发了。

亚洲金融风暴的一个特点就是问题出在亚洲国家,这些国家的经济体制、宏观管理等尚不健全,微观机制也不够健康,一部分亚洲国家像泰国、韩国等还存在私人部门外债过重的问题。

一有机会,对冲基金就开始冲击这些国家的金融市场,而且是同时在汇市、股市、股指期货、外汇期货等多个市场发动冲击。这些国家的外汇储备禁不起冲击,很快就垮了,最后不得不求助于IMF。IMF同意提供援助,但同时提出了一些条件,其基础是所谓的"华盛顿共识",核心内容是主张发展中国家需要走自由市场经济的道路。

IMF的主张使本来就饱受金融风暴冲击的这些亚洲经济体进一步采取紧缩政策,一些国家如印度尼西亚、韩国等的民众对IMF非常不满意,有的甚至进行了抵制,香港特别行政区还进行了"保卫战",当时也受到了IMF和部分西方国家的批评。但通过这种做法,人们发现,资本项目管制是抵御风波的一种手段。什么时候再回到资本项目无管制?危机以后再说吧。

对我国而言,当时还面临着周边国家货币竞相贬值的情况,我国作为亚洲大国表现了负责任的态度,朱镕基副总理1997年12月与新西兰总理会谈时,明确宣布人民币不贬值,支持亚洲国家渡过难关。众所周知,在当时的情况下,我国自身遭受金融风暴的冲击也比较严重,宏观经济本身就遇到了很大困难,平衡国际收支有难度,国内还发生了广国投破产、海发行关闭等一系列事件,国内金融稳定形势比较严峻,但还是宣布了人民币不贬值。为此,资本项目可兑换进程就不得不暂停了。

对亚洲金融风暴这段经历,还有很多故事、很多内容可资发掘。应该说,中国在这次风波中遭受了不小的冲击,也经受住了考验。这一仗打完了,就应该进行必要的总结,哪几招是出对了,行之有效;哪几招不是那么有效果,需要分析和汲取教训。但实际操作中不太好办,同一件事情在不同情况下往往有很多解释,作出客观判断也很难。2008年以来的这一轮国际金融危机,也有类似的情况。危机后酝酿、出台了大量的改革意见和政策措施,其中,哪些是肯定无疑的?哪些可能还有争论,需要进一步研究论证?对此,很难有统一的意见,甚至有很大的争论。

因此,对金融危机的经验教训以及应对危机的政策措施,需要总结，但还不能过早、轻易地下结论。对亚洲金融风波的回顾和分析也是如此，总体来看，我国国内对这场风波还缺少系统全面的评估和总结，特别是对于普通公众和不从事经济工作的领导干部而言，更多地只是留下了一些比较通俗的印象性结论，还不是进行系统研究和深思熟虑的结果。

总之，由于亚洲金融风暴，人民币资本项目可兑换进程被暂时搁置了。当时的想法是，等亚洲金融风暴过去了再说。

（四）资本项目可兑换的再次提出

亚洲金融风暴的影响很深，亚洲各国复苏的时间也比较长，我国到2001年还有略微的通货紧缩，因此一直无法开始重新考虑资本项目可兑换问题。到2002年下半年，经济复苏迹象终于显得比较明朗，出口开始明显大于进口，外汇储备出现大幅积累，这时才开始再次关注和讨论人民币资本项目可兑换问题。

但经过亚洲金融风暴，又出现了一些新的问题需要解决：国有企业经历三年脱困期，仍在低谷附近；通货紧缩还没有完全消除；银行体系的不良资产包袱较重，如果用高标准来衡量，银行不良资产比例可能达40%~45%（亚洲金融风暴期间，用当时国内的会计和贷款分类标准来衡量，当时我国对外宣称的不良资产比例是25%）；此外，当时正在开展的广国投破产、粤海重组等工作都需要投入大量的精力。

2003年10月，党的十六届三中全会正式重新提出资本项目可兑换问题，《中共中央关于完善社会主义市场经济体制若干问题的决定》明确提出，"在有效防范风险前提下，有选择、分步骤地放宽对跨境资本交易活动的限制，逐步实现资本项目可兑换"。这里面强调了"有选择"、"分步骤"、"逐步实现"几个词，也没有给出具体的时间表。

2005年，在党的十六届五中全会通过的"十一五"规划建议中进一步明确了"逐步实现人民币资本项目可兑换"，这是中国首次将人民币资本项目可兑换的进程纳入国民经济和社会发展五年规划。当然，由于对资本项目可兑换条件的考虑以及2008年国际金融危机，"十一五"期间我国没有大力推进资本项目可兑换。

三、人民币资本项目可兑换与其他政策改革的配合关系

（一）推进可兑换的具体实践

人民币资本项目可兑换到底需要哪些条件？是不是有一些理论研究成果可资借鉴？检索一下，可以发现相关的研究非常多，但各种学术观点迥异，有很多争论。因此，仅看理论观点恐怕还不行，需要回顾一下对经常项目可兑换所需条件的理论研究和具体实践。

1993年，我国设计汇率改革并迈向经常项目可兑换时，大多数学术观点认为经常项目可兑换需要四个条件：出口行业要充分强大；外汇储备要足够多；宏观调控成熟、经验丰富；微观实体（特别是金融业）比较健康，能够充分响应、灵活调整。这四个条件听起来很合理，也是理论界研究出来的结论。但理论归理论，实际情况怎么样呢？考察一下各国情况，可以发现，很多国家实现可兑换时并不满足这些条件，实际上更多的是逆水行舟、迫不得已。例如，上世纪90年代中期，波兰出现恶性通货膨胀，通货膨胀率超过700%，其货币兹罗提迅速贬值。在这种情况下，要想把通货膨胀控制下来，唯一的办法就是改革汇率体制。随即，波兰宣布兹罗提与美元挂钩，解除外汇管制。本来波兰公众已经失去了对兹罗提的信心，但一旦当局宣布兹罗提与美元挂钩，同时解除外汇管制，公众可以根据意愿自由兑换，就相当于注入了一剂强心针，重新恢复了信心，随后把通货膨胀控制住了。在这种情况下，根本谈不上什么条件，是逆水行舟。

1993年中国决定汇率改革时是什么状况呢？在80年代末，我国受

到一些国家和国际组织的冷眼相待,对外经济困难较多,国内经济问题也不少。同时,外汇储备非常匮乏,在1993年夏季时只有183亿美元,可谓捉襟见肘。这直接导致了市场对人民币的信心不足。在当时双轨汇率制度下,人民币官方汇率已几次贬值,外汇调剂市场汇率则下降得更快。当时还出现了比较严重的资本外流现象,贸易略有顺差,但经常项目结售汇却呈逆差。由于没有建立规范的国际收支统计,国际收支的具体数据也无法满足分析的需要,但事后有研究认为,当时一年资本流出可能高达几百亿美元。鉴于形势比较危险,不得不借助于行政干预,对外汇调剂市场进行限价冻结。但市场总有规避的办法,典型的就是出现了场内场外两套交易、表面合规而在场外补差价的现象。这类似于现在的"阴阳合同",在场内交易时按照规定签订一个价格,然后再到场外按市场行情补差价。这使得大家认识到,冻结外汇调剂价格也管不住,最后还是下决心进行汇率改革,首先就是取消外汇调剂市场对汇率的冻结。这一解冻政策出台后市场迅速作出了反应,1993年夏天,国内各地的外汇调剂市场价格出现大幅上扬,当然各地情况不一样,海南冲到了1美元兑11元人民币的水平。

这就是当时汇率改革面临的情况。前面所说的那四个理想条件实际上都不具备,汇率改革是出于形势所迫,不改不行。经常项目可兑换改革与此类似,是在对形势、利弊进行分析判断后,最终作出的某种取舍。很多情况下是被迫作出选择,在选择的过程中也必然要面对风险,面对利弊权衡。对于资本项目可兑换而言,不排除有各项条件都很好、水到渠成的情况,但可能也会有逆水行舟、形势所迫的境遇,或者是一个利弊比较的结果。下面主要探讨几个与推进人民币资本项目可兑换有关联的配合性因素。

(二) 可兑换与控制通胀

1993年前后研究汇率改革和可兑换的过程中有一个因素,就是可兑换对于克服通货膨胀、增强本币信心具有重要支撑作用，这与现在人民币所处的环境不一样。可以再次用前面所举的波兰兹罗提的例子，当其国内发生比较严重的通货膨胀、本币大幅贬值时，尽管可以从多方面分析CPI上涨的原因，如所谓的成本推进型、需求拉动型、结构型通胀等，但终归反映了一个基本事实：就是居民对持有本币缺乏信心，早支出比晚支出好，能购买金银首饰比留着货币好，能兑换成美元比持有本币好。在这种情况下，如果宣布本币可兑换，就可以增强人们对本币的信心，有利于控制通胀。

再看看现在的情况，这次国际金融危机后，发达国家总体上经济复苏不太顺利，还发生了主权债务危机等很多问题，近期虽然也有一些通货膨胀的苗头，但总水平还比较低；新兴市场国家复苏比较快，但通货膨胀水平较高。因此，在政策研究过程中可借鉴上述分析，一方面，本币升值能使进口品价格降低，从而有助于降低国内通胀率；另一方面，汇率靠近均衡水平有助于实现本币可兑换，而可兑换与控制通货膨胀、增强人们对本币信心又有互动关系。

（三）可兑换与人民币跨境使用

当前我们研究推进人民币资本项目可兑换问题，还有一个条件跟以前不太一样，就是人民币在跨境贸易和投资中使用范围的迅速扩大。应该说，这并不是事先设计好的情形，或者说，我们也没有想到情况会发展得这么快。2008年国际金融危机爆发，我国周边一些国家面临着外汇流动性紧张的困难，本币信心受到巨大冲击，韩国首当其冲。为此，我国于2008年12月决定首先与韩国签订本币互换协议。尽管人民币还不可兑换，不是硬通货，实施互换后仍可以增强信心，这对稳定当时韩国的金融局势有帮助。虽然中国外汇储备比较充裕，但当时其实我们也有困难，不知道危机会发展到什么程度，也不知道金融危机会对我国产生多大的冲击。韩国还提出一个问题，就是互换所获得的人民币是否可以在双边贸易和投资中使用？当时韩国资本流出比较严重，而韩国每年要从中国进口大量货物，如果用互换所得人民币去支付，就可以缓解韩国美元的紧张状况。货币互换就是这样开始的，这是我国央行和周边央行签署的第一个货币互换协议，之后又相继应邀与中国香港、马来西亚、白俄罗斯、印尼和阿根廷等央行（或金融管理当局）签署了双边货币互换协议，仅在一年左右的时间就达到近1 000亿美元的规模。随之，人民币开始在跨境贸易中得到越来越多的使用。

政策制定层面对本币互换的作用也给予了重视，也强调了在危机期间我国有责任帮助周边国家，与其共渡难关。到2010年，形势和走向越来越明朗，本币互换和人民币跨境使用开始写入各种相关的改革工作文件，明确要积极试点。在此基础上，人民币跨境贸易结算业务也得到了迅速发展，2010年达到5 000亿元人民币，2011年还会有更多的增长。

这些至少引出一个问题，就是虽然人民币还没有实现资本项目可兑换，但是一些国家愿意接受并使用，还有一些国家正式提出将人民币作为外汇储备货币，并希望我国为其持有的人民币多提供一些投资机会。总体看，现在对人民币的跨境使用热情渐高，人民币"走出去"发展较快，国内各界对前景比较乐观。但正是在这种情况下，我们要注意其背后也有很多新的挑战。我们要冷静分析，这是不是金融危机期间发达国家经济不景气导致的暂时现象？随着全球经济的复苏、发达国家经济金融状况的好转，会不会将不再对持有和使用人民币那么有热情？对此，还要进一步观察和研究。一个明确的判断是，人民币发展到大规模跨境使用时，必然会要求资本项目可兑换。

（四）可兑换与人民币进入SDR（特别提款权）

经过这次国际金融危机，国际社会都普遍认识到当前的国际货币体系有问题，也希望发达国家特别是美国以及IMF研究推进国际货币体系改革。IMF 一些专家和部分国家，如法国，也主动提出要把人民币纳入 SDR。2011 年 3 月末，由法国政府主办、我国国际经济交流中心承办，将在南京召开一次国际货币体系研讨会，会上将提出上述问题，也会围绕着人民币是否加入 SDR 进行讨论。估计与会者会提出，目前人民币还不可兑换，是否应实现可兑换以后再纳入 SDR？也有一些国家可能提出，所谓完全自由兑换，也是近 30 年西方发达国家才开始全面推行的，而回到 30 年以前，日元、德意志马克（当时还没有欧元）也并不是完全可兑换的。因此，早一点把人民币纳入 SDR 没有坏处，人民币迟早会实现可兑换。

人民币到底进不进 SDR？这对我国而言是一个诱饵，因为后面紧随着的另一个问题是，人民币要不要按照加入 SDR 的要求实现可自由使用？IMF 对一国货币加入 SDR 规定了两个条件：一是该国出口货物和服务总量位居所有成员国前列，二是货币应"可自由使用"。第一个条件我们肯定没有问题了，第二个条件还有差距。但什么是"可自由使用货币"？目前 IMF 也没有明确的界定，也只是有个大致的说法，就是一国货币在国际交易支付中被广泛使用以及在主要金融市场交易中被广泛使用，可通过该种货币在全球官方储备、国际银行业负债、国际债券市场和主要外汇市场交易量中的占比情况来考察。

这涉及对货币可自由使用的理解、可自由使用与可兑换的关系等问题。我们的一个理解是，人民币走向可自由使用，主要是指扩大人民币在贸易与投资等实体经济领域的使用，而不应过多强调在金融交易中的使用。一方面，人民币应逐步走向可自由使用，主要目的是通过扩大人民币的使用来支持实体经济，促进贸易与投资。另一方面，人民币在金融交易中的使用程度与现行国际货币体系相关，不是我们能够左右的。目前在全球金融交易中使用的主要是美元，虽然近年来有不少观点提出，在石油现货、期货的计价与结算等方面也应使用欧元等其他货币，俄罗斯还提出要用卢布对油气产品进行计价结算，但主要还是取决于占主导地位的储备货币是否愿意让出一点地盘来,其次才取决于其他货币的国际信用程度等因素。

这就是说,即使在资本项目未完全兑换的情况下,仍可以推进人民币可自由使用。在实践中,IMF应对于货币是否可自由使用作出更新、更明确的解释。从此次金融危机看,应更加注重支持实体经济的可自由使用,并研究给出资本项目可兑换的最低要求,达到该要求即表明可兑换,也等同于实现可自由使用,但未必是百分之百的完全可自由兑换。

总体看,人民币在某些金融交易方面的确发展得还不够充分,但是在贸易和投资等实体经济活动中的使用发展较快,人民币距离可自由使用的目标并不遥远。当然,还需要做些努力,不断推进有关工作。当人民币实现了资本项目可兑换,不论别人再定什么样的条件、再提什么苛刻要求,也不能阻挡人民币进入SDR。

(五) 可兑换与汇率

货币可兑换与汇率有必然的关系。如果要推动货币可兑换,不管采用自由浮动汇率制度还是有管理的浮动汇率制度,其汇率均要反映并接近均衡值。如果汇率水平处在远离均衡的区间,就会有过大的价格套利机会,允许货币可兑换就会吸引大量的投机资本进来套利,从而对国内金融市场形成冲击。正因为如此,我国在2005年汇率改革时就强调,人民币汇率在合理均衡的水平上保持基本稳定。这句话可以从两方面来理解:人民币汇率如果达到了某个合理均衡水平,就会保持基本稳定;人民币汇率已处于合理均衡水平,当前应保持人民币汇率基本稳定。

近年来,我国在促进人民币汇率达到合理均衡水平方面做了很多工作,从2005年汇率改革至今,人民币对美元汇率已经升值了很多。人民币汇率的均衡水平究竟在哪里?需要深入研究其判据。政策取向已经非常明确,在2007年的经济工作方针中就正式提出要减顺差、促平衡，温家宝总理在 2010 年中央经济工作会议上再次强调要扩大内需，减少不平衡，进一步推进结构改革和汇率改革。这是我们努力的方向。

当汇率接近均衡时，实现资本项目可兑换的不少顾虑将会自动消失，比如，当前人们担心资本大量流入、外汇储备过快增长、对冲压力加大、助长通货膨胀等。有些分析往往习惯于用"现在时"，而不习惯于用"将来时"。当我们接近均衡时，资本流动会是双向的，汇率波动也是双向的，而不再体现为单向升值预期。那时，需担心的将是一些新的问题。

（六）关于"四位一体"的说法

国内一些学者在研究资本项目可兑换问题时，使用或隐含使用了"四位一体"的概念，即把人民币资本项目可兑换、自由浮动汇率、全面解除外汇管制和本币国际化四个概念看成是互为充要条件、缺一不可的。所以在进行利弊比较分析时，把由汇率自由浮动、货币国际化及解除外汇管制等引发的问题全归结于资本项目可兑换。应该说这四个概念有较大的关联性，但这四个概念的内涵是有区别的，并不是一回事。这就是说，在研究资本项目可兑换的利弊时，不能把自由浮动汇率、人民币跨境使用、取消外汇管制与资本项目可兑换不加区分地当成一件事来讨论。

可兑换是不是就一定要实行自由浮动汇率制度？也不一定。港元实行盯住美元的联系汇率制度，港币汇率没有自由浮动，但港币是可兑换的。而且香港经济的自由程度非常高，国际上关于市场自由度评比排名中香港经常是排第一位的。还有一些国家实现了货币可兑换，但仍实行有管理的浮动汇率制。

涉及本币国际化问题，首先经济的基本面很重要。比如，一国通胀率高且不稳定，其他条件再好，也不一定能实现本币国际化。其次是本国经济规模的大小。开放型小国无论经济自由化、汇率自由浮动如何提高,本币要想成为国际货币也不大容易。人民币虽然还没实现可兑换,但手中持有人民币确实有用场,现在中国是贸易大国,与世界上绝大多数国家都有贸易、投资往来,拿人民币可以从中国买到各种商品,少数买不到的可通过转口贸易获得,因此,不少国家有接受人民币的意愿。

有关资本项目可兑换与放松外汇管制方面,也要有清醒的认识,外汇管制实际是个程度问题。发达国家很重视反洗钱、反恐融资,重视对那些通过避税天堂的避税行为进行跨境交易监控。不能天真地认为实现资本项目可兑换就等于完全解除监控了,就等于政府什么都撒手不管了。这个问题后面还会讨论到。

总之,这四个概念是有差别的,尤其是在涉及到考察资本项目可兑换问题的利弊比较时,不能简单把其他几个政策的问题归于资本项目可兑换。在推进资本项目可兑换的过程中,涉及到与上述三个方面的政策配合时,在政策设定上是可以做一些选择的。根据改革进程还可以有不同的优先次序选择,可以形成不同的政策组合。当然,这也导致了一些新的问题,一是我们在可兑换改革上究竟选择什么样的中期模式?二是过渡进程中选择什么样的组合方式和优先次序?也许可以制定大致的路线图和时间表,围绕资本项目可兑换这个目标,对可能涉及到的汇率制度选择、外汇管制程度、人民币跨境使用进程等组合和安排进行模拟。

四、人民币资本项目可兑换的中期目标

如何根据我国国情设定人民币资本项目可兑换的中期目标?或者说,达到什么样的标准就可以宣布人民币资本项目实现可兑换了?在经常项目可兑换方面,IMF 有明确的定义,就是所谓的 IMF 第八条款。那么,资本项目可兑换有没有明确的定义或者标准呢?

（一）资本项目可兑换没有严格且公认的标准

IMF 并没有明确给出资本项目可兑换的定义，也没有前面提到的所谓"四位一体"的说法，对这四个概念是什么关系也没有作出明确的说明。到底达到什么程度可算是资本项目可兑换？过去有个说法，叫完全可自由兑换，算是一个最高的标准，但也没有明确的界定。如果有个最高标准算是100%，那么达到70%或80%，是不是就差不多可以称作资本项目可兑换？实际上很多国家就是这么做的。一些中等收入的市场经济国家，出于表现现代化成果或者展示本国经济自由化程度的目的，宣称已实现资本项目可兑换。比如，一些转轨国家出于达到西方市场经济标准和加入有关国际组织的需要，一方面的确是在努力朝可兑换方向推进，另一方面也倾向于较早地宣布本国货币实现了自由可兑换。但如果仔细进行比较和考察就会发现，这些国家货币可自由兑换的程度可能仍有相当的差距；有些国家货币的可自由兑换程度还不如目前我国的水平；甚至有些国家在宣布可兑换后还依旧实行较明显的外汇管制。

当然，这里还有一个很重要的考虑是信心问题。在推进市场化过程中以及应对经济金融危机的时候，信心尤为重要。这既涉及国内公众对本国货币以及政府的信心，也涉及非居民（如国际旅游者、外商投资者）对该国经济的信心，而宣布本币实现可兑换是增强信心的有效手段。对此，IMF 在每年的磋商报告或者其他内部报告中会有所评论。实际上，IMF 是鼓励自由可兑换这个方向的，希望更多的国家越来越多地走向货币可自由兑换。

IMF 没有关于资本项目可兑换的明确定义，也未当裁判员，各国就有自由裁量、自主选择的空间。这次国际金融危机爆发以来，IMF 在一些问题上的看法发生了变化。2010 年，IMF 发表了两篇很有影响力的工作论文。一篇是讨论通货膨胀目标制，认为发达经济体特别是新兴市场国家可把通货膨胀的目标从 2% 向上修正为 4%；另外一篇讨论资本项目管制，认为对资本流动进行一定程度或临时性的管理是必要和合理的。众所周知，过去 IMF 是"华盛顿共识"的主导者，历来不主张对资本流动进行管理，最多只是允许在危机期间实施临时性的外汇管理措施。需要强调的是，对危机期间实行临时性管理措施，这次 IMF 是认可的，也是写入文件中的。当然，另一个原因是，本次危机之前和危机期间发达经济体出现了流动性过剩的情况，而新兴市场国家则面临热钱大举流入、冲击国内金融市场的挑战，已影响了对通胀的宏观调控。

(二) 保留必要的监控未必有碍于实现可兑换

对于中国而言，作为转轨中的新兴市场国家，我们很难实现 100% 的自由可兑换，而且这也不是我们所希望达到的目标。但既然要推进资本项目可兑换，就还是要有个明确的目标定位，或者说要研究确定一个适合我们自己的目标，只要达到了这个目标，我们就可以宣布人民币实现了资本项目可兑换。这符合目前各国对于资本项目可兑换各自解释的实际情况，IMF 也不一定会出面对此作出裁决。

为此，下一步我们要研究确定我国实现资本项目可兑换的具体目标和标准。至于在速度上走多快、多长时间能够达到什么样的目标，不必仓促决定，要认真研究论证。在确定目标的过程中，我想有三个原则需要予以明确。

一是有必要对私人和公共对外债务实行宏观审慎管理，防止出现大的货币错配。不管是私人债务还是公共债务，如以外币借债，大多要转为本币在国内使用。在这种情况下，一旦经济受到冲击导致汇率发生大的波动，或者评级下调导致后续债务融资困难，就可能出现偿付问题，进而引发危机。在这方面，有很多惨痛的教训。

私人债务方面，在亚洲金融风暴和这次国际金融危机中都有典型的表现。上世纪 90 年代,泰国、韩国等亚洲国家的私人企业过度举借外债且币种错配,成为引发亚洲金融风暴的重要原因之一。1997 年初,泰国的外汇储备有三四百亿美元,按照三个月的进口额来计算,这个规模是够用的,不会出现大问题。但实际情况是,泰国国内的私人外债数额巨大,国内许多银行、企业大量借入美元,并兑换成泰铢在国内使用,形成了比较严重的币种错配,一旦问题显露,泰铢汇率剧烈波动,外汇储备迅速耗尽。韩国也是如此,当时韩国的外汇储备并不少,但是金融监管当局没有充分注意到,大企业集团以及商业银行借了许多外债,这些企业和银行举借外债后大多数是换成本币在国内使用,同样导致了货币错配,后来引发危机。本轮危机中,一些东欧国家,如拉脱维亚、匈牙利等国的居民借用外债,即向当地的外资银行借用外币住房抵押贷款(其利率稍低),用于国内买房,受到金融危机冲击后,还贷很难,一些奥地利、瑞士、瑞典的商业银行也遭受了损失,至今尚未完全得到解决。

公共债务方面,货币错配同样能引发类似的问题。一个国家的公共债务主要也都是用于国内支出。从其融资来源看,有在国内向本国投资者发本币债和到国际上发外币债两种途径。这有什么区别呢?通过这次国际金融危机就能比较清楚地看出来。各国的实践表明,如果公共债务主要依靠国内投资者购买本币债融资,即使比例较高,相对而言也不太容易出现大问题。日本政府债务与 GDP(国内生产总值)之比 2009 年就达到 180%,现在已接近 200%,是发达国家里最高的,但日本政府的公共债务尚未出现大的危机,一个很重要的原因是,95% 左右的国债都由日本本国居民部门购买,非居民购买的比例很小。反过来,如果公共债务融资主要依靠外债,情况就不一样了,各种各样的经济问题可能引发财政偿付能力出现问题,信息一旦披露,对冲基金可能首先开始攻击,评级公司也可能很快作出降级的反应,就难以再在国际市场上滚动发债融资。这样,该国的公共债务会面临信心危机,外债比例越高,问题就越严重。

在欧洲，希腊、爱尔兰、冰岛这些国家的一个共同特点就是外债的比例很高。特别是冰岛三家银行既吸收外国的存款，也借外债，遭受金融危机后走向了破产，还拖累了别的国家。希腊国债水平高，且大量国债由其他国家购买。意大利债务余额与GDP之比超过100%，意大利在危机期间无力再采取太多的救助和刺激措施，但其债务中有较多比例是由本国人购买。

可见，不管是对公共债务还是私人债务，从宏观审慎政策的角度出发，有必要对举借外债进行必要的管理，防止由此可能导致严重的货币错配。这就是说，对于私人部门或公共部门举借外债的行为，有必要也有可能加以宏观审慎管理，这么做是出于防范系统性风险、维护经济金融稳定的需要，并不意味着妨碍资本项目可兑换，两者并不矛盾。

二是有必要对金融跨境交易进行必要的监控。目前，有三个方面的监控是国际上认可并达成共识的：反洗钱、反恐融资和防范避税天堂导致的逃税。反洗钱的基础是可疑交易报告制度，并借此对资金往来进行监视。反恐融资方面，在"9·11"事件发生后，美国着力加强了反恐融资行动，对很多跨境交易都予以监视，虽然也引起一些争议和反对意见，但美国强调不这么做就无法有效实施反恐融资行动。在中国，我们把反恐融资与反洗钱工作结合起来一并开展。2004年，中国作为创始成员国，与俄罗斯、白俄罗斯等6国共同成立了欧亚反洗钱及反恐怖融资组织（EAG）；2007年，中国成为金融行动特别工作组（FATF）正式成员；2009年，中国恢复了在亚太反洗钱组织（APG）中的成员地位。

在防范避税天堂方面，在G20（20国集团）伦敦峰会上，法国、德国等欧洲国家都普遍抱怨，危机中各国政府花了巨额资金救助问题金融机构，然而还存在大量通过避税天堂的逃税活动，削弱了应对危机的税收收入，因此强调要整治。比如，美国就明确要对设避税港的交易行为予以监控，主要是通过技术手段对交易进行监控。

这涉及一个技术问题，即对跨境开户需不需要进行管理？是不是允许非居民到境内随意开立账户？香港一贯强调自由市场经济，持有效证件就可以开户，但也有很多发达市场经济国家对非居民开户有一系列管理要求。实际上，账户本身并不重要，在信息技术条件下，这只不过是在计算机里的一个记录项而已，跨境开户管理更多地是为了监控账户的资金往来。这就是说，即使在完全可自由兑换情况下，也可以通过账户管理实现对跨境资金交易的监控，资本项目可兑换并不是什么都不管。

三是有必要对短期投机性跨境资本流动进行适当的管理。经过这次国际金融危机，国际社会普遍认识到，资本流动波动性过大不利于一国宏观经济的稳定，对新兴市场经济体尤其如此。IMF 在 2010 年 10 月提出，为维护宏观经济稳定，各国对资本项目进行一定程度的管制或采取临时性的管制措施是合理的。目前，这一认识还没有成为 IMF 的正式政策。欧洲、美国也没有从本质上加以反对，但仍然强调对资本流动进行管理的实际成效不大，只应在特殊时期作为临时手段。新兴市场国家则把管理的范围放得宽一些，这种做法也有其道理。人民银行的观点是，对短期的投机性资本流动理应进行管理。总体上说，目前认识还存在分歧，需要进一步研究，但至少有一点大体上是有共识的，就是对热钱或者说是短期投机性资本流动进行适当的管理，并不违反 IMF 资本项目可兑换的要求。

经过上述分析，我们就大致有了一个关于推进我国资本项目可兑换的目标区间。资本项目可兑换并没有明确的标准，如果不采用百分之百完全可自由兑换的概念，我们可以在一定的多维区间内，拟定人民币资本项目可兑换的目标，并按照上述几个原则，有计划、有步骤地往前推进。这样，我们就会发现，人民币距离实现可自由兑换的目标并没有那么遥远。从目前情况看，真正还有一定距离也是我们要花工夫研究推进的，一方面是个人资本项目，包括放宽居民个人对外投资的可兑换和允许非居民个人在境内进行投融资的可兑换；另一方面涉及证券投融资领域，也就是资本市场活动的开放问题。

五、距离人民币资本项目可兑换有多远？

1978年12月，党的十一届三中全会作出了在自力更生的基础上，积极发展同世界各国的经济合作，努力采用世界先进技术和先进装备的重大决定。1982年12月，对外开放政策被正式写入我国《宪法》。1993年11月党的十四届三中全会明确提出，我国要"发展开放型经济，使国内经济与国际经济实现互接互补"。搞开放型经济，就必然要在有关政策方面作出支持，人民币资本项目可兑换方面也是如此，虽然还留有一些管制，但总体上要体现和配合发展开放型经济的需要。从实践看，我们也是一直在朝这个方向努力。党的十四届三中全会是1993年召开的，之后我国于1994年开始实施汇率改革，1996年宣布实现经常项目可兑换。人民币资本项目可兑换方面，由于受到亚洲金融危机和这次全球金融危机的影响，同时也考虑到国内金融改革的一些因素，其进程有所延缓，但从其实际效果看，货币兑换的方便性还是取得了很大的进展，并已经体现在我国对外贸易、投资和其他国际经济往来的方方面面。

在贸易领域，我国作为世界贸易大国，进出口贸易额已是全球第二位，恐怕在不久将成为世界第一大贸易国。从进出口贸易额与GDP的比例看（这一指标通常被解释为对外贸易依存度），成熟市场经济大国的这一比例一般都比较低，如美国、日本基本维持在20%左右的水平（日本有少数年份稍高，接近30%），英国和法国在40%左右，很少超过45%。我国则相对比较高，2003年我国对外贸易依存度首次超过50%，到2005年开始超过60%，目前在50%左右。在投资领域，2003

年我国吸引的 FDI 超过 500 亿美元，首次成为全球吸引 FDI 最多的国家。现在每年吸引的 FDI 大概在 1 000 亿美元左右的水平，位居世界前列。同时，伴随着近年来支持"走出去"，我国对外投资发展也很快，规模不断增长，达到数百亿美元的水平。不仅如此，近年来我国对外经济活动全面拓展，海外留学人员、海外工程承包和劳务合作规模都非常大，与很多国家形成了非常紧密的技术、经济合作关系。同时，我国与世界各国人员往来日益频繁，每年经海关统计的进出境人员规模已接近 4 亿人次，相应地带动了大量的经济往来和资金流动。此外，我国还有 5 000 万左右的海外华人华侨，侨汇数量颇具规模，据世界银行的统计也是位居世界前列。

总体看，这么规模巨大的对外经济活动能够顺利开展，应该说当前我国对外贸易、对外投资和其他相关领域的管制已大大减少，开展各种对外活动已是很方便了，特别是在外汇管理方面已大幅度便利化了。在人民币资本项目可兑换方面虽然还有一些限制，但其自由度实际上已不低了，超出了很多人的想象，否则就不可能支撑实体经济目前所具有的开放程度，一些国际比较研究也有类似的结论。下一步，剩余的资本项目管制也必然要进一步配合经济的对外开放度，这不仅是适应开放型经济发展的要求，也是资源配置优化的需要。如果还是管制过多、过细，不仅管理成本很高，而且操作上也达不到预期的目的。如投资项下的资金往往可以改头换面，成为贸易项下的资金流动，从而规避管制。

从储蓄率角度看，我国是个高储蓄国家，储蓄率已达 50% 左右，超出了国内投资需求。根据国民收入恒等式，储蓄率超出国内投资需求的部分就必须通过"走出去"的方式消化，要么成为外汇储备投出去，要么走民间对外投资的方式出去。从这个角度看，我们不怕推进对外投资，主张并支持国内资本"走出去"，更好地实现内外经济平衡。只不过，我国对外开放特别是对外投资的时间相对短了一些，实践经验还比较欠缺，管理部门担心老百姓上当受骗，蒙受过大的损失。从道理上讲，私人部门开展对外投资、使用更多的外汇，有利于提高对外投资效率，比集中起来由国家去做更好。因此，在这一政策目标上没有担心资本外流的障碍。

在外国人到国内金融市场投资方面，过去国内金融市场不太成熟，市场主体不够健全，近年来已经有明显改善。当然与成熟市场相比，还需要进一步提高，但差距越来越小，因此对外来资本也不是那么惧怕了，事实上一部分金融市场的产品已经对外来投资者开放了。部分发展中国家通过开放本国金融市场来吸引外国资本，有一些成功的例子，而我国主要注重吸引 FDI，同时已经在着手研究其他投资渠道，应该说不是很困难的事情。

如果我们认识到人民币资本项目可兑换并不等于百分之百的可自由兑换，可以有所保留并进行必要的监控，那我们就可以进一步得出：我国实现人民币资本项目可兑换尽管还有很多工作要做，要继续努力，但距离可兑换已经不太远。IMF 的研究报告曾指出，转轨国家和发展中国家一般在宣布经常项目可兑换平均约七年后，进一步实现了资本项目可兑换。我国从 1996 年宣布经常项目可兑换以来已走过了 15 年，这无疑与我国经济改革发展情况比较复杂、又先后经历了亚洲金融风波和这次全球金融危机有关，经过这么多年，应该说我们已经迈出了相当的步子，经历了不少磨练，离下一个目标已不那么遥远，有条件进一步推进。当然，还不可避免有一些疑难问题，不可小视，相关政策措施的制定、出台要谨慎周密，防止出现大的风险。

六、资本市场开放问题

在资本市场开放这个领域，近十年来我们也做了很多工作，如研究出台了合格境外机构投资者制度（QFII）和合格境内机构投资者制度（QDII），这表明，我们在资本市场投资领域并不是完全封闭管死，也已经有适当放开的渠道了,只是为了慎重起见,开放的程度还没有那么高。

在此先举一个印度的例子。作为新兴市场国家,印度也强调一定的资本管制是必要的。印度早在十多年前就出台并开始实施卢比可兑换计划,但也是因为各种原因未实现 100% 自由化,还留了一定程度的限制。2007 年,印度又推出了一个新的计划,叫"卢比更加可自由兑换计划",印度央行的解释是,卢比过去也实现了可兑换,但还留有少量限制,这个"卢比更加可自由兑换计划"将使印度卢比的可兑换程度更高,限制更少。至于卢比当时的资本项目可兑换状况,印方提出赞同 IMF 的观点,即新兴市场国家需要对资本项目保留一定的管制,印度当时的做法是,股票市场对外放开,但保留对非居民股票账户的管理,以及对非居民投资债券市场的管制。

在我国,这么多年来我们在开放股票市场方面一直非常谨慎。限制国内居民投资境外股票、债券、基金等金融产品,一种考虑是境内机构和居民在涉外投资方面经验不足,风险管理能力较弱,所以担心他们上当受骗。限制非居民投资国内股票市场,则主要是考虑到境外资金投入国内股票市场后对其资金流向的监控难度较大,很难防止这些资金流入房地产等其他领域。当然,境外资金需要通过在国内开设账户才能进来,可以通过对账户的开设、管理和监测来监控资金流向,任何资金的交易必然要在账户上留下痕迹。对于前述印度的例子,也存在这个问题,印度对非居民放开了股票市场,同时却又不允许非居民自由投资国内债券市场,但如果境外资金进入股票市场后转手换成卢比,成为卢比账户下的国内资金,再来购买国内市场的债券,这要不要管理?怎么管理?应对这个问题,目前已有可资借鉴的做法,主要还是要在账户上进行管理,要对与股票市场交易有关的非居民账户进行管理。这样,就会在很大程度上缓解资本项目可兑换所需面对的不少担忧和问题。

除了上述考虑,股票市场的开放还涉及其他一些问题。比如,股票市场本身比较容易出现短期投机性炒作，尤其是在当前我国股票市场发展还不够成熟情况下，还存在价格操纵、内幕交易等问题。但这些问题实际上是国内的金融监管水平问题，即使这个市场不开放，也是要加强监管和防范的，监管水平的内功要努力练好。此外，还涉及金融衍生产品交易的开放问题。在资本市场开放过程中，衍生产品交易的开放要非常谨慎，必须与金融监管的水平相适应，确保有个先期试点和逐步承受的过程，否则容易出问题。在发达金融市场，金融衍生产品千变万化、层出不穷，对于那些比较复杂、在监管上我们还不是太有把握的衍生品，首先我国不会轻易允许其开办国内交易，其次对非居民参与境内交易会作出必要的限制。事实上，发达国家在金融衍生产品及其市场监管上也会栽跟头，这次国际金融危机就是一个教训。而且，我国高度强调金融为实体经济服务，某些与实体经济关系不大的衍生产品在国内难有立足之地。此外，还涉及国内居民能否在境外金融市场发行筹资的问题，不少国内公司已在海外上市融资，但运用其他金融工具还比较少。这有一个不断成熟的过程，也有防范货币错配的问题，但不构成对资本项目可兑换的大的障碍。

七、预估可兑换进程中会出现的疑难问题

下一步，应更有预见性地推动资本项目可兑换进程，使这项工作的路程尽可能顺畅一些。其中，还存在哪些特别需要注意的要点、难点问题？

（一）做好基础工作

回顾我国推进经常项目可兑换的经历，1996年我国宣布实现经常项目可兑换后不久，亚洲金融风暴爆发，如何防止我国遭受太大的冲击？虽然我国经常项目已经放开了，但资本项目还不可兑换，当时我们

认真开展的一项重要工作是，严格区分经常项目和资本项目，分别逐项细化经常项目和资本项目各自的内容，区分哪些项目可以自由兑换，哪些项目只能适度放开，哪些项目要予以严格管制。

这样，既理清了可兑换的内容，又可以相应地采取针对性措施，有效防止出现大的漏洞。同时，还按7大类40项梳理了当时人民币可兑换的程度和今后推进各层次工作的难易程度，以及若对现有政策进行调整，应如何推进相关工作等配套方面的问题。当时经梳理后形成了一个认识，与现在我们的看法基本一致，就是人民币可兑换真正需要推进的领域，可能主要还是集中在对国内居民对外投资逐步、适度松绑方面，以及有关国内资本市场开放等方面。这是我们今后要深入研究的两个重点问题。

在推进资本项目可兑换过程中，要转变思维，有前瞻性，对可能出现的问题要有思想准备。

第一个思想准备是，改革必然付出代价。在推进改革开放的进程中，不可能没有痛苦、没有副作用、没有一点未曾预料到的消极面。改革转轨是一种体制向另一种体制的大转变，在转轨过程中，制度安排会经历不同程度的混合交错，就必然会有漏洞。比如，我国农产品、日用品以及工业品流通体制改革过程中，都经历过双轨制运行阶段，计划体制和市场体制同时运行，这一方面使我国能渐进式地从计划体制向市场体制转变，另一方面也产生了一大堆问题，如批条子、索取贿赂等寻租现象，以及商品倒卖、走私、社会不公平等问题。同样，推进资本项目可兑换必然涉及一些制度调整，无法避免出现过渡性漏洞，这也不只是可兑换进程本身会遇到的问题，其他相关的领域如推进人民币跨境使用、汇率形成机制改革、利率市场化改革等过程中都会遇到类似的问题。所以，我们要正视改革可能付出的成本，做好充分的思想准备，在更高的层次上进行利弊比较，并作出合理的取舍。

第二个思想准备是，正确认识套戥行为。套戥这个词在英文里叫

Arbitrage，国内通常翻译为"套利"。在改革开放的过程中，会出现很多差价，如金融市场的利差、商品市场的价差、外汇市场的汇差等等。一旦存在这些差价，就会有人进行投机牟利，因不限于套取利差，香港用的词是"套戥"，比"套利"的面更宽泛。在改革开放初期，套戥行为广泛存在于商品流通领域，各个地方之间、内贸和外贸之间商品价格往往都不一样，所以就产生了很多搞长途贩运的"二道贩子"，通过吃差价牟利。当时曾以"长途贩运、投机倒把"、"流通领域中的不正之风"等罪名予以打击，后来思想解放了一些，认识到长途贩运也没那么坏，至少可以拉平价格差异，促进竞争，所以政策上也逐渐放开了。这是最初级的套戥行为。

随着市场经济日益发展，套戥行为更多地发生在金融市场上，如股票、债券、衍生品等市场，并存在更复杂的跨市场套戥和政策套戥。应该看到，在金融市场上，套戥行为无处不在，套戥既是投机者获利的机会，很大程度上也是市场自身走向合理化的动力。近年来，外汇市场、银行间市场在不断地向投资者提供新的投资和避险工具，在国务院文件中也明确提出金融市场要给投资者提供更多的管理风险工具。

既然如此，我们就不要过于担心套戥行为，不要过于强调和追究套戥行为的投机性以及有关的政策漏洞，不能由此就对改革的方向和政策予以否定。在改革的动态进程中，不可能在每一步上都实现严密的配套，存在套戥机会是不可避免的，但只要改革继续向前推进，有些套戥机会是短暂即逝的。我们要充分认识到问题的复杂性以及改革进程出现反复的可能性，努力防止出现太大的漏洞，更要防止因为这些原因导致改革停滞，甚至走回头路。

(二) 双重价格问题

还有一个难点涉及双重价格的利益问题。这个问题在我国改革开放的历史上也有不少经验教训，有很多生动的例子。

一个例子是比较早期的外汇市场价格双轨制。1994年汇率改革之前，人民币汇率是官方价格和外汇调剂市场价格并行，并主要通过外汇留成比例来调控相关的利益关系。如为了吸引外资，"三资"企业可以享受100%的外汇留成；为了鼓励机电产品出口，机电产品出口收汇可享受100%的留成；其他各类产品各有相应的留成比例，如纺织品享受某一个中间水平的比例留成，石油等资源性产品的留成比例更低一点。由于实行价格双轨制，这种差别化的留成比例就意味着企业可以通过留成转让或外汇调剂市场获得差异化的收益，从而形成了某种利益组别。1994年汇率改革将官方汇率与市场调剂汇率统一起来，就意味着某些组别持有较多外汇留成的既得利益将不复存在，因此改革遭到了一些抵制，"三资"企业一度不参加汇率改革。

另外一个与之相似的例子是1994年汇率改革前夜的外汇兑换券。按照汇率改革方案，汇率并轨后即取消外汇兑换券的流通和使用，但实际执行时遇到了很大的阻力。到了1993年12月下旬，离宣布汇率改革已没有几天了，一些享受兑换券的部门或商户非常强烈地提出反对意见，差一点就动摇了汇率改革的决心。为什么呢？还是因为双重价格所导致的利益差别。兑换券的意义之一在于，国内外汇指定商店（主要是友谊商店和出国人员服务部）的利益和大件商品购买指标及其价格上的优惠。取消兑换券就意味着大件商品指标和价格优惠的作废，那友谊商店和出国人员服务部以后还有什么优势？库存商品可能导致的损失怎么处理？以前一些寄售商品（如洋烟、洋酒等）因提价而导致其优势不复存在，等等。总之他们提出了一大堆问题，由此对改革提出强烈的质疑和反对。最后，我们不得不做了很多工作，研究出台了一些过渡性的办法，也包括个别妥协让步，总算按时宣布了汇率改革。

可见，双重价格及其改革涉及既有利益的分配和调整问题，往往使问题复杂化，容易成为改革的阻力，是改革面临的一个难点问题。总体看，双重价格问题现在基本上都解决了，当然还存在极个别的双轨制价格。真正需关注的是股市上的双重价格现象,主要是证券市场A股、B股和H股的同股不同价问题。

按照目前的汇率换算,我国同一上市公司发行的股票在A股、B股和H股市场上的价格存在差异,一旦实现资本项目可兑换,资本市场就不可能再相互隔绝,也不可能再出现持续的同股不同价现象了。在此过程中,持有高价股的投资者就将面临损失,而这种损失并不是他初始投资决策造成的,而是政策改革带来的,因此这些投资者就必然会不满,会提反对意见。另一方面,也有因此而获益的,还会有一些投机者在此期间进行大规模套戥,获得可观的、往往被视为不正当的收益,这部分赚了钱的人通常会"偷着乐",而不会站起来为改革欢呼。因此,舆论是不对称的,这种情况肯定会引起国内对相关政策的批评声音显得比较强烈。如果还有外国投资者卷入其中,舆论将更加复杂,批评和反对声音就会更显得强烈。所有这些,都可能对下一步推进资本项目可兑换形成很大的阻力,我们要着力加以研究解决这类难点问题。

怎么解决这个问题?有两种可能的过渡途径。一种可能是提前使双轨价格逐步趋同。这首先需要设计、建立不同市场上同一产品的有序套戥机制以及登记公司的后台联通和转换机制,实现不同市场中同一产品之间的可转换。由于市场价格总是动态变化的,在变化过程中,一旦某些产品在不同市场上的价格比较接近,比如其价格差异低于某一事先设定的幅度时,就及时启动联通和转换机制,通过适度套戥行为,实现同股同价。

第二种可能是直接宣布可兑换进程。由当局设计好可兑换路线图和时间表后,提示出不同市场同一产品价格必将自动趋同。当然,这也需要提前做好建立联通和转换机制的基础性工作。1994年汇率改革就采取过这种方式,由政府直接宣布按照1美元兑8.7元人民币的基准汇率,从而实现汇率并轨,取消兑换券和外汇留成。商户和公众都有先有后地认识到价格将走向合一,有些投机意识比较强的投资者还提前做了一些套戥动作。1993年8月，决策层曾决定由1美元/8.8元人民币的价格起步实施汇率改革，消息出后，有些人开始有套戥行为，一度失控的预期也得到抑制，结果是汇率并轨进展比我们预想的还快，外汇供求关系朝有利的方向变化，1994年1月1日宣布汇率改革时的价格有所下降，为1美元/8.7元人民币，甚至有人提出以1美元/8.6元人民币的水平起步也已可行。为什么呢？这里面有个机制，就是一旦宣布了汇率改革，释放了明确的信号，官方价格和调剂市场价格就往同一个方向收敛，人们手中持有的外汇留成倾向于尽早出手，卖个好价钱。这样，就使市场供求关系发生改变，价差不断收窄，改革的成本也随之降低，进一步驱动市场价格的调整和趋同。最后在宣布汇率改革时，由中央政府出面，按照预先设定的价格水平稳定价格。由于1993年夏天时我国外汇储备比较少，当时还有个考虑，如果汇率改革消息出去后市场反应积极、价格合适，就可以买入一些美元，增加外汇储备。结果1993年下半年买入了50亿美元，也使外汇储备上升到230亿美元。同时，顺利将汇率并轨的起步价格定在了8.7元的水平。如果不买入这50亿美元，并轨的起步价格可能就更低些。

如果采取政府直接宣示的方式，就应认真研究汲取以前的经验，设计好路径，确定合理的价格水平，适时释放信号，引导境内外市场的价格向同一水平收敛，使价差逐步收缩，降低政府的政策负担和成本，最终实现市场价格合理化，实现同价化。在这个过程中，由于涉及利益调整比1994年汇率改革大，一部分人将承受损失，也有一部分人因此获利，加上舆论的不对称性，不可避免会受到指责和批评，特别是在网络时代，批评声音可能会很大。因此一开始就要设计好路径和政策措施，某种程度上这也是一种艺术，要处理好时点的选择、价格水平的走向等各种因素，实际上就是处理好改革与利益调整的关系。

人民币资本项目可兑换是《"十二五"规划纲要》中提出的任务，我们要抓紧研究、认真落实和稳步推进。当然，也不必操之过急，这至少是一个中期计划，人民银行作为主管部门，需要尽早研究部署。希望学术界对这个题目深入开展研究、思考、争论和论证，对推进资本项目可兑换的条件、目标、路径，以及所涉及的一些难点、重点问题进行深入研究，早作准备，从而使我们在"十二五"期间推进资本项目可兑换工作时，尽可能步子更大一些，争取利大弊小，少摔跟头，一路顺畅，更好地完成这项任务。

参考文献

[1] 周小川. 国际金融危机: 观察、分析与应对 [M]. 中国金融出版社, 2012.

[2] 周小川. 人民币走向可兑换 [J]. 国际金融研究, 1995 (1): 4-9.

[3] 周小川. 提供银行结算便利 促进边境贸易发展 [J]. 中国外汇, 2004 (10): 8-10.

[4] 周小川. 人民币资本项目可兑换的前景和路径 [J]. 金融研究, 2012 (1): 1-19.

[5] 周小川. 全面深化金融业改革开放 加快完善金融市场体系 [J]. 理论导报, 2014 (1): 38-41.

[6] 周小川. 共商共建"一带一路"投融资合作体系 [J]. 中国金融, 2017 (9): 6-8.

[7] 易纲. 大力推进人民币国际化和汇率市场化 [J]. 全球化, 2015 (2): 29-31.

[8] 易纲. 关于国际金融危机的反思与启示 [J]. 求是, 2010 (20): 8-10.

[9] 易纲. 为全球经济金融治理贡献中国智慧、中国方案、中国

力量［J］．求是，2016（19）：40 – 43．

［10］易纲．完善全球金融治理　促进世界经济增长［N］．人民日报，2016 – 10 – 25（007）．

［11］易纲．人民币国际化的四大支柱［J/OL］．www. cf40. org. cn/plus/view. php? aid = 11856，2017 – 04 – 24．

［12］中国人民银行．2015 年人民币国际化报告［M］．中国金融出版社，2015．

［13］中国人民银行．2016 年人民币国际化报告［M］．中国金融出版社，2016．

［14］Grassman S. A fundamental symmetry in international payment patterns［J］．*Journal of International Economics*，1973，3（2）：105 – 116．

［15］Hartmann P. Currency Competition and Foreign Exchange Market：The Dollar，the Yen and the Euro［M］．Cambridge University Press，1998．

［16］Minikin R，Lau K. The Offshore Renminbi：The Rise of the Chinese Currency and Its Global Future［M］．John Wiley & Sons，Inc.，2015．

［17］Prasad E. A Middle Ground［J］．*Finance and Development*，2017，1：30 – 34．

后 记

为方便国家工作人员、学术研究人员、金融机构从业人员、涉外企业和社会公众全面了解、准确把握人民币国际化政策框架和推进过程，中国人民银行货币政策二司和部分分支行的有关同志共同编写了《人民币走向国际化》一书。本书编写以准确、全面、前沿为原则，对人民币国际化的理论基础、现实背景、发展历程、政策规定、宏观影响和未来前景等多方面内容进行了全方位深入阐述，并整理了人民币国际化大事记，收集了周小川行长公开发表的文章作为附录，力图为读者展示人民币走向国际化的光辉历程和宏伟全景。

中国人民银行有关领导同志高度重视本书的编写工作，对本书的出版倾注了大量的心血，由中国人民银行货币政策二司司长霍颖励担任本书主编，温信祥、张雪春和潘宏胜等司领导担任本书副主编。中国人民银行有关司局领导对本书提出了宝贵的修改意见。本书的执笔人有卜凡玫、王炳、王娜、王伟国、代瑞、吕威、吕婷婷、吕鹏健、许晓杰、李淼、李灿江、李肖钰、吴立雪、沈略、欧阳瑞青、赵文、施海松、席钰、曹红钢、康倩、曾园园、温军伟（以姓氏笔画为序），由潘宏胜和谭海鸣负责统稿。其他参加编写的同志包括王敏、王治宇、王翔宇、刘生福、李大玮、李芳竹、吴建中、乔汉青、余鹏程、沈迪、张

后　记

帆、张捷、秦鹏、郭向阳、唐欣语、黄明皓、黄海涛、董忆伟（以姓氏笔画为序）。中国人民银行办公厅的傅勇、袁鹰、叶蓁、匡桦、孙国良、蒋靖亚同志，上海总部跨境部的施珊娅主任与中国金融出版社的黄海清主任为本书的出版提供了重要帮助。在《人民币走向国际化》即将出版之际，谨对以上领导和同志所付出的辛勤努力表示衷心感谢。

编写组
2017年9月12日